生涯发展与职业规划
（微课版）

瞿丽闵　主编

电子工业出版社
Publishing House of Electronics Industry
北京·BEIJING

内 容 简 介

本教材是微课版教材，以职业生涯规划理论为基础，力求以丰富实用的案例让大学生理解职业生涯规划的科学理念，激发规划意识，力争掌握生涯规划的步骤和方法，熟悉当前的就业形势，为将来的毕业求职做好充分的准备。主要内容包括：认识生涯、开启自我认知之旅、理解职业世界的规则、生涯目标的拟定与生涯发展决策、生涯行动、生涯管理与再评估。

本教材适应新一代学生的需求，利用二维码，将教学内容进行碎片化处理，把每个章节的知识变成各类知识点，结合互联网的可移动特点，使教材具备可移动性，使学生能随时随地学习、自主学习。

图书在版编目（CIP）数据

生涯发展与职业规划 ： 微课版 / 瞿丽闪主编.

北京 ： 电子工业出版社，2024. 8.（2025.7 重印）-- ISBN 978-7-121
-48756-9

Ⅰ．G647.38

中国国家版本馆 CIP 数据核字第 2024DJ8173 号

责任编辑：石会敏　　　　特约编辑：申　玲

印　　刷：北京天宇星印刷厂

装　　订：北京天宇星印刷厂

出版发行：电子工业出版社

　　　　　北京市海淀区万寿路 173 信箱　　　邮编：100036

开　　本：787×1092　1/16　印张：16.5　　　字数：417.6 千字

版　　次：2024 年 8 月第 1 版

印　　次：2025 年 7 月第 2 次印刷

定　　价：59.00 元

凡所购买电子工业出版社图书有缺损问题，请向购买书店调换。若书店售缺，请与本社发行部联系，联系及邮购电话：(010)88254888，88258888。

质量投诉请发邮件至 zlts@phei.com.cn，盗版侵权举报请发邮件至 dbqq@phei.com.cn。

本书咨询联系方式：738848961@qq.com。

前　言

自 2007 年 12 月教育部颁布《大学生职业发展与就业指导课程教学要求》至今，对生涯发展与职业规划相关课程的教学与推广已有十几年的时间。各高校通过各自的努力，对生涯发展与职业规划的认知不断具象化，也为科学指导生涯发展与职业规划开拓了富有各自特色的实现路径。

生涯发展与职业规划，是个体成长道路上至关重要的环节。它包含个体从教育阶段至职业生涯的全方位发展，对于个体的未来方向、职业满意度及生活质量具有深远影响。生涯发展是一个持续且系统的过程，它涵盖了个体知识技能的积累、兴趣价值观的挖掘及职业方向的确立等多个层面。在这一过程中，个体要通过不断学习与实践，逐步明确自己的职业定位与发展方向。同时，随着社会的快速发展和职业需求的不断变化，个体还要具备适应变化的能力，以应对未来可能出现的各种挑战。

职业规划作为生涯发展的重要组成部分，其目的在于帮助个体设定明确的职业目标、选择合适的职业路径并制定切实可行的发展策略。通过科学规划，个体能够更加清晰地认识自己的职业需求与期望，从而制订符合自身实际的发展计划。此外，职业规划还有助于提升个体的职业竞争力，使其在激烈的职场竞争中脱颖而出。

本教材在厦门工学院原用自编教材《大学生职业发展与规划》的基础上，由厦门工学院就业与创业课程教研组全体教师总结多年来的一线教学经验及个体咨询经验，在吸收和借鉴国内外大量素材的基础上精心编写而成。编者基于厦门工学院特有的"博雅教育、专业教育、能力教育三位一体"的人才培养模式，分别从学理与实践两个维度上深入解读生涯发展的内涵。在编写过程中，编者将理论介绍与实际演练相结合，在提供的自制微课资源库里，以案明理，通过对普通案例的剖析及对当下就业工作中热点问题的解读，阐明深层的理论内涵。

本教材遵循系统的生涯规划模型，按照"知觉与承诺—自我认知—工作世界探索—决策—行动—再评估"的主脉络，将生涯发展与职业规划的基本理论知识、技能与方法相互穿插，引导学生树立科学、合理的生涯发展与职业规划理念，帮助大学生多层面地认识自我、合理定位、发掘自身潜能，引导大学生树立正确的人生观和价值观，同时从实践层面鼓励大学生提高职业竞争力，辅助大学生合理、科学地进行职业规划，促进大学生的全面发展。

本教材由厦门工学院瞿丽岗任主编，南通师范专业学院朱妍洁、厦门工学院郭妍任副主编，厦门工学院许琼华、李辰、曾凡雯、黄妙红参与了编写。

在编写本教材的过程中，编者参考、引用和改编了国内外出版物中的相关资料以及网络资源，在此表示深深的谢意！限于水平，书中仍有疏漏和不妥之处，敬请专家和读者批评指正，以使教材日臻完善。

目　　录

第一章

认识生涯 «‹

人要有生活的目标，一辈子的目标，一段时期的目标，一个阶段的目标，一个月的目标，一个星期的目标，一天的目标，一个小时的目标，一分钟的目标。

——列夫·托尔斯泰(Leo Tolstoy)

本章要点

通过本章的学习理解职业生涯规划的概念和重要作用；认清职业生涯规划对于大学时代乃至于整个人生过程的影响；学习大学生职业生涯规划的内容与步骤；提高对职业生涯规划意义的认识，从而积极地对自己的大学生涯及职业发展进行生涯探索和规划；了解生涯发展理论的百年历史。

开篇案例

回想迈入大学的那个夏末，我怀着对大学、对未来无限美好的憧憬步入了美丽的大学校园。今天，夏日微风将心中的记忆打开，让我回味四年的经历和成长旅程。

大学里有成长的艰苦，也有奋斗后的快乐。大一，疯狂参加社团活动。大学丰富的社团为我创造了一个实现自己愿望的平台。我参加了话剧社和报社，每天都把时间排得满满的，忙而不乱，乐在其中，心在向前，脚步在向前，生活中没有顾虑也没有忧虑，很快乐。

大二，我学会了管理，有了责任和压力。人说压力和责任是孪生兄弟，有责任的人必然会有压力。进入大二，我成了社团领导，没有什么经验，只有一颗充满热情的心和自己的很多构想。我遇到过很多挫折，但因为有目标，因为有憧憬，还是一路风雨无阻地走了过来。那时候晚上我经常11点才回宿舍，大家都睡了。我在窗外透过来的微弱灯光中吃个面包和火腿肠，那就是我的晚饭。在压力中成长，虽然有泪水、有汗水，但回忆起来却为自己心志的成长而高兴。

大三，加油学习。大一和大二，忙碌而充实，想参加的活动都参加了，实现了自己的演员梦，也在各种舞台上展示了自己。大三专业课开始增加，我对自己的专业越来越感兴趣。我深知一个有知识、有修养的女性才是最美丽的，漂亮的外表仅仅是招牌，丰富的内涵才是实力。经历了大二的心志磨炼，大三时的我致力于增加自己的专业知识和文化修养。

大四，寻找工作，自我定位。四年的大学学习生活，最终目标只有一个——找份好工作。最初感觉找工作不难，投一投简历，去公司面试，签就业协议，毕业去工作，感觉很简单也会很顺利，可实际上却困难重重。

我面试的第一家单位是渤海财产保险有限公司，当时我怀着凑热闹的想法去面试，连简历都没有。可是，一切都是那样快，第二天公司就让我去上班。上班后，我发现工作很没有意思，整天处理些很基础的工作，而且我没有电脑，公司员工大多没有较高学历。第一份工作，我没有工作方向，没有职业生涯畅想，没有对工作环境的期望，简而言之一句话——我没有工作目标。

于是，我就问自己：我想找什么样的工作？我该选择本专业的还是营销类的工作？面对网上众多企业，我该选择哪个城市的企业作为自己的起点？自己期望的工作环境是怎么样的？我开始思考，要选择自己喜欢的、适合自己的工作，把精力放在适合自己的工作方向上，这样工作效率也高。

接下来，我在网上、在学校招聘会上投过很多简历，但回应的却很少。在找工作的热情快要被消磨光的时候，我在网上聊天时遇到了曾经实习过的那个单位的主管，她给了我一个在天津工作的机会。

即将毕业，不能再指望别人为自己考虑什么，一切都要靠自己去承担，自己要对自己负责。可以说我的工作之路并不是很顺利，但我从来没有因为一次次的挫折而苦恼，而放弃自己的责任。我相信风雨后总会有彩虹，即使没有彩虹也会在雨后呼吸到新鲜的空气。

大学四年，我经历了丰富多彩的生活，经历了一个又一个小插曲，这使我在直面挫折时更加坚强、更加成熟。

? 问题导入

1. 读完以上的故事，你有哪些想法和体会？
2. 你认为她有哪些值得借鉴的成功经验？
3. 讲讲你该如何安排自己的大学生活。
4. 大学四年，你想要收获什么？
5. 从现在开始，你要怎样去实现自己的大学目标？

第一节　生涯发展与职业生涯规划的相关概念

1908 年，美国波士顿大学教授帕森斯在波士顿创建职业指导局。他提出了"选择一项职业"要比"找一份工作"更重要的理念，并设计了职业辅导的步骤。而在我国，从第一本系统阐述职业生涯规划的专著问世并在企业中应用至今，仅仅是近十几年的事情。随着社会政治、经济、文化的发展，社会对个人素质的要求越来越高，人们也越来越重视职业生涯规划，因而职业生涯规划引起了国内外学者的广泛研究。

▶▶ 一、生涯的概念

"生涯"的概念来源于西方，英文单词为 career。从词源上来说，career 这个词有疯狂竞赛的意思，隐含有未知、冒险、克服困难的精神，多被引申为人生发展的历程，也被译为职业生涯。随着时代发展，学界对职业生涯的定义也在不断地变化。法国的权威词典将职业生涯界定为"连续性的分阶段、分等级的职业经历"。美国学者雷蒙德·伊诺认为职业生涯是指一个人一生经历的与工作相关的经验方式，工作经历包括职位、职务经验和工作任务。罗斯·维尔将职业生涯界定为人的一生中与工作相关的活动、行为、态度、价值观、愿望的有机整体。大多数西方学者所接受的是舒伯的观点，他认为，职业生涯是生活里各种事态的演进方向和历程，它统合了人一生中的各种职业和生活角色，由此表现出个人独特的自我发展形态。生涯也是人生从青春期到退休之后一连串角色的总和，除了职业角色，也包括所有与工作有关的角色。

在中国传统文化里，"生涯"的概念涵盖的内容比较丰富，既是"人生极限"，又是"生活"。当代学者认为，职业生涯是一个人一生中所有与职业相联系的行为与活动，以及相关的态度、价值观、愿望等的连续性经历过程，也是一个人一生中职业、职位的变迁及工作理想的实现过程。

我们也可以将职业生涯理解为"一个人在其一生中所承担职务的相继历程"。它有几方面的重要含义：

（1）职业生涯是个体的概念，是指个体的行为经历，而非群体或组织的行为经历。

（2）职业生涯是一个系统的动态过程，是一个人一生中在各种职业岗位上所度过的整个经历。简单地说，职业生涯就是指一个人终身的职业经历。

（3）职业生涯不仅仅是一个行为活动的过程，还需要强调态度、价值观等方面。要充分了解一个人的职业生涯必须从主观和客观两方面理解：表示职业生涯客观特征的概念是"外在职业生涯"，是指一个人在工作时进行的各种活动和表现的各种举止行为的连续体；"内在职业生涯"则表示职业生涯的主观特征，涉及一个人的价值观、态度、需要、动机、气质、能力、发展取向等。

（4）职业生涯受多种因素的影响。例如，个人自己对职业生涯的设想与计划，跟自己有关系的人的理解与支持，组织的需要与人事计划，社会环境的变化等，都会对个人职业生涯有所影响。因此，职业生涯可以看作多种因素相互作用的结果。

二、职业生涯规划

生涯本身是一个发展性概念，它有着自身的动态过程，时时与未来相关。所以，对生涯的规划成为现代人人生发展中的一项重要课题。职业生涯规划就是指个人和组织相结合，在对个人职业生涯的主客观条件进行测定、分析、总结、研究的基础上，确定其最佳的职业奋斗目标，并为实现这一目标做出行之有效的安排。

职业生涯规划一般包括自我剖析、目标设定、目标实现策略、反馈与修订四个方面的内容。个人应在自我剖析的基础上，设定明确的职业目标。目标实现策略是指通过各种积极的具体行动和措施争取职业目标的实现。反馈与修订是在实现职业生涯目标的过程中根据实际情况自觉地总结经验和教训，修正对自我的认知和对职业目标的界定。

职业生涯规划要根据自身的现实条件，决定职业选择的机遇、制约因素以及对机遇与制约因素发展变化的预测，以确定自己的职业方向、职业目标，选择职业生涯发展道路，制订发展计划、学习计划及实现职业生涯目标的具体行动方案，包括行动的具体策略与进程等。它要求根据自身的兴趣、特点，详细估量内外环境的优势和限制，将自己定位在一个最能发挥自己长处的位置来选择最适合自己的事业。从这个意义上来说，最初的专业选择和最初的职业选择最为关键。大学时期正是个人职业生涯最早的学习探索阶段，在这一时期，个人要认真地探索各种可能的职业选择，对自己的天资和能力进行客观的评价，再根据未来的职业选择做出相应的教育决策，最终完成自己的初次就业。因此，要在大学开展职业指导工作，让大学生对自己、对未来、对职业都有明确的认识。只有尽早开展科学的职业生涯规划，才能使他们有能力掌握自己的未来。

大学生职业生涯规划属于个人职业生涯规划的范畴，其规划主体是大学生。大学生是一个特殊的群体，具有素质高、见识广、年轻化、对未来的期望值高及心智逐渐成熟等特点。因此，其职业生涯规划过程也应体现出这些特点。大学生职业生涯规划是指大学生根据自身情况，结合发展机遇，对决定个人职业生涯的主客观因素进行分析、测评、总结，确定其事业奋斗目标，选择合适的职业，制订相应的教育和培训计划，并对计划的每一步骤的时间、顺序和方向做出合理的安排。大学生通过自我认识，进行自我肯定和自我成长，最终达到自我实现。总的来说，大学生职业生涯规划具有个性化、连续性、预期性、系统性、目标性等基本特点。

第二节　生涯发展与职业生涯规划的关系

【暖场游戏】

人生之旅

每人准备一张相同的纸条，上面画上代表 0~100 岁的生涯长度，接下来我们来玩撕纸条游戏。

(1)请问你期待活到多少岁？如果是 80 岁，请将 80 岁刻度之后的纸条撕掉。

(2)请问你现在多大年龄？如果是 20 岁，请把 20 岁刻度之前的纸条撕下来，并标识为 A 段，放在桌面上。

(3)请问你预期自己多少岁退出职业生涯？如果是 60 岁，请把 60 岁刻度以后的纸条撕下来，并标示为 B 段，放在桌面上。

(4)现在留在你手上的纸条是多少岁到多少岁的？如果是 20~60 岁，假设你一天的时间分配是 8 小时睡觉，8 小时吃饭、休闲、陪家人等，那么工作的时间也就只有 8 小时。现在将手上的这段纸条折成三等份，然后，撕下 2/3，标示为 C 段，放到桌面上。留在手上的 1/3 段，标示为 D 段。

(5)请把 A、B、C、D 四段纸条并排放在桌面上。

(6)仔细审查这一段段的小纸条，请问你有何感受、发现与思考？

一、生涯发展的积极目标

生涯发展是一个动态过程，而规划的功能在于为生涯设定目标，并找出达成目标所需采取的步骤。米歇尔·罗兹指出，生涯发展有突破障碍、开发潜能和自我实现三个积极目标，如图 1-1 所示。

阻碍大学生追求理想工作或人生目标的障碍通常来自如图 1-1 所示的两个方面：内在障碍与外在障碍。内在障碍主要是由一个人对自己不了解、评价低、缺乏信心或者恐惧不安造成的。外在障碍来自一个人所处的环境，通常与政局变动、市场难以预测、经济衰退和社会秩序混乱等相关。一个没有生涯发展目标的人，很容易受外界因素的影响。尼采说："懂得为何而活的人，几乎任何痛苦都可以忍受。"生涯发展可以帮助人们设立目标，给人们带来希望，从而突破发展中的内在、外在障碍，最终实现人生目标。

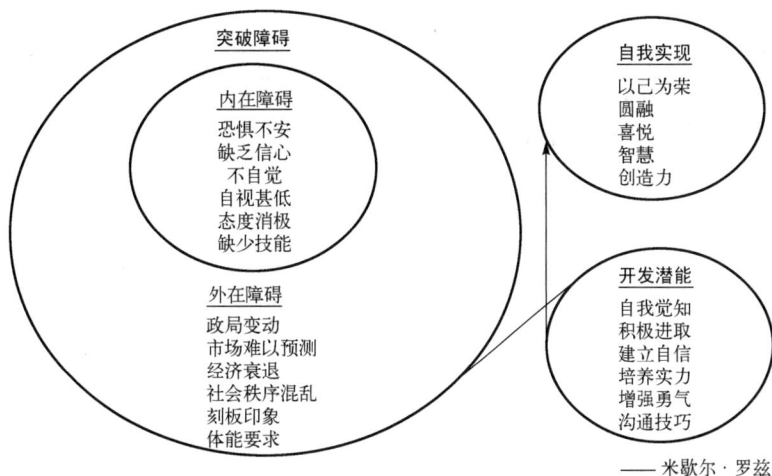

突破障碍

内在障碍
恐惧不安
缺乏信心
不自觉
自视甚低
态度消极
缺少技能

外在障碍
政局变动
市场难以预测
经济衰退
社会秩序混乱
刻板印象
体能要求

自我实现
以己为荣
圆融
喜悦
智慧
创造力

开发潜能
自我觉知
积极进取
建立自信
培养实力
增强勇气
沟通技巧

—— 米歇尔·罗兹

图 1-1　生涯发展的三个积极目标

二、职业生涯规划的内容与步骤

系统的职业生涯规划步骤包括知觉与承诺、自我探索、探索工作世界、决策、求职行动和再评估，如图 1-2 所示。

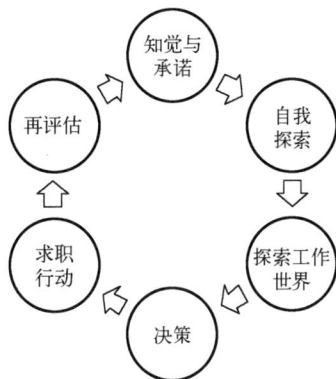

知觉与承诺
自我探索
探索工作世界
决策
求职行动
再评估

图 1-2　系统的职业生涯规划步骤

1. 知觉与承诺

在这个阶段，你已经觉悟到职业生涯规划的重要性，并愿意花时间来规划自己的职业生涯。

2. 自我探索

系统的职业生涯规划是一个"从内而外"的过程，因此在做职业生涯规划时，要先认识自己。

(1) 我的兴趣是什么？

(2) 我的性格有哪些特点？

(3) 我愿意在工作中使用哪些技能？

(4) 我最渴望从工作中获得什么？

(5) 以上几个方面是如何有效整合的？

3. 探索工作世界

知己知彼方能百战不殆。在职业生涯规划中，探索工作世界主要包括探索以下几个方面。

(1)职业的分类和内容；

(2)具体职业对工作人员的要求；

(3)教育方面的选择；

(4)获取以上信息的方法。

4. 决策

决策环节是整理前面各环节所收集到的信息，以便做出判断。具体内容包括以下方面。

(1)选择与决定；

(2)综合与评估；

(3)目标设立与计划；

(4)处理决策过程中的各种问题。

5. 求职行动

求职行动是一个将前面步骤的探索和思考落地的过程，可以通过以下行动来完成。

(1)做好求职准备；

(2)获取信息；

(3)应用简历、面试技巧；

(4)建立积极心态。

6. 再评估

经过上一步的求职行动之后，随着外部环境的变化，执行者也许会继续沿着过去的规划前进，也有可能发现之前的规划不尽如人意，这就需要对规划进行再评估，再修正职业生涯规划。这时就必须理解动态平衡的意义，为职业生涯变化做准备，学习管理职业生涯并保持发展的观念。

本书将从系统的职业生涯规划方法入手，帮助同学们构建属于自己的职业生涯规划模型。

三、大学生如何做好职业生涯规划

大学生的职业生涯既要有长远的方向性规划，也要有阶段性的具体打算，应针对不同年级的任务和学生特点有侧重地去规划，目的是为大学毕业后的就业或继续求学打好基础。

(一)大学生职业生涯规划的基本要点

1. 具备规划的意识

大学阶段短暂而重要。大学四年，如果只是上网、打球、交友，等到面临就业的时候，就会体会到竞争的残酷。大学阶段不做好自身的职业发展规划，进入社会之后将要消耗更多的时间和精力来弥补。

因此，同学们要有强烈的大学规划与设计的意识，在知己的基础上，审时度势，规划自己的职业生涯，确立自己的职业目标。在职业目标的指引下，积极调整自己的性格，锻炼自己的能力，培养自己的综合素质，为自己职业生涯的成功打下良好的基础。

2. 发挥个人特长

职业生涯规划不是千篇一律的，一定要结合个人的特点，不盲从、不跟风。进行职业生涯规划前，一定要了解自己的兴趣、性格、思想与价值观等，分析自己的长处与短处，然后在此基础上设计符合自身条件的职业生涯规划。

3. 结合所学专业

大学四年的学习主要是为实现专业目标而安排的，每个专业都有自己的培养目标和相应的就业领域。因此，大学生职业生涯规划与设计一定要立足于自己所学的专业。

4. 注意全程性和变动性

进行职业生涯规划时必须考虑职业生涯发展的全过程，否则就做不出有效的设计。由于事物都是发展变化的，这就要求职业生涯规划一定要有弹性和缓冲性，以适应未来各方面因素的变化。并且，职业生涯规划的每一步都要具体可行、操作方便，这样才有利于一个个小目标的实现，最终实现人生的大目标。

5. 广泛征求意见

职业生涯规划对大学生的职业生涯发展非常重要，因此，在进行职业生涯规划时一定要谨慎，不能马虎。大学生由于社会阅历少等原因，对社会的了解有一定的片面性，因此，在进行职业生涯规划时，多方面征求意见就显得非常必要，而家长、老师与亲朋好友等就是很好的意见征求对象。

（二）大学阶段的主要任务

大学四年就是一个不断攀爬"金字塔"的过程，不同年级都有阶段性的目标与任务。同学们在学习的不同阶段，应针对学业能力及职业生涯发展的阶段性特征，进行针对性的规划，为将来打好基础。

在大学的"金字塔"中，大一是探索期，要对大学四年的学习生活有一个初步的认识和合理的规划，对未来的职业发展做好定位；大二是提升期，要注重夯实基础，分析自我的优势和局限，进行自我完善和塑造；大三是准备期，要根据职业目标和社会需求，学习与实践各种职业发展技能，做好求职择业的准备；大四是冲刺期，即将开启职业大门，应厚积薄发、一鼓作气，为职业生涯的发展开个好头。

1. 大一——探索期

(1)阶段目标：适应大学生活，确立规划意识。

(2)实施策略。

① 适应大学生活，树立新的奋斗目标。如果之前的努力是努力考上大学，那么现在的任务就是为了以后的就业和职业发展而努力学习。

② 完成从中学生到大学生的角色转换。虚心请教老师、师兄、师姐，积极参与集体活动，建立新的人际关系圈。熟读学生手册，关注辅修专业和第二学位的申请条件，保证取得较好的学习成绩。

③ 开启自我和职业的探索，树立职业生涯规划意识。通过职业测评等工具全面客观地评价自己，思考有哪些职业与自己所学的课程、专业相吻合，通过互联网、报纸、杂志和访谈等渠道进一步了解这些职业。

2．大二——提升期

(1)阶段目标：确定主攻方向，培养综合素质。

(2)实施策略。

① 虚心请教师长和校友，根据自己的发展意愿选定专业和主攻方向。

② 建立合理的知识结构，注重专业能力的培养，参加大学英语四级证书等工具性证书的考试。

③ 积极参加学生会或社团工作，培养自己的组织协调能力和团队合作精神，提升自己的综合素质。

④ 尝试兼职、实习等，积累一定的职业经验。

3．大三——准备期

(1)阶段目标：提升求职技能，做好职业准备。

(2)实施策略。

① 加强专业知识学习的同时，获得与职业目标相关的职业资格证书。

② 增强兼职、实习的职业针对性，积累对求职择业有利的实践经验。

③ 扩大校内外交际圈，加强与校友、职场人士的交往，提前参加校园招聘会，与用人单位招聘人员进行沟通。

④ 学习求职技巧，学习制作简历、求职信，了解面试技巧和职场礼仪。

4．大四——冲刺期

(1)阶段目标：充分掌握资讯，实现毕业目标。

(2)实施策略。

① 留意学校就业中心的通知和其他重要的招聘渠道，不要遗漏关键的招聘信息。

② 登录招聘单位网站或通过咨询、访谈等方式，了解招聘单位的相关信息，为面试做好准备。

③ 选择实用性强的毕业设计(论文)题目，借此证明自己的应用研究能力。

【拓展阅读】

大学四年必做的 10 件事情

1. 掌握一定的专业知识，这是自己的立足之本。

2. 至少要认真读 100 本好书。这些书包括中外名著、名人传记，以及成功学等方面的书籍。

3. 取得几个必要的证书，如英语、计算机等级证书以及专业技能方面的证书。

4. 要有运动的习惯。运动能使你健康、快乐、减少压力、丰富课余生活、保持好的身材。

5. 充分利用图书馆和互联网，通过它们帮助自己增长知识、开阔视野。

6. 学会解决生活中的种种事情，自己解决不了的，要学会向他人求助。

7. 不要忘了多结交朋友，并和他们保持联系，好朋友是一生的财富。找一位师兄、师姐或者老师，当你生活、学习的向导。

8. 每学年至少参加一次与专业有关的活动，检验并以此提升专业水平。

9. 每年至少参加一次社会实践活动，了解社会，锻炼自己各方面的能力。

10. 最好每学期到人才招聘会或者人才市场上去看看，了解社会、用人单位需要什么样的人才，查找自己有哪些不足，进而努力完善自己。

四、完成职业生涯规划

职业生涯规划不是简单地帮助大学生获得一份工作，更重要的是帮助大学生真正地了解自己、更好地挖掘自身潜能，在客观分析内在素质和外在环境的基础上科学地规划人生，从而确定合理的、可行的职业生涯发展方向和行动纲领。

(一)正确认识自我，坚定职业目标

中国有句古训："志当存高远。"这是勉励青少年在人生刚刚起步时就要树立宏图大志。无论做什么事，首先要确立目标，才会有清晰的前进方向和充足的动力及热情。要设定正确的人生目标并通过努力实现目标，需要对自己的职业生涯做出合理规划，这是迈向成功的第一步。

有许多大学生对自己不大了解，没有清晰地认识到自身的优势和劣势，在职业选择过程中，具有较强的盲目性，不切实际。这极易导致奋斗目标模糊、易变。通过有效的职业生涯规划，大学生可以认识到自身的个性特质，现有的和潜在的资源优势，并进行对比分析，着力培养职业所需的特质，树立适合自身情况的职业发展目标和职业理想，从而规划自己的学习，指导自己的实践，制订合理的行动计划，为获得理想的职业而做好各种准备。

(二)充分了解社会，提升个人竞争力

物竞天择，适者生存。当今社会处在变革的时代，到处充满着激烈的竞争。对于想要在激烈的竞争中脱颖而出、立于不败之地的人来说，职业生涯规划是最强大的武器和法宝。生活在象牙塔里的大学生们，常常因缺乏对社会和外部职业世界的了解，而不能适时、合理地调整职业发展目标和行动计划，进而在职业竞争中落败。

在职业生涯规划的过程中，同学们需要不断地获取外部信息，包括职业、组织、社会等多方面的信息。获得的外部信息越多，心理上的准备也就越充分，在规划自己未来发展的时候，同学们就越能够根据社会的需要并结合眼前利益和长远发展做到有的放矢。

(三)实现自我价值，成就美好人生

马斯洛的需求层次理论指出，人的需求是由低级向高级层次推进的，即：生理需求→安全需求→友爱和归属的需求→受尊敬的需求→自我实现的需求。所有这些需求必须通过职业活动来实现。也就是说，我们可以通过一份适合自己的职业来获得生理、安全、友爱和归属、受尊敬的需求，但我们更需要的是通过从事一份职业来发挥自己的潜力，实现自我价值。但仅仅有一份工作，并不能保证我们能满足所有的需求。由于社会的快速变迁，竞争的不断加剧令许多即将踏入社会的大学生手忙脚乱，不知何去何从，而有效的解决方法就是提前进行职业生涯规划。正确的职业生涯规划，能为个人实现自我价值创造机会，并能让人扬长避短，促使每个人最终走向成功。

第三节　生涯发展理论的百年历史

自从帕森斯开始系统科学地进行职业指导以来，职业指导已有百年历史。纵观其发展，

最初的职业指导只注重个体某方面的心理因素,如职业兴趣。后来的研究表明,个体对工作的看法和观点对个体的择业行为和工作情况的影响越来越大,于是出现了职业价值观的研究,并由此开始了相应的职业指导研究。

▶▶ 一、职业指导的开端——帕森斯的特质因素论

帕森斯的特质因素论又称帕森斯的人职匹配理论,是最早的职业辅导理论。1909 年,美国波士顿大学教授弗兰克·帕森斯在其《选择一个职业》的著作中提出了人与职业相匹配是职业选择的焦点的观点。他认为,每个人都有自己独特的人格模式,每种人格模式都有与其相适应的职业类型。

所谓"特质",就是指个人的人格特征,包括能力倾向、兴趣、价值观和人格等,这些都可以通过心理测量工具加以评量。

所谓"因素",则是指在工作中要取得成功所必须具备的条件或资格,这可以通过对工作的分析而了解。

(一)选择职业的三大步骤

第一步是评价求职者的生理和心理特点(特性)。

通过心理测量及其他测评手段,获得有关求职者的身体状况、能力倾向、兴趣爱好、气质与性格等方面的个人资料,并通过会谈、调查等方法获得求职者的家庭背景、学业成绩、工作经历等资料,再对这些资料进行评价。

第二步是分析各种职业对人的要求(因素),并向求职者提供有关的职业信息。具体包括以下内容。

(1)职业的性质、工资待遇、工作条件以及晋升的可能性;

(2)求职的最低条件,诸如学历要求、所需的专业训练、身体要求、年龄、各种能力及其他心理特点的要求;

(3)为准备就业而设置的教育课程以及提供这种训练的教育机构、学习年限、入学资格和费用等;

(4)就业机会。

第三步是人职匹配。指导人员在了解求职者的特性和职业的各项指标的基础上,帮助求职者进行比较分析,以便选择一种适合其个人特点、有可能得到并能在职业上取得成功的职业。

(二)人职匹配的类型

人职匹配分为以下两种类型。

(1)因素匹配(活找人)。例如,需要有专门技能和专业知识的职业与掌握该种技能和专业知识的择业者相匹配,脏、累、苦等劳动条件很差的职业,需要有吃苦耐劳、体格健壮的劳动者与之匹配。

(2)特性匹配(人找活)。例如,具有敏感、易动感情、不守常规、个性强、理想主义等人格特征的人,宜从事审美水平高、自我情感表达好的艺术创作类职业。

(三)帕森斯的特质因素论的基本观点

帕森斯的特质因素论建立在差异心理学的基础上，认为所有人在发展与成长方面都存在着差异。每个人都具有不同于别人的个性特点，即特质。这种特质与某种职业因素相关。人的特质又是可以运用科学手段进行客观测量的，职业因素也是可以分析的，职业指导就是要解决人的特质与职业因素相适应的问题，使二者合理匹配。特质因素论强调职业指导者经过测量与评价，了解被指导者的生理、心理特性，并分析职业对人的要求，帮助被指导者进行分析比较，使之在清楚地了解自己和职业因素的基础上做出明智的职业选择。

特质因素论的内涵是在清楚认识、了解个人的主客观条件和社会职业岗位需求条件的基础上，将主客观条件与社会职业岗位需求条件相对照和匹配，最后选择一个与个人相匹配的职业。

(四)帕森斯的特质因素论的综合评价

帕森斯的特质因素论讲究科学理性，是一种符合逻辑推理的职业选择方法，指导方法十分具体，便于学习和操作。特质因素论也注重职业资料的重要性，强调个人必须对职业有正确的态度与认识，才能做出正确的职业选择。它所提出的对个人提供有关职业资料的服务，的确能提高职业指导的作用。

但是，特质因素论将个人与工作进行匹配，其前提是个人的特质和工作的性质是固定不变的。而事实上，这两者都是变化的，所以从发展的观点看，特质因素论存在一定的缺陷。另外，特质因素论注重心理测试工具的使用，这一点也受到很大质疑。因为心理测试工具本身存在信度与效度的问题。还有一点就是，特质因素论强调理性的适配，而忽略了情感在决策中的作用。

(五)帕森斯的特质因素论的意义

帕森斯的特质因素论强调个人所具有的特质和职业所需要的素质与技能(因素)之间的协调和匹配。为了对个体的特质进行深入详细的了解与掌握，特质因素论十分重视人才测评的作用，可以说，用特质因素论进行职业指导是以对人的特质的测评为基本前提的。它首先提出了在职业决策中进行人职匹配的思想。因此这一理论奠定了人才测评理论的理论基础，推动了人才测评在职业选拔与指导中的运用和发展。

二、职业发展理论

职业发展理论是个体职业发展的阶段性理论，强调个体可以清楚地看到自己处于生涯发展的哪个阶段，充分认识到人生发展各阶段的特点和规律，更好地规划自己的职业生涯。该理论将人们生命周期中的职业生涯划分为不同的发展阶段，假设每个阶段都有自己独特的问题和任务，并提出了解决这些问题、完成这些任务的方法与对策。金斯伯格、舒伯、施恩等都对职业生涯发展的过程进行了专门的研究。

(一)金斯伯格的职业发展理论

1951 年，美国专家金斯伯格出版了《职业选择》一书，他通过对不同家庭背景的大学生进行调研，提出"职业发展是一个与人的身心发展相一致的过程"，认为职业在个人生活中是一个连续的、长期的发展过程,并于1953年正式提出职业发展理论。他提出职业生涯有幻想期、尝试期、现实期三个发展阶段。

幻想期:11岁之前的孩童时期。儿童用充满好奇、新鲜的眼光看到或接触到职业世界。此时他们对职业世界的认识单靠自己的兴趣爱好,不考虑自身的性格、能力是否满足职业的需求,完全处于幻想之中。

尝试期:11~17岁,这是由少年向青年过渡的时期。个体的身体和心理在迅速成长,性格、兴趣和价值观开始逐步形成,经验、知识和能力显著提升,能比较客观地审视自身素质和岗位要求。此时,个体了解到工作岗位的社会地位、精神财富、物质收入及社会对职业的需要。

现实期:17岁以后的青年阶段。个体能够客观地把自己的职业理想同主观条件、兴趣、能力以及职业任务联系起来,寻找适合自己的工作岗位,有具体的、现实的职业目标。

金斯伯格把职业生涯的尝试期和现实期两个阶段又分成若干个子阶段。

(二)舒伯的职业发展理论

1953年,舒伯提出"生涯"的概念。舒伯的一生如同他的职业发展理论,在不断地创造着新的阶段。他的理论虽不是一个统整的、综合的理论,却是"集大成的理论"。从1953年提出"生涯"的概念到1957年提出理论的雏形,从1980年提出生活广度与生活空间的生涯发展观到1984年提出职业生涯彩虹理论,再到1990年提出拱门模式,舒伯在职业生涯理论方面总能引领风潮。

1. 生涯发展理论

舒伯从人终身发展的角度出发,根据自己"生涯发展形态"的研究成果,指出人们在童年时期,职业意识就开始萌芽。随着家庭、年龄、阅历和教育等因素的变化,人们的职业意识也会发生变化。按照人类的年龄可以把职业发展分为五个阶段:成长阶段、探索阶段、确立阶段、维持阶段、衰退阶段。

成长阶段:出生至14岁,发展自我概念,尝试以多种方式认识事物,探索自己的需要,通过对外部世界的不断接触,成长为自己的样子。

探索阶段:15~24岁,个体通过专业学习、课外活动、实习实践、工作体验等机会,对自我能力及职业环境有了进一步的认识,还需通过亲身的体验和不断的尝试来明确自己的职业兴趣,这时选择工作有较强的不稳定性。

确立阶段:25~44岁,经过上一阶段的探索,个体确定了自己在整个组织中的定位。其中,在31~40岁时,开始考虑怎样保住这个"位子",并沿着这个定位努力向上发展。

维持阶段:45~65岁,个体继续维持在工作中取得的已有成绩与地位,同时帮助新人进入探索和确立阶段,当然也会面对来自新人的挑战。

衰退阶段:65岁以上,生理器官及心理机能渐渐衰退和弱化,个体要调养身心,锻炼身体。面对身心日渐衰退的现实,乐观地面对生活,寻求参加老年组织来发展休闲角色,参加公益活动发挥余热。

每一阶段都有特定的发展目标和任务,前一阶段任务的实现,关系到后一阶段目标的发展。后来,舒伯对发展阶段的任务又有了新的认识,认为在一生的五个阶段中又要同时面对每个阶段的问题。

2. 职业生涯彩虹理论

从 1976 到 1979 年，舒伯提出了一个更为广阔的新观念——生活广度、生活空间的生涯发展观，概括了个人一生的职业成长过程。他根据生涯发展阶段与角色交互影响的关系，描绘出一个综合图形，即生涯彩虹图（见图 1-3）。在生涯彩虹图中，横向层面代表的是人一生的生活广度，是人生的五个阶段。纵向层面代表的是人的生活空间，是由人生的主要角色构成的。各种角色之间相互影响、相互作用，一个角色的成功，会为其他角色提供良好的基础。舒伯是对西方生涯发展理论影响最大的人，将"职业选择""人职匹配"推进到"生涯发展"领域，推动"美国职业发展协会"的发展。他整合了心理学、差异心理学、人格心理学及职业社会学的长期研究结果，将其汇聚成为一个完整而系统的理论体系。生涯发展理论给人一生不同的阶段拍了六张照片，而生涯彩虹图展示了人生的广度、宽度、厚度、深度。

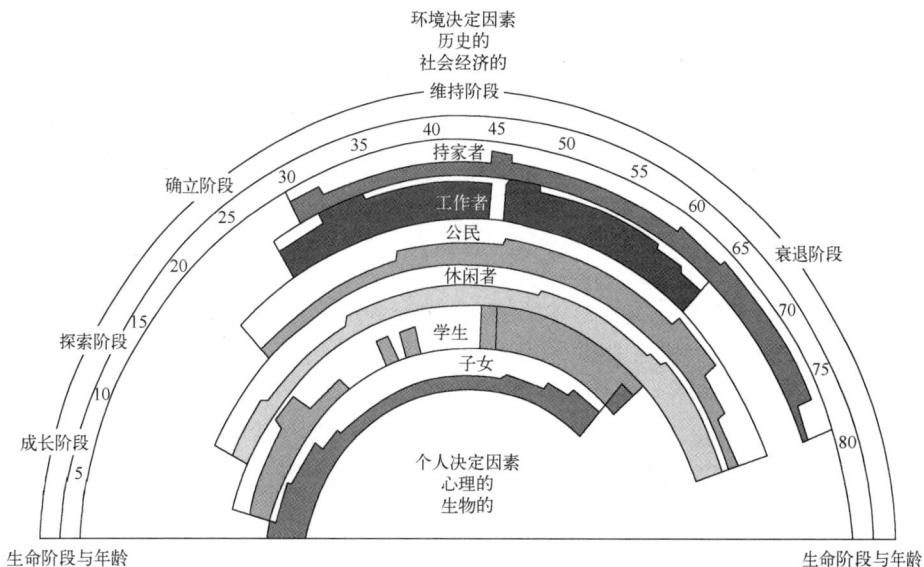

图 1-3　生涯彩虹图

资料来源：张建仁. 新疆大学生职业发展与就业指导[M]. 乌鲁木齐：新疆教育出版社，2011.

【拓展学习】

"三十而立"与职业生涯发展的阶段性

与经典同行，与圣贤对话，品味《论语》中的人生智慧和生涯发展与职业生涯规划思想。孔子所谈论的个人道德修养的过程，亦可以看成生涯发展的过程，详见教材配套微课视频 1-1"'三十而立'与职业生涯发展的阶段性"，欢迎同学们扫码观看。

(三)施恩的职业生涯周期理论

具有"教父"级地位的美国著名职业指导专家爱德华·施恩分析总结出了职业锚理论。其最初提出的职业锚理论包括五种类型：自主型、创业型、管理能力型、技术职能型、安全型。施恩将人的生命周期、职业生涯周期和家庭发展周期结合在一起考虑，认为三者共同产生作用。他将职业生涯划分为九个阶段，认为个体经历职业阶段的年龄是各不相同的，各职业周期阶段中的年龄有所交叉。

成长、幻想、探索阶段：0~21 岁。个体发现和发展自己的兴趣、能力、价值观、动机和抱负，为进入工作世界阶段打好基础；学习工作中所需要的基本知识和技能；做出合理的抉择，将幼年的职业幻想变为可操作的现实。

进入工作世界：16~25 岁。个体寻找第一份工作，进入一个组织成为一名工作人员。

基础培训：16~25 岁。个体了解熟悉工作环境，融入组织文化，进入工作状态，适应组织的需要和发展，完成一定的工作任务。

早期职业的正式成员资格：17~30 岁。个体承担责任，开始按工作人员的要求完成任务；学习、发展和展示自己的能力和知识，为职业成长和晋升打好基础；通过努力，根据职业需求，在个体与组织的需要之间寻找更好的机会。

职业中期：25~35 岁。个体拥有一项技术专长或进入管理职能部门；继续学习提升，行走在成长为职业能手的路上；能够明确工作目标，制订工作计划，承担重要工作，确定自己在团队中的地位，帮助职场新人和下属成长，发掘个人的潜能。

职业中期危险阶段：35~45 岁。个体现实地评估自己的进步、职业理想及个人前途；建立与他人的良好关系。

职业后期：40 岁到退休。个体成为一名专家和良师，有自己的学术和技术领域，能够发挥影响力，心胸豁达地指导同事进步；发展提高自身才干，承担更大范围的责任；接受自己在工作中影响力和行动力的下降。

衰退和离职阶段：40 岁以后到退休期间，个体能够接受地位和身体机能的衰退，拥有平和宁静的心态；接受挑战力和进取心下降，学习发展新的角色，找到新的生活乐趣和团队，着手退休。

离开组织—退休：在退出组织后，需要保持一种认同感，适应休闲，改变生活方式和生活标准；保持乐观，沉淀自己的知识，以各种途径对他人进行传帮带，发挥余热。

(四)其他职业发展理论

格林豪斯、加里·德斯勒对职业发展理论的发展有各自一定的贡献。他们从人生不同年龄阶段职业生涯发展所面临的主要任务的角度对职业生涯发展进行研究，并以此为依据将职业生涯发展划分为五个阶段。

》》 三、学习适应论

(一)明尼苏达工作适应论

该适应论起源于美国明尼苏达大学，是由戴维斯和罗圭斯特提出的强调人境符合的心理学理论。简单来说，该适应论提出，只有当工作环境能满足个人的需求(内在满意)，个人也能满足工作的技能要求(外在满意)时，个人在该工作领域才能够得到持久发展。

明尼苏达工作适应论是戴维斯与罗圭斯特等人在 20 世纪 60 年代提出的，该理论认为选择职业或生涯发展固然重要，但就业后的适应问题更值得注意，尤其对残障者而言，在工作岗位上能否持续、稳定，对其生活、信心与未来发展都是重要的课题。基于此种考虑，戴维斯等人从工作适应的角度，分析适应良好与否的因素。他们认为每个人都会努力寻求提高个人与环境之间的符合程度，当工作环境能满足个人的需求，又能顺利完成工作上的要求时，符合程度会随之提高。不过个人与工作之间存在互动的关系，符合与否是互动过程的产物，个人的需求会变，工作的要求也会随时间或经济情势而调整。如果个人能努力维持其与工作环境间符合一致的关系，则个人工作满意度愈高，在这个工作领域也愈能持久。

事实上，明尼苏达工作适应论仍属于特质论的范畴，不过已将其重点扩及个人在工作情境中的适应问题，强调就业后个人需要的满足，同时亦考虑个人能否达成工作环境的要求。在规划实践和辅导工作方面，工作适应论所提供的概念对各类就业问题及不同的辅导对象均有其应用价值。就辅导对象而言，已就业者、未就业者、考虑转业者、退休人员、残障者、复健者等，均可以使用评量工具，包括明尼苏达重要性问卷、职业倾向组型量表、明尼苏达满意感受问卷、明尼苏达满意指针量表及职业增强组型量表等。应视当事人情况选择适合的工具，以促进当事人对自我及环境的探索。

(二)决策之术——认知信息加工理论

认知信息加工理论认为生涯发展就是看一个人如何做出生涯决策以及在生涯问题解决和生涯决策过程中如何使用信息的。1991年，盖瑞·彼得森、詹姆斯·桑普森、罗伯特·里尔登合著了《生涯发展和服务：一种认知的方法》一书，阐述了认知信息加工理论。

1. 假设

认知信息加工理论假设：生涯选择以认知与情感的交互作用为基础；进行生涯选择是一种问题解决活动；生涯问题解决者的能力取决于其知识和认知操作；生涯问题解决是一项记忆负担繁重的任务；生涯决策要求有动机；生涯发展包括知识结构的持续发展和变化；生涯认同取决于自我知识；生涯成熟取决于一个人解决生涯问题的能力；生涯咨询的最终目标是促进来访者信息加工技能的发展；生涯咨询的最终目的是增加来访者作为生涯问题解决者和决策制定者的能力。

2. 对认知信息加工理论的评价

认知信息加工理论强调职业生涯咨询是一个持续的学习过程，它区别于其他理论的最主要方面是着重强调了认知信息加工的重要性。认知信息加工金字塔模型(认知信息加工理论的核心内容)为咨询师提供了帮助来访者的理论框架，决策制定的 CASVE 循环模型可用于发展来访者的问题解决能力，生涯决策能力的获得可以被视为一种学习策略。该理论不同于其他理论的地方还在于其强调了元认知在生涯问题解决中的作用。促进元认知的发展也是该理论用于生涯咨询所强调的重要方面。

3. 核心

(1)认知信息加工金字塔模型

认知信息加工理论把生涯发展与咨询的过程视为学习信息加工能力的过程。该理论的提出者按照信息加工的特性构建了一个认知信息加工金字塔(见图 1-4)。位于塔底的领域是知识领域，包括自我知识和职业知识。中间领域是决策领域，包括了沟通、分析、综合、评估、执行五个阶段。最上层的领域是执行加工领域，也称为元认知。元认知是一个人所具有的关于自己思维活动和学习活动的知识及其实施的控制，是任何调节认知过程的认知活动，即任何以认知过程与结果为对象的认知，包括自我言语、自我觉察、控制与监督。

(2)CASVE 循环

在本书第四章中我们为大家提供了 CASVE 循环的应用场景，这一理论将知识领域类比于计算机的数据文件，需要大脑进行存储。决策技能领域是计算机的程序软件，让我们对所存储

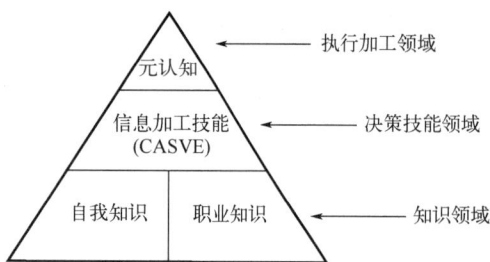

图1-4 认知信息加工金字塔模型

的信息进行加工处理。执行加工领域相当于计算机的工作控制功能，操纵电脑按指令执行程序。

决策技能可以通过五个阶段的学习获得。

① 沟通(确认需求)：个人开始意识到问题的存在；

② 分析(将问题的各组成部分相互联系起来)：对所有的信息进行分析；

③ 综合(形成选项)：个人形成可能的解决方法并寻求实际的解决方法；

④ 评估(评估选项)：评估每种选项的优劣，评出优先顺序；

⑤ 执行(策略的实施)：依照选择的方法做出行动。

决策技能领域的五个阶段构成了决策的CASVE循环。

(三)社会学习理论：克朗伯兹的善用机缘论

信息时代组织的变迁和发展呈现出多样化的趋势。信息时代给人类提供了更多便利的同时，也带来了混沌和不稳定性，使职业生涯呈现"易变性"的特点。在这样的时代，员工需要获得一些确保未来不被淘汰的技能、能力及平衡工作和家庭的能力，组织需要富有弹性的个体，能有效地应对变化，及时调整、适应新的组织发展方向。基于这种时代背景，新的职业理论应时而出，如"积极的不确定论""生涯适应力理论""善用机缘论"等。

1979年克朗伯兹将班杜拉的自我效能(Self-Efficacy)这一概念引入职业决策领域，并形成了职业决策社会学习理论。职业决策社会学习理论强调个人—行为—环境的交互作用，认为有四个因素影响职业决策：遗传、环境、社会学习经验和任务技能。该理论重视决策过程中自我反省和自我指引的作用，认为个人的决策行为虽然受到其独特的学习经验、环境中积极和消极的强化事件的影响，但是，人类并非环境中受制约的、被动的有机体。相反，人类在受到环境的制约后，能主动依据自己的行为目标及需要做适当的控制。在个体—行为—环境的交互影响中，自我概念是核心，正向的期待带来正向的行为和结果。克朗伯兹认为，职业发展是不断改变的自我认知和许多不同事件相互作用的结果，职业模式的多样性归因于不同的个体掌控、处理和学习未知事件的能力不同。生活事件，无论是偶发的还是计划的，之所以能让一些人重新设定目标而让另一些人丧失目标，归根到底在于不同的人应对生活事件的态度和方式不同。在此基础上，克朗伯兹针对现代社会环境的快速变迁，又基于当前的社会职业环境提出了善用机缘论。

与其他职业匹配模式不同，善用机缘论关注持续的终身学习过程，个体必须时刻准备应对各种变数，适时调整自己的职业方向。这种特质，萨维科斯称之为"生涯适应力"，而克朗伯兹关注偶然事件，建议对其保持开放的心态。偶然事件作为环境因素中的一个重要部分，影响并成为求职者个体现实的一部分。如何看待甚至创造偶然事件是善用机缘论的核心。

1. 善用机缘论的内涵

凯瑟琳·马歇尔认为，"Planned Happenstance"是对职业咨询理论的延伸和拓展，它将偶发事件纳入研究范畴，是研究关于如何创造及将偶发事件转化成机遇事件的理论框架。"Planned Happenstance"直译成中文即"规划偶发事件"，由金树人先生首先翻译为"善用机缘论"，意指不排斥偶发事件的发生，强化对偶发事件的接受，从中找出更多帮助生涯发展的机会。

"Planned Happenstance"从英文意思上可以拆为 "Planned-Happen-stance"，中文译为计划—偶发—姿态，含义是对偶发事件所持的一种态度和行为，因此，善用机缘论是个体在职业生涯中，有意识地利用及创造偶发事件，将其转化成对其有益的机会事件的一种职业决策模型。

2. 目标：识别、创造并将偶然事件转化成值得学习的机会事件

(1)识别。周遭环境瞬息万变，各类事件纷繁复杂。保持开放的心态拥抱未知的事件，需要一些认知上的调整甚至颠覆。克朗伯兹创新性地将"职业决策的犹豫心态"视为对未知可能性保持"开放的心态"，建议职业咨询师要帮助来访者容忍、接纳决策模糊状态，不断尝试、探索新的可能。他举例如下，当婴儿触摸、转动、啃咬一件新的物品时，我们会在旁边饶有兴趣地观察。但如果每一次婴儿玩弄物品时，父母都问"你这样做的目标是什么?"，婴儿的欣喜、惊奇和知识就会被剥夺。因而，成年人对于孩子随机的探索可以以保护其兴趣的态度在旁边静静等待和守护，并相信这样的经历可以让孩子更深入地了解这个世界。然而，当个体处于职业的困境或无法选择的状态时，我们的期望是个体能尽快解决困惑并制定明确的目标。克朗伯兹认为，如果把这种"快速解决问题的心态"置换成"鼓励对未知保持开放的心态"会更加适合个体的实际。或许，下一次，当个体面对未知的境地而不知该何去何从时，回应"你可以放宽心态去探索各种可能"会比"好了，就选择工程学作为你的专业吧!"更符合该理念。

(2)创造机会事件。偶然事件不仅是不可避免的，而且是值得欢迎的。盖拉特(1989)提出对目标和需求的不确定是发现新事物的契机。奥斯汀(1978)提出个体如何应对机会事件取决于自身对可能性的准备和接受程度。机会因素的确能创造新的职业选择，但要实现这些职业可能性，需要付诸行动。善用机缘论涵盖两个方面：一是对提升生活品质的机会事件生成机制的探究，二是如何帮助个体把握机会的技能。

(3)将偶然事件转化成值得学习的机会事件。善用机缘论提出以下五项技能的提升有助于个体识别、创造及将偶然事件转化为职业机会。

① 好奇——不断探索新的学习机会;
② 坚持——即使遭遇挫折仍继续尝试;
③ 弹性——对不同观念和情境保持开放的心态;
④ 乐观——视新机会为可发生及可得到的;
⑤ 敢于冒险——即使你无法确定结果，也不会害怕去尝试。

需要特别指出的是，上述五个在中国文化中被认为是"个性品质"一类的词汇，凯瑟琳·马歇尔认为它们属于个体可以通过学习提高的"技能"。一些学者也指出，结合元认知和善用机缘的职业训练有效地提高了大学生的认知、情感及行为能力。凯瑟琳·马歇尔认为，好奇是基础，只有保持旺盛的好奇心，才有可能去探索和尝试新鲜事物，才能开启"敢于冒险"的行动。

(四)社会认知生涯理论

生涯理论从 20 世纪初兴起并蓬勃发展，到了 20 世纪 80 年代，在班杜拉的一般社会认知理论的影响下，逐渐兴起了社会认知的生涯理论(Social Cognitive Career Theory，SCCT)。下面将简要地介绍该理论的基本模式、最新研究进展及其在职业咨询中的应用。

SCCT 强调在职业发展中起作用的三种核心变量，即自我效能、结果预期及个人目标之间的相互影响。自我效能指的是人们对组织和实施所要得到的行为结果的能力的信念(如"我能干得了吗")。自我效能与具体的活动领域有关，其形成与改变主要取决于四种信息来源：

过去的绩效成就、观察学习、社会劝说以及生理和情绪状态等。结果预期指的是个人对从事特定行为的结果的信念（如"如果我这么做，会发生什么事"）。个人目标是个人从事特定活动或取得一定结果的意图（如"我有多想这么做"），又可分为职业目标和绩效目标两种。

SCCT 包含三个相互关联的子模式，在每一个子模式中，上述三个核心变量与个人的其他重要特点、背景及学习经验是相辅相成的，共同影响着个人的职业选择和发展过程。

1. 职业兴趣模式

对特定职业的自我效能与结果预期会塑造个人的职业兴趣。如果人们认为自己擅长从事某种职业，或预期从事该职业将带来满意的回报，就会形成对该职业的兴趣并坚持下来。职业兴趣形成后，与自我效能和结果预期一起，将促进个人产生目标；目标又将促成行动并达到一定的绩效成就，绩效成就又会反作用于自我效能和结果预期，形成一个动态的反馈环路。自我效能和结果预期并不能脱离社会、经济因素起作用。例如，性别和种族变量通过一定的社会化过程，使得男孩或女孩分别形成对于男性活动（如工程技术）或女性活动（如护理）的技能、自我效能、结果预期及职业兴趣。

【拓展学习】

"好之者，不如乐之者"——职业兴趣是生涯发展的原动力

与经典同行，与圣贤对话，品味《论语》中的人生智慧和生涯发展与职业生涯规划思想。孔子在谈论学习的三种境界时，认为不同境界下人们主观能动性的发挥程度和情绪、心境是有所差异的。详见教材配套微课视频 1-2《"好之者，不如乐之者"——职业兴趣是生涯发展的原动力》，欢迎同学们扫码观看。

2. 职业选择模式

职业选择过程可分为三个阶段。

(1)表达初步的职业选择或职业目标；

(2)采取行动以实现目标；

(3)获得绩效成就，并形成反馈环路，影响个人未来的职业选择。

职业选择是一个双向选择的、开放的过程，会受到多种因素的影响，而且有多个选择点。职业选择常常但并不总是与职业兴趣有关，自我效能和结果预期也会直接影响职业选择目标和行动。

另外，有两类环境因素也会影响职业选择过程：一类是"先前的背景因素"，例如文化、榜样、技能培训机会等；另一类则是"当前的环境因素"，例如在作职业决策时的工作机会，情感、经济上的支持，以及环境中的歧视等。

3. 工作绩效模式

工作绩效取决于人们的能力、自我效能、结果预期及绩效目标之间的交互作用。能力一方面直接地影响绩效成就，另一方面则通过塑造自我效能和结果预期发挥间接的作用。这就可以解释，为什么客观上能力差不多的两个人实际的绩效成就却大相径庭。工作绩效也会提供一个反馈环路，反作用于自我效能和结果预期。自我效能并非越高越好，只有当它稍稍高于实际的能力水平时，才会最充分地发挥现有技能并促进未来的技能发展。

SCCT 试图解释不同学生和工作者群体的职业发展，重视种族、文化、性别、社会经济地位、年龄以及残疾状况等因素的作用。最早哈克特和贝茨(1981)发现，性别角色的社会化

过程对女性自我效能形成的四种来源有歪曲作用，使女性形成对符合传统的女性活动的自我效能，但限制了对非传统的活动领域的自我效能的发展，并进一步影响了她们的职业兴趣和选择。拉潘等(1989)的研究也表明，自我效能可以解释在科学技术领域中的职业兴趣上的性别差异。许多研究考察了少数民族的职业发展，如哈克特和拜厄斯(1996)发现，文化会影响自我效能形成的四种来源，从而影响非裔美国妇女的自我效能信念、结果预期、目标及随后的职业发展。另外，福阿德和史密斯(1996)、盖诺和兰特(1998)及唐等(1999)应用 SCCT 的职业兴趣模式和职业选择模式分别考察了西班牙裔、非裔及亚裔美国学生群体，结果都基本支持这些模式。SCCT 还被扩展应用到对其他人群的研究中，如希曼斯基等(2003)、费边(2000)及莫罗等(1996)分别利用自我效能和结果预期来考察残疾人、精神疾病患者及同性恋工作者的职业发展。最后，该理论还被应用于大量跨文化的研究中。

四、后现代生涯理论

后现代生涯理论是以建构主义为基础的理论。该理论认为人类思考的目的已由追求唯一的真理，转移到认可多元的观点，认为文化和语言提供了我们对现实世界的认知，观点之间的对话蕴藏着无穷的知识或真理。后现代生涯理论不再局限于问题本身，而是将重心转移到问题解决上，关注个人能够突破障碍、发挥潜能及拥有实现理想的信心和行动。

(一)生涯建构系统理论

1955 年，美国著名的人格心理学家和人本主义心理学的先驱之一乔治·凯利出版的《个人建构心理学》标志着个人建构理论的诞生。生涯建构系统理论以凯利的个人建构理论为依据，强调人对自身主观世界主动的认知性构造。该理论认为在个体的认知系统中有一个秩序井然的组织，组织的各个部门相互关联。"建构的形式就像一个模型或框架，架在一个人的意识形态里，用来观察世界。建构最基本的形式是两极化概念，如好与坏。"

(二)故事叙说取向的咨询理论

由澳大利亚心理学家麦克·怀特与新西兰的大卫·爱普斯顿于 1990 年共同出版的《故事、知识、权力——叙事治疗的力量》一书，开启了叙事治疗的新领域。该理论的核心是帮助个人做出正确的生涯发展决定，其目标是要促进个体展开有效的生涯行动及帮助来访者观察到行动背景，即行动的诱因和动机。

(三)其他后现代生涯理论

高特弗莱德森的"限制—妥协"理论是关于职业抱负的内容及发展过程的理论。他认为职业抱负是一个开始于童年的发展过程，反映人们实施自我概念的努力；职业满意取决于选择和自我概念符合程度。鲍丁的心理动力论强调个人内在动力和需要等动机因素在个人职业选择过程中的重要性。兰特的社会认知理论提出有三个相互影响的核心变量，即自我效能、结果预期及个人目标。

案例故事

小邱的目标

小邱是我从小到大的朋友。18 岁分开后，我在外为生活四处奔波；小邱上了大学，什么事儿都挺顺当的。在分开的这十年里,我们几乎每隔两三年见一次面。每一次我都喜欢问他同一个问题"你将来的目标是什么",而每次得到的答案都不同。

18岁,高中毕业典礼上,小邱说:"我发誓要成为李嘉诚第二!我要当中国首富!"

20岁,老同学春节聚会上,小邱说:"我要创立自己的公司,争取30岁时资产超过2 000万元!"

23岁,小邱毕业去某工厂做了技术员,第二职业是炒股。他跟我说:"我正在为离开这家工厂而奋斗,因为在这里工作太没前途了。我将全力炒股,三年内将5万元炒到300万元。"

25岁,股场失意情场得意,小邱说:"我希望一年后能有10万元,让我风风光光结个婚。"

26岁,在不太风光的婚礼上,小邱说:"我想生个胖小子,当个车间主任就行,别的不想了。"

28岁,经济大环境不好,小邱的妻子十月怀胎,小邱说:"我只希望这次下岗的名单里千万不要有我的名字。"

小邱的经历在很多人身上都有投射,我们在学习之初雄心壮志,可是随着现实的不断打击,我们的目标也慢慢跟着妥协。这样没有规划的人生,显然是很容易失败的。

事实上,生涯发展的路途需要个人主动地去认识,认识自己,认识环境,然后制订计划逐步实现,并不断地实践、调整自己的计划。目标坚定是前提,但计划得随着自己当时的情况而调整。归根结底是要有对职业生涯的意识和概念,以及完成自己生涯目标的信念,最终收获丰富的人生。

课后学习

王茜的目标

王茜是某大学计算机专业的大一新生,为了避免大学毕业后就业走弯路,她根据自己所掌握的职业生涯规划知识为大学生活做了一个规划。

她根据大家的评价和各种测验,发现自己是一个较为外向开朗的人,对社会经济问题感兴趣,擅长分析,对数字很敏感。她觉得自己的弱点主要有:气势压人,难以与他人合作,考虑问题深度不够,文字表达能力欠佳。据此,她确定的毕业目标是:毕业后进入知名管理顾问公司。而要达到这个目标,她必须加强文字表达和沟通能力,要增强英语表达能力,并且在专业学习上有成果。随后,她制订了如下计划。

一年级的目标:初步了解职业,提高人际沟通能力。主要内容有:和学长们进行交流,询问就业情况;在学好基础知识的前提下,积极参加学校活动,增加交流技巧,了解一些关于管理方面的知识。

二年级的目标:对将来的职业要有一定的想法,提高自己的英语水平,扩大自己的交际范围。主要内容有:仍然以学习为主,同时参加英语角或英语兴趣班,提高自身英语水平;逐渐开始对自己将来从事的职业所涉及的领域进行探寻;参加一些社会公益活动,结识一些将来对自己有帮助的人;辅修管理专业的课程。

三年级的目标:努力学习专业知识,提高专业素质,为自己将来的职业打下坚实的基础。主要内容有:努力学习本专业的知识,考取一些将来对自己有帮助的证书;继续参加社会活动,同时在假期做一些与自己专业相关的兼职,锻炼自己的能力;完成管理专业的辅修,获得学位证。

四年级的目标：顺利毕业，并获得一份比较满意的工作。主要内容有：顺利完成自己的毕业设计；搜集职业信息，选择就业单位和就业岗位；凭借前几年积累的人脉和工作经验，找到一份令自己满意的工作。

一、按时间制定自己在校期间的生涯发展规划

按时间（阶段）制定自己在校期间的生涯发展规划是以时间（阶段）为主线来规划大学生涯的一种方法，可在分阶段认知自我和认知环境的基础上，分段制定自己的生涯目标规划。我们可将生涯目标规划分为新生期规划、低年级规划和高年级规划，也可以进一步分为大一、大二、大三、大四的规划，还可再细分为上学期、下学期，甚至月计划、周计划、日计划等。在时间（阶段）规划的基础上，再对内容（学业、成长和实践）进行规划，这便是以时间（阶段）为纲、内容为目的的规划。

一般来说，首先，规划者应进行自我评估，认清自己的优缺点；其次，确定短期和长期的目标；最后，开始制订行动计划，根据需要，采取相应的方式和途径，按时间进行。这里要特别指出两方面：一方面，所确定的计划要切实可行；另一方面，在拟好了规划后，还需要提醒自己，在行动中具体实施时也会碰到困难，如难以预料的或者难以控制的事情发生，像社会经济衰退、生病、生活环境突然发生变化等，在这种情况下，同学们应调整自己的心态来适应社会的需求，以适应社会的需求和发展变化为前提，实现个人的终极目标。

当你的毕业去向已基本确定时，无论就业、创业、留学、考研，都可以用附录 A 中表 A-1 对你的大学生涯进行规划。

二、按内容制定自己在校期间的生涯发展规划

按内容制定自己在校期间的生涯发展规划是以内容为主线来规划大学生涯的一种方法，具体可分为学业规划、成长规划和社会实践规划，也可以分段（年度、学期、月、周、日）进行规划。

学业规划主要是大学期间对学习方法、学习内容、学习成绩、学习进度、毕业去向等方面做出的生涯发展规划。

成长规划主要是从世界观形成、思维模式、身体健康、良好心态的养成、理财能力、时间管理和人际往来、交友恋爱等方面制定在校期间的生涯规划。

社会实践规划是以参加校园社团、公益活动、见习实习、假期社会服务与兼职等为载体制定的在校期间的生涯规划。

大学期间，不同学年有着不同的学业内容、成长内容和社会实践内容，而且每个人的实际情况也不一样，所以每个人应该根据自己的实际情况确定符合自己的生涯发展规划目标，制定适合自己的生涯发展规划。

当你的毕业去向已定时，无论就业、创业，还是深造，都可以用附录 A 中表 A-2 对你的大学生涯进行规划。

推荐阅读

[1] 李响. 响聊聊职场[M]. 北京：中国商业出版社，2012.

[2] 卜欣欣，陆爱平. 个人职业生涯规划[M]. 北京：中国时代经济出版社，2004.

[3] 金树人. 生涯咨询与辅导[M]. 北京：高等教育出版社，2007.

第二章

开启自我认知之旅 ‹‹‹

尽管我们常常谴责人类不了解自己的缺点，但恐怕也很少有人了解自己的长处。就像在泥土中埋藏着一罐金子，土地的主人却不知道一样。

——约拿珊·斯威夫特(Jonathan Swift)

本章要点

通过本章的学习，充分认识到兴趣是人们提升工作满意度和成就感的重要影响因素，同时是对职业进行分类的重要基础；理解霍兰德职业兴趣类型理论的意义和作用，在实践中学会用霍兰德职业倾向分类工具正确地认识和评估自己的兴趣；了解价值观对个人职业选择和发展所起到的作用，在实践中能够澄清并真正"拥有"自己的价值观，同时体会到他人的价值观可能对自己造成的影响；通过对兴趣、性格、能力和价值观的全面综合，深化自我认识。

开篇案例

认清自己

著名的信息产业的执行官和计算机科学的研究者，创新工场董事长兼首席执行官李开复，他不是一上大学就学习计算机专业的。在上大学之前，他梦想当一名哈佛人，把学法律当作首选，数学作为备选。因为他认为当时哈佛大学的这两个专业是全美最好的。由于某些原因，他没有办法上哈佛大学。后来，他选择了哥伦比亚大学。哥伦比亚大学的法律和数学也是很有名的。进入哥伦比亚大学后，他想继续完成自己的法律梦，所以他先选择了政治科学专业。学了几门相关课程之后，他发现自己对此毫无兴趣。他的家人鼓励他学习他曾经拿手的数学专业，但他在大学的数学学习过程中发现自己没办法体会到"数学之美"。于是，他告别法律与数学，转向他曾经在高中就感兴趣的计算机。哥伦比亚大学的计算机当时只是一个新兴的专业，基础没有传统的数学和法律那么雄厚，所以前途非常不明确。当时社会上没有所谓的"软件工程师"这种职业。不过，他当时考虑更多的是"人生的意义"和"我的兴趣"，最后，成为一名计算机科学家。当然现在他听从自己内心的声音，创办了创新工场。

李开复在职业生涯所遇到的问题在大学生中是普遍存在的，只是以不同方式来表现。目前，学生在高中填报志愿时，往往对高校各种专业设置并不了解，对高校专业与现实工作世界的关系也不清楚，在填报志愿时往往是听从父母、亲戚和老师等的意见。一方面，他们没有办法清楚地从性格、兴趣的角度来思考自己适合学什么专业以及将来应该做什么工作。另一方面，他们往往不能正确理解和把握性格、兴趣的内涵。他们通常用一些日常化的、非专业化的经验性的语言来描述自己的性格、兴趣，不能客观地进行描述。即使他们对自己的性格、兴趣有所了解，也往往是根据外在的一些功利标准对自己的性格、兴趣进行评判，从而产生这样或那样的不满。那么，要从根本上解决这些问题，必须对性格、兴趣在理论上有较为系统的理解，需要清楚地知道自己的性格特征和兴趣爱好，以及与此相关的因素和职业发展的关系。

？ 问题导入

生涯对于每一个人来说都是独一无二的存在，在整个生命历程中，我们的选择决定着这个历程发展的轨迹。虽然每一个选择看起来如此让人惊喜，但其实它们的发生绝非偶然。那么，推动着这些选择的是什么样的力量呢？我们为什么而选择呢？我们要学会更客观理性地认识自己，为自己的生命历程做出无悔的选择。

第一节　兴趣是最好的老师

【暖场游戏】

你知道自己喜欢什么吗？

回答下面的问题，并将答案写在附录B"兴趣探索七问"中。

1. 请列举出三种你现在或曾经非常感兴趣的职业(摒除所有现实的考虑)。这些职业有哪些特征吸引着你？

2. 请回忆三四件令你感兴趣的事件。请详细地描述这些事件的具体画面，是什么令你感到如此快乐？

3. 你喜欢谈论什么话题？你喜欢阅读什么类型的杂志？你对哪方面的杂志真正感兴趣？如果你正在书店里浏览，你倾向于停留在书店的哪类书架前？真正令你着迷的是哪方面的书籍？

4. 你喜欢浏览什么网站或网站的哪个板块？这些网站实际上属于哪个专业？哪些网站真正令你着迷？如果你正在看电视，你会选择哪类节目？节目中是什么吸引着你？

5. 你真正感兴趣的是哪个(些)科目？为什么喜欢它(们)？

6. 我们的生活中都发生过因为专注于工作而忘记了休息时间的事情。如果这种事情发生在你身上，会是什么工作让你如此全神贯注、废寝忘食？

7. 你从以上问题中看到了哪些共同点？如何给这些共同点生命？如何滋养它们？

▶▶ 一、兴趣与生涯发展的关系

(一)兴趣与职业兴趣

兴趣是指建立在需要基础上，带有积极情绪色彩的认知和活动倾向，是个人对其环境中的人、事、物的喜爱程度，也是个人力求认识、掌握某种活动，并经常参与该种活动的心理倾向。当个人对某事物有兴趣时，个人就会被激发出对该事物的求知欲与探索热情，对该事物感知敏锐、记忆牢固、思维活跃、情感浓厚、意志坚强，充分发挥主动性与创造性。兴趣是人们活动的重要动力之一，也是活动成功的重要条件。

在"男主外、女主内"的传统社会里，流传着"男怕入错行，女怕嫁错郎"这样的谚语。

在外谋求发展的男性选择一个满意且长久可靠的职业，就像嫁为他人妇的女性选择一个可靠的丈夫一样。在如今这个追求男女平等的年代，无论是男性还是女性，选择好"职业"都是同样重要的。那么，我们究竟喜欢什么职业？这是个看似简单但其实难以回答的问题。很多大学生因为缺少丰富的社会经历和阅历，不知道实际的社会生活如何运作，所以他们不知道自己喜欢的职业是什么。有些人经过很长时间的摸索，也无法弄清楚自己的兴趣在哪里，从而对自己的职业发展感到困惑和茫然。

每个人都会对自己感兴趣的事物给予优先注意和积极探索，并表现出对其心驰神往。在职业活动中，如果你对某种职业产生兴趣，就会对该种职业表现出肯定的态度，并积极思考、探索和追求。正如诺贝尔物理学奖获得者丁肇中所说："兴趣比天才更重要。"从事自己喜欢的职业，可以带来愉悦的生活体验，让自己在工作中更有动力，获得更高的成就感和满足感，也会因此更为肯定自己的能力，对自己更有信心，更能充分发挥自己的潜能，实现自我的人生目标。

职业兴趣是一个人对某种专业或职业活动的喜爱程度，在职业活动中起着重要的作用。当我们对自己所从事的学习、娱乐、教育、贸易、管理等职业活动真正感兴趣时，我们会全身心地投入其中，从中得到快乐和满足。反之，若我们对所从事的职业活动缺乏真正的兴趣，即使外在表现不错，也会感到索然无味，难以得到真正的满足。

(二)生涯兴趣坐标图

美国心理学家戴尔·普雷迪格将工作对象分为数据、观念、事物和人群四项(见图2-1)。

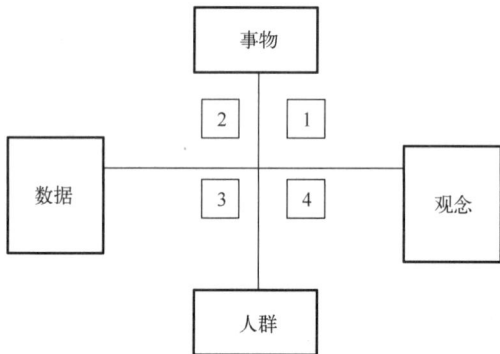

图 2-1　生涯兴趣坐标图

数据包括事实、记录、文件、数学、计算、商业过程和系统性程度等。从事这类工作的人不喜欢直接与人打交道。

观念包括抽象概念、理论、知识、觉察、洞察力等。观念性任务是个人头脑中的工作，从事这类工作的人喜欢创造、发现、解释抽象的概念，从事知识的开发、整合与传播。

事物包括机器、工具、生物、材料等。事物性任务是一种与人无关的任务，从事这类工作的人喜欢从事与机械、器具有关的工作，并且喜欢处理现实的问题。

人群主要包括帮助、照顾人们，为人们服务。从事这类工作的人喜欢从事与人群有关的工作，喜欢处理人际关系。

根据以上活动，将"喜欢的活动"和"愉快的生活经历"的特征综合起来，看看你的"生涯兴趣坐标"会坐落在哪一个象限内？

【课堂活动】

选择 3 个岛屿

假设在你旅行途中，你所乘坐的轮船突然发生了意外故障，必须紧急靠岸。这时候，轮船正好处于下列 6 个岛屿的中间。你希望选择哪一个岛屿靠岸？要知道，这些岛屿只能通过轮船与外界联系。而由于天气原因，今后至少半年内船只都无法出航，而且你还要等待境外的轮船人员前来维修你所乘坐的轮船。因此一旦靠岸，你可能需要在这个岛上待很长一段时间（至少一年）。请按一、二、三的顺序挑出 3 个岛屿，并给出选择理由。

岛屿 R：自然原始的岛屿。岛上自然生态保持得很好，有各种野生动物。居民以手工见长，自己种植花果蔬菜、修缮房屋、打造器物、制作工具，喜欢户外运动。

岛屿 I：深思冥想的岛屿。有多处天文馆、科技博览馆及图书馆。居民喜好观察、学习，崇尚和追求真知，常有机会和来自各地的哲学家、科学家、心理学家等交换心得。

岛屿 A：美丽浪漫的岛屿。岛屿上都是美术馆、音乐厅、街头雕塑和街边艺人，弥漫着浓厚的艺术文化气息。居民保留了传统的舞蹈、音乐与绘画。许多文艺界的朋友都喜欢来这里找寻灵感。

岛屿 S：友善亲切的岛屿。岛上的居民个性温和、友善、乐于助人，自成一个密切互动的服务网络，人们重视互助合作，重视教育，关怀他人，充满人文气息。

岛屿 E：显赫富庶的岛屿。岛上的居民善于企业经营和贸易，能言善道。岛屿上的经济高度发展，处处是高级饭店、俱乐部、高尔夫球场。来往者多是企业家、经理人、政治家、律师等。

岛屿 C：现代、秩序井然的岛屿。岛上建筑十分现代化，是先进的都市形态，以完善的户政管理、地政管理、金融管理见长。岛上的居民个性冷静保守，处事有条不紊，善于组织规划，细心高效。

二、霍兰德的职业兴趣类型理论

(一)兴趣类型

关于职业兴趣类型的理论，在我国影响比较大的是美国心理学家、职业指导专家霍兰德的相关理论。霍兰德在他的职业兴趣类型理论中想解决三个主要的问题：哪些个人与环境的特征能够带来满意的生涯决定、生涯投入和生涯成就；哪些个人与环境的特征会影响一个人在工作上的稳定程度与改变程度；最有效帮助一个人解决生涯上的困难的方法是什么。他认为大多数人的职业兴趣可以归纳为六种类型，即实用型、研究型、艺术型、社会型、企业型和事务型，见表2-1。

表2-1 霍兰德职业兴趣类型表

类型	喜欢的活动	重视	职业环境要求	典型职业
实用型 R (Realistic)	用手、工具、机器制造或修理东西。愿意从事和"事物"打交道的工作或体力活动，喜欢户外活动或操作机器，不喜欢在办公室工作	具体实际的事务，诚实，有常识	能用手工或机械对物体、工具、机器等进行操作，与"事物"工作的能力比与"人"打交道的能力更为重要	园艺师、木匠、汽车修理工、工程师、军官、外科医生、足球教练

类型	喜欢的活动	重视	职业环境要求	典型职业
研究型 I（Investigative）	喜欢探索和理解事物，研究那些需要分析、思考的抽象问题，喜欢阅读和讨论有关科学性的话题，喜欢独立工作，对未知问题充满兴趣	知识、学习、成就、独立	分析研究问题时，有运用复杂和抽象的思考创造性地解决问题的能力，谨慎、缜密，能独立工作，有一定的写作能力	实验室人员、生物学家、化学家、心理学家、工程设计师、大学教授
艺术型 A（Artistic）	喜欢自我表达，喜欢文学、音乐、艺术和表演等具有创造性、变化性的工作，重视作品的原创性和创意	有创意的想法，自我表达，自由，美	有创造力、对情感的表现能力，能以非传统的方式表现自己，相当自由、开放	作家、编辑、音乐家、摄影师、厨师、漫画家、导演、室内设计师
社会型 S（Social）	喜欢与人合作，热情，关心他人的幸福，愿意帮助他人成长或解决困难，能为他人提供服务	服务社会与他人，公正，理解他人，平等，理想	有人际交往能力，教导、医治、帮助他人等方面的技能，对他人表现出精神上的关爱，愿意承担社会责任	教师、社会工作者、心理咨询师、护士
企业型 E（Enterprising）	喜欢领导和支配他人，通过领导、劝说他人或推销自己的观念、产品而达到个人或组织的目标，希望成就一番事业	经济和社会地位上的成功，忠诚，冒险精神，责任	有说服他人或支配他人的能力，敢于承担风险，目标导向	律师、经销商、市场部经理、电视制片人、保险代理人
事务型 C（Conventional）	喜欢固定的、有秩序的工作或活动，希望确切地知道工作要求和标准，愿意在一个大的机构中处于从属地位，能对文字、数据和事务进行细致有序的系统处理以达到特定的标准	准确，条理，节俭，盈利	有文书技巧、组织能力，会听取并遵从指示，能够按时完成工作并达到严格的标准，有组织，有计划	文字编辑、会计师、银行家、簿记员、办事员、税务员和计算机操作员

（二）六种类型之间的关系

霍兰德划分的六种类型并非并列的、有着明晰边界的。他用六边形标示出六种类型的关系（见图2-2）。每一种类型都与其他类型之间存在不同程度的关系，大体可描述为三类：

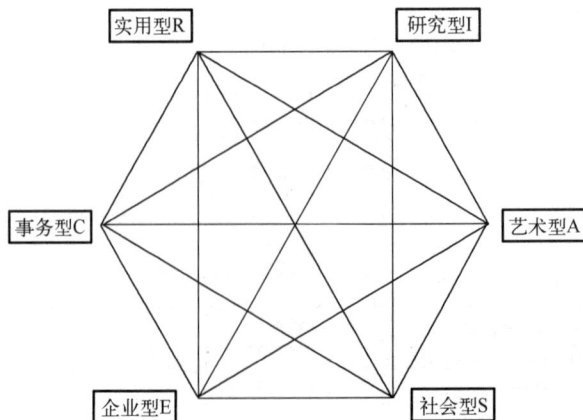

图 2-2　六种类型的关系图

1. 相邻关系

如 RI、IR、IA、AI、AS、SA、SE、ES、EC、CE、RC 及 CR。属于这种关系的两种类型的个体之间共同点较多。实用型 R、研究型 I 的人都不太偏好人际交往，其对应的职业环境也使其较少有机会与人接触。

2. 相隔关系

如 RA、RE、IC、IS、AR、AE、SI、SC、EA、ER、CI 及 CS。属于这种关系的两种类型的个体之间共同点比相邻关系的少。

3. 相对关系

在六边形上处于对角位置的类型之间即为相对关系，如 RS、IE、AC、SR、EI 及 CA。相对关系的人格类型共同点少，因此一个人同时对处于相对关系的两种职业环境都兴趣浓厚的情况较为少见。

【拓展学习】

神秘工具：生涯兴趣小六码

心中有山海，眼眸中有日月星辰，山高路远，看世界，也找自己。且看兴趣小六码，带你如何与自己和解。详见教材配套微课视频 2-1《神秘工具：生涯兴趣小六码》，欢迎同学们扫码观看。

（三）个人职业兴趣类型与职业环境之间的适配

霍兰德的职业兴趣类型理论指出：个人兴趣类型和职业环境之间的适配将提升个人的工作满意度、职业稳定性和职业成就感。因此，占主导地位的兴趣类型可以为个人选择职业和工作环境提供方向。当然，我们在职业选择中寻求个人兴趣与职业环境之间的适配时，"完全的"适配与"完美的"工作状态只是我们不断接近的理想目标。即便在生活中没有做到百分之百的适配，也不能忽视兴趣的力量，我们可以通过生活的其他方面来满足自己的兴趣追求，这部分热情也可以通过其他活动，比如辅修专业、业余爱好、志愿活动等渠道释放。

课堂阅读

"闪电少年"卢驭龙

找到自己真正的兴趣、爱好并不是一件很容易的事，有时还要经过很多反复和波折。不过，一旦发现了兴趣所在，每个人都可以在激情的推动下走向成功。

2003 年卢驭龙跟随父来到深圳，那时他才 8 岁，在深圳市宝安一家小学读书。从小他就有爱好科学的天赋，好钻研。小学二年级的时候，他就经常跑到初中班级旁听化学课。

9 岁那年，他在医院里捡到了一瓶高氯酸，于是开始了实验。但是有一次，他不小心打翻液体，将他的大腿烧伤，虽然有伤痕，但这次烧伤并没有使他失去信心，而是深深地引起了他的兴趣。他就自己动手办起了一个化学测试室。13 岁那年，他在家做化学高能反应，将自己配好的材料拿到屋外点燃。当时他只是想通过不断调整化学剂量的比例测试它的反应威力，没想到就这样爆炸了！他的右腿、左手、面部都被炸成重伤，他昏了过去。住院一年多，他还留有后遗症，耳膜受损，全身都是伤痕，还要在医院做修复、切除、缝合治疗。但他嫌住院治疗时间太长，浪费了做实验的时间，卢驭龙就偷偷地离开医院，继续他的实验，一直坚持到这个实验成功为止。

16 岁的卢驭龙组装完成了他的获奖作品——晶体管式等离子弧双声道扬声器。这种扬声器有着普通扬声器无法比拟的优点：传统扬声器通过振膜推动空气形成声波，振动的惯性会导致实际发出来的声音略滞后于音频信号。他的作品荣获了广东省青少年科技创新大赛一等奖，并成为广东省唯一一个报全国参赛的物理项目，并获得"全国青少年科技创新大赛"物理组二等奖。专家认为他的作品主要是设计新颖、制作精良。

（资料来源：百度百科"卢驭龙"词条.）

爱因斯坦也提出："兴趣是最好的老师。"许多成功人士的经历告诉我们，兴趣能将一个人的潜能最大限度地调动起来，使人们工作目标明确、积极主动，从而能自觉克服各种艰难困苦，取得令人瞩目的成绩，并能在过程中不断体验成功的愉悦。

从最早期的弗兰克·帕森斯开始，职业生涯发展专家就专门把兴趣当作职业选择的一个重要部分。早期的职业咨询师认为，发现兴趣是个人寻求未来可能从事的职业的一种方法。

"萝卜白菜，各有所爱"，说的就是生活中每个人有自己的兴趣爱好。在选择职业时，基于不同需要的个体同样会有不同的职业兴趣。大量的研究表明，兴趣和工作满意度、职业稳定性和职业成就感之间存在明显的关联。正因为如此，在制定职业生涯规划时通常将兴趣作为自我认知的一个重要方面，并通过科学的测评工具来测量人们的职业兴趣。同时，受霍兰德的"人格—职业"类型匹配理论的影响，职业的分类在很大程度上也是参照职业兴趣类型的划分来进行的。

虽然说一个人未必适合去从事他感兴趣的职业，但科学研究表明：兴趣爱好依然是一个人工作取得成功的重要条件。有研究表明，如果一个人对自己所从事的职业有兴趣，他就能发挥全部才能的 80%～90%，并能长时间保持高效率工作而不感到疲劳；如果对自己所从事的职业不感兴趣，则只能发挥全部才能的 20%～30%，而且容易筋疲力尽。兴趣也能影响工作满意感和稳定性，一般来说，从事不感兴趣的职业，很难让自己感到满意，并因此感到工作不稳定。高尔基有句名言：如果工作是快乐的，那么人生就是乐园；如果工作是强制的，那么人生就是地狱。如果在工作中找不到工作的乐趣，那势必影响你在工作中能力和优势的发挥，影响你职业道路的进程。

兴趣的发展一般要经历感官兴趣、自觉兴趣、志趣这样三个阶段(见图 2-3)。

感官兴趣是兴趣发展的第一个阶段，也是兴趣发展的初级阶段，往往多变和不稳定，有时候是盲目的。处于这一阶段的兴趣常常与对某一事物的新奇感相联系，随着这种新奇感的消失，兴趣也会自然消失。比如，你正和室友相约出门吃水煮鱼，可是在路上抵挡不住香气的诱惑向卖牛肉饭的餐馆走去。感官兴趣带领我们更好地认识这个丰富多彩的世界。外界的刺激决定感官兴趣的强度和持久度。

自觉兴趣是兴趣发展的第二个阶段，它是在感官刺激定向发展的基础上形成的，是兴趣发展的中级阶段。当我们把兴趣从感官刺激推进到学习与思考，然后培养出能力，从而产生相对更持久、更稳定的控制力时，它就转变成了自觉兴趣。例如，你跟朋友们玩《三国杀》，可玩着玩着你会发现每个角色的技能不是凭空而来的，你去了解三国这个时代，从而爱上了历史。大部分科学和艺术都是人们的自觉兴趣的成果。"有趣的人往往懂得主动发展更高层次的自觉兴趣——兴趣推动学习，学习带来了行动，在行动中发展出能力，能力又发展出更大的兴趣。学得越多，你能感觉到的快乐就越多，这就是有趣之人兴趣持久的秘密。"

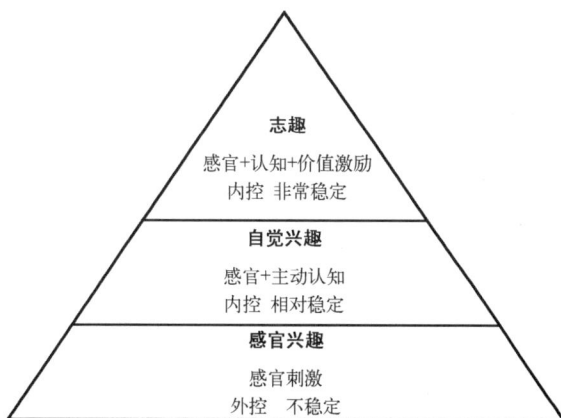

图 2-3　兴趣发展的三个阶段

资料来源：古典. 你的生命有什么可能. 长沙：湖南文艺出版社，2014.

　　志趣是兴趣发展的第三个阶段。志趣具有社会性、自觉性和方向性，是取得成功的根本动力，是成功的重要保证。志趣是在自觉兴趣的基础上，加上价值回馈与坚定志向的支撑。"持续投入的乐趣带来知识和能力，而这些能力为我们带来更多的乐趣。""随着知识不断增加，你的能力也随之越来越强大，能力越强，诱惑也就越多，那么志趣就能够打败所有的诱惑。"严格来说，志趣不仅仅是兴趣，我们应把感官兴趣通过学习变成能力，通过能力寻找平台获得价值，在众多价值中找到最有力量的自己。

三、职业兴趣的培养

　　尽管职业兴趣具有一定的稳定性，然而在职业生涯中，可以根据实际需要，通过多种途径及自己的努力去规划、改变、发展和培养。在培养职业兴趣时，可以从以下几个方面努力。

（一）培养广泛的兴趣

　　兴趣广泛的人，常具有开阔的眼界，拥有较大的职业选择范围，在工作的过程中也可以借助多方面的知识解决实际问题。然而不可忽略的是，兴趣较多的人往往对每个兴趣点都是浅尝辄止，而兴趣要发展成志趣，要求人们必须投入足够的时间和精力。因此，我们在培养广泛兴趣的同时也要有所侧重，对于计划发展成职业兴趣的，要加大关注度和投入度。

（二）重视培养间接兴趣

　　我们在最初接触某种职业时，往往对职业本身缺乏强烈的兴趣，必须要从间接兴趣着手培养直接兴趣。可以通过了解该职业在社会活动中的意义，比如这种职业对社会的贡献性、对国家发展的机遇性、对个人前途发展的重要性等，引起我们对该职业的间接兴趣，从而逐步培养直接的职业兴趣，来促进我们更好地胜任该项工作。

（三）积极参加职业实践

　　只有通过职业实践，才能对职业本身有更加深刻的认识和了解，才能激发自己的职业兴趣，而职业兴趣也只有在职业实践活动中才能得到更好的发展。职业实践的形式和内容也是十分丰富的，包括生产实习、社会调查、参观访问及组织兴趣小组等，可以通过参加各种职业实践活动调节和培养职业兴趣，根据社会和自我需要，有意识地去培养和发展职业兴趣，为事业的成功创造条件。

(四)培养优良的兴趣品质

兴趣应该是稳定而持久的，不要轻易改变兴趣，同时要投入更多的热情和精力，将兴趣转变为志趣，促进事业的发展。有些人的兴趣短暂易变，就要加强稳定性的培养；有些人的兴趣过于分散，就要加强中心兴趣的培养。

【课堂活动】

霍兰德职业兴趣倾向测试

霍兰德职业兴趣倾向测试是由美国著名职业教育专家霍兰德以其长期实践研究并结合现有职业分类大典而开创性地提出的六类职业兴趣理论为基础而编制的。请根据附录 C "霍兰德职业兴趣倾向自测——职业类型测试题"，一起来了解一下自己的理想职业和职业兴趣类型吧!

第二节　性格是环境适应的关键

一、性格是什么

性格决定命运，这是人们经常说的一句话。性格为什么会有如此巨大的力量呢? 个体之间的差异，除了相貌、体型，主要体现在性格特征上。性格是指一个人比较稳定的对现实的态度和习惯化了的行为方式所表现出来的心理特征的总和。简而言之，性格就是态度和行为的统一，这种统一并非一朝一夕就能形成;一旦形成，便不容易改变，正所谓"江山易改，本性难移"。而职业性格是指人们一旦从事某种职业后，便因为职业需求或者该职业对从业者的普遍要求所形成的较为固定的性格要素集合。如果自己的本质性格与职业性格相去甚远，那工作起来会是一种煎熬;如果自己的性格与职业性格较贴切，那么工作起来就会快乐许多，甚至如鱼得水，把职业做成终生的事业。职业性格从某种意义上说，一方面是某种职业对从业人员态度和行为的综合体现，另一方面是该职业对从业者的基本规范和要求。每一种职业由于自己工作的特殊性，对于从业人员都有不同的要求，就像对工程师而言，职业性格的重要要求是细致、精确，而对艺术家而言，职业性格的要求则变成了有想象力、创作时要不拘一格。

二、性格的差异如何形成

"我的性格内向/外向，适合什么工作?""哪些职业正好匹配我的性格?""以我的个性从事什么行业好?""我性格中的优势和劣势是什么?""我是不是该继续现在从事的职业?"不论是正待走进职场的毕业生，还是工作了一段时间的人，面对这类问题都会感到困惑——性格因素和职业选择之间到底存在什么样的关联呢? 要回答诸如此类的问题，我们就必须先了解性格差异到底是如何形成的。

瑞士心理学家荣格认为:感知和判断是大脑的两大基本功能。大脑做决定的瞬间可以慢动作分解为两个阶段:感知阶段(又分为触觉感知阶段和直觉感知阶段)和判断阶段(又分为感性判断阶段和理性判断阶段)。

为方便我们的理解,我们把大脑做出决定的瞬间直观想象为如下流程:(大脑获取信息后)触觉感知—直觉感知—感性判断—理性判断,最后做出决定。不过请记住,实际上这一流程是在瞬间交织(并非想象中简单的线性交织)完成的。

虽然每个人的大脑做出决定的瞬间都要走这个流程,但是不同的人对其中某个阶段的倾向程度不同(也可以理解为滞留时间长短不同):有些人更倾向于停留在触觉感知阶段多一些,而直觉感知阶段一带而过;有些人在判断阶段,更倾向于停留在感性判断阶段多一些,理性判断阶段一带而过。此外,大脑的这两大基本功能还受到每个人的精力来源不同和生活方式差异的影响(由美国心理学家凯瑟琳·布里格斯提出),最终的决定就千差万别了。经过多年的实践和不断优化,荣格的人格分类理论已成为目前国际上有数据支撑的性格分类模型的理论基础。

性格会不会随着环境和时间的改变而发生改变呢?心理学认为,性格是心理活动的体现,而心理活动是大脑活动的产物。我们的意识、情绪都是大脑中的神经元、灰质、树突、轴突、神经递质等共同作用的结果。在我们人生的最初几年(包括胚胎时期),脑部的主要任务是确定所有脑细胞正确地连接起来。不只是建立细胞间的连接,还要把某些连接切断。例如,3 岁小孩脑细胞之间的连接是成年人的两倍,这些连接是乱七八糟的。为了大脑的正常动作,脑部必须决定哪些连接要保留、哪些连接要断裂。在有限的大脑关键发育期间,脑部必须检查成千上万兆的连接,因此不得不采取"残忍"而有效的原则:用不着的就自动断裂。

那么脑部如何判断哪些连接用得着,哪些用不着呢?通过观察,科学家总结出了大脑的判断规律:不断探测哪些区域经常受到刺激而哪些区域极少受到刺激,来决定是否断裂这些区域的连接。也就是说很少受到刺激的部分将自动断裂。发生在 1970 年洛杉矶郊区女孩吉妮身上的悲剧(吉妮被其精神状况极不稳定的父亲绑在一个小房间的椅子上长达 12 年半,因为父母几乎没有跟她说过话,她的脑部负责语言的部分几乎没有受到刺激,导致终身受损。吉妮被解救出来后通过多年的语言训练,至今仍无法学会说话,只能"像动物一样呜咽"),证实了大脑神经科学家对人类大脑初期发育的理解:过了脑部发育的关键时期,人的大脑结构基本定型,之后的环境变化以及训练很难改变大脑的构造,也很难改变基于大脑结构功能区(见图 2-4)的特征。

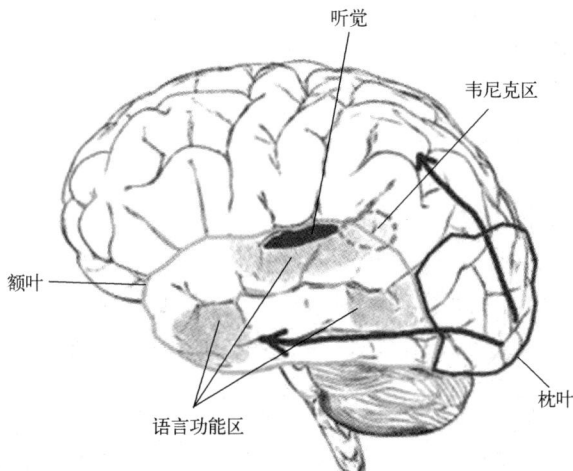

图 2-4 大脑结构功能区示意图

同样，我们正常人在大脑发育关键时期接受到的刺激是有所不同的(当然，刺激范围和种类是基本接近的)，刺激的程度和强度也有一定差异。这些微小的差异对大脑发育的连接断裂及结合时期的影响在于改变了功能神经元连接的强度。这些功能神经元连接强度将对我们获取信息、思维、决策方式产生一生的影响。因此，从心理学角度而言，性格一旦形成是不会发生改变的(荣格曾举过极个别例子，比如在童年时期遭遇巨大情感挫折，可能会由外向转为内向)。

三、职业性格评估工具：MBTI

美国心理学家凯瑟琳·布里格斯(1875—1968)和她的心理学家女儿伊莎贝尔·迈尔斯根据她们对于人类性格差异的长期观察和研究，综合荣格的心理类型理论形成迈尔斯—布里格斯类型指标(Myers-Briggs Type Indicator，MBTI)。通过 MBTI 模型，性格和职业之间的联系得到了比较清晰的阐释。

【课堂活动】

MBTI 性格测验

MBTI 是一种自我报告式的性格评估理论模型，用以衡量和描述人们在获取信息、做出决策、对待生活等方面的心理活动规律和性格类型。请根据附录 D "MBTI 测验题"，一起来了解一下自己的 MBTI 性格特征。

（一）MBTI 维度建构

MBTI 衡量的是个人的类型偏好，或称作倾向。所谓"偏好"，是一种天生的倾向性，是一种特定的行为和思考方式。这种偏好并无优劣之分，却造成了人与人之间的不同。它们各自识别了一些人类正常和有价值的行为，也可能成为误解和偏见的来源。MBTI 用四维度偏好二分法来评估一个人的类型偏好，每个维度均由两极组成。

MBTI 的理论基础是心理类型理论。该理论最早出现在荣格的《心理类型》一书中，旨在揭示、描述和解释个体行为表现的差异。在此书中，荣格阐述了通过临床观察和心理分析得出的个体行为差异的三个维度。

精神能量指向：外倾(Extraversion)—内倾(Introversion)；

信息获取方式：感觉(Sensing)—直觉(Intuition)；

决策方式：思考(Thinking)—情感(Feeling)。

布里格斯和迈尔斯母女俩在这三个维度的基础上补充了一个新维度——生活态度取向：判断(Judging)—知觉(Perceiving)，从而用四个维度描述个体的行为差异。

其中，"外倾(E)—内倾(I)"代表着心理能量的不同指向；"感觉(S)—直觉(N)""思考(T)—情感(F)"分别表示人们通过感知活动获取信息和经过判断权衡做出决定时不同的用脑偏好；"判断(J)—知觉(P)"是指就人们的生活方式而言，它表明个体是以一种有计划(确定)的还是随意(即兴)的方式适应外部环境，是信息获取维度和决策维度的综合效应在个人生活方式中的体现。

(1)外倾(E)—内倾(I)：外倾型人多关注外部世界，从与他人的互动中获得动力，社交活跃，善于表达，有广泛的兴趣；内倾型人专注于内在体验，喜欢独处，善于克制，喜欢书面沟通的方式。

（2）感觉（S）—直觉（N）：感觉型人倾向于通过感官获取具体的信息，观察敏锐细致，注重事实和细节；直觉型人善于通过观察大局和事物之间的关联来获取信息，关注现实背后的可能，富有想象力和创造性。

（3）思考（T）—情感（F）：思考型人在做决策时，注重事实和逻辑，客观分析，理性公平；而情感型人会更多地考虑人的因素，容易站在对方的角度考虑问题，追求和谐与互动，具有同情心和理解力。

（4）判断（J）—知觉（P）：判断型人倾向于用判断的方式应对外部世界，喜欢有计划、有条理地生活，做事有目的、有规划；感知型人喜欢灵活和即兴的生活方式，喜欢保持开放，接受新的信息。

以上每个维度都有两种不同的功能表现形式，经组合可得到 16 种性格类型。MBTI 的 16 种性格类型分析详见附录 E。

（二）四大性情

从古希腊、古印度的哲学家，远至公元前 450 年的希普克里兹，到中世纪的帕拉萨尔斯，早已注意到所有的人可以归纳为四种，同一种类型的人的性情具有惊人的相似之处。

心理学家大卫·凯尔西发现，这些由不同文化背景和不同历史时期的人各自独立研究得出的四种不同性情的划分，对性格的描绘非常相似。同时他发现，MBTI 性格类型系统中的四种性格倾向组合与古老智慧所归纳的四种性情正好吻合。这四种组合是：

感觉+判断=传统主义者（SJ 型护卫者）
感觉+知觉=经验主义者（SP 型艺术创造者）
直觉+思维=概念主义者（NT 型理性者）
直觉+情感=理想主义者（NF 型理想主义者）

MBTI 性格类型系统的 16 种性格类型中的每一种都可以归入这一分类中。

1. SJ 型：忠实的监护人

此类型的人的共性是有很强的责任心与事业心，他们忠诚，按时完成任务，推崇安全、礼仪、规则和服从，他们被一种服务于社会需要的强烈动机所驱使。他们坚定，尊重权威、等级制度，持保守的价值观，他们充当保护者、管理员、监护人的角色。

2. SP 型：天才的艺术家

此类型的人有冒险精神，反应灵敏，在任何要求技巧性强的领域中游刃有余。他们常常被认为是喜欢活在危险边缘寻求刺激的人。他们为行动、冲动和享受现在而活着，有约 60% 的 SP 型人喜欢艺术、娱乐、体育和文学，他们被称为天才的艺术家。

3. NT 型：科学家、思想家的摇篮

此类型的人有着天生的好奇心，喜欢梦想，有独创性、创造力、洞察力，有兴趣获得新知识，有极强的分析问题能力、解决问题能力。他们是独立的、理性的、有能力的人。大多数 NT 型的人喜欢物理、研究、管理、电脑、法律、金融等理论性强和技术性强的工作。

4. NF 型：理想主义者

此类型的人在精神上有极强的哲理性，他们善于言辩，充满活力，有感染力，能影响他人的价值观并鼓舞其激情。他们帮助别人成长和进步，被称为传播者和催化剂。一般此类型的人在教育界、文学界、咨询界以及心理学、文学、美术和音乐等行业显示着他们的非凡成就。

（三）MBTI 的思想内涵

1. 认识自己的理解差异

MBTI 将荣格的理论付诸实践，是一个为正常人建构的心理测量问卷，旨在测量在人们感知世界和做出决定时的心理偏好，强调自然产生的差异的价值。荣格对于心理类型的研究正是始于他与弗洛伊德决裂后，开始尝试去理解弗洛伊德、阿德勒和他自己为何会在对人类心理的理解上产生如此大的差异。正是由于他对心理类型的研究，才使他成为人格差异研究的重要开拓者之一，也使他发现人类行为的不同并非偶然，而是由于一些类型的不同，每个个体都从自己的心理类型出发来看待事物或认识事物，从而形成对事物的不同看法与观点。了解心理类型的目的就是理解并欣赏个体之间的差异。荣格的类型理论不仅能帮助我们认清自己，而且强调了人与人间不同的那些性格特点，使人认识到彼此之间的不同，理解对方，从而达到人际和谐。

2. 发展弱势达到均衡

荣格认为，每个人在一出生时就会有态度与功能的偏好。经验表明，环境不一定有利于各种态度或功能的全部表现，表现出来的往往是周围环境允许他表现的。在成长过程中，优势与辅助功能优先得到发展。正是由于这种片面的发展，其他功能的发展便相对迟缓。但是，弱势功能并不是病态的，而仅仅是落后于优势功能。迈尔斯认为类型的发展是终生的过程，在不同的时期发展不同的功能，个体最先发展优势功能，然后随着个体的成长，逐渐地发展辅助功能，最后发展的是早期被压抑和忽视的第三功能和弱势功能。荣格也曾说过："在探索心灵的旅程中，我不会为任何事情放弃这个指南针……我重视类型理论的客观原因，是因为它提供了一个比较和定向的系统，这种定向使某种长期缺乏的（功能发展起来）成为可能。"

毕比通过对类型的研究，发现四种功能通过充满能量的特定原型进入意识：优势功能的原型是英雄形象；辅助功能的原型由稳定的父母形象携带（通常在男性身上是父亲，在女性身上是母亲）；第三功能由不稳定的儿童形象携带，倾向于停留在膨胀和退缩的循环中（男性身上是永恒少男，女性身上是永恒少女）；弱势功能由阿尼玛或者阿尼姆斯携带。但这四种功能仅仅是意识结构的一半，由于意识对功能的偏好，偏向于使用成对功能中的一个，结果导致一对功能中的另外一个被压抑在无意识深处，成为阴影功能。阴影功能的四个原型分别是：对立人格、长老/女巫、愚者和恶魔人格。原型本身是无意识的，我们的意识从未认识它，但是通过原型意象象征性的表现，我们可以理解原型的存在及意义。

现在很多企业运用 MBTI 进行人职匹配，提出某些类型的人更适合从事某种职业，强调人们在求职择业时应该扬长避短，这样的确可以使人们在工作时游刃有余。但是荣格心理类型的本意却是，作为一个完整的人，应该消除对立的冲突，从而达到均衡的发展。因此，在我们的一生中，要有意识地发展自己的弱势功能，与我们的无意识沟通，这样才能达到荣格所说的自性。

【拓展学习】

MBTI：严谨科学还是赛博玄学？

MBTI，这个神秘的性格测试一夜爆火，以迅雷不及掩耳之势攻占了朋友圈、微博、知乎、豆瓣、小红书……但其实早在 20 世纪，它就已经是"网红"了。MBTI 是何方神圣？它是严谨科学还是赛博玄学？它为何能成为年轻人的新时尚？详见教材配套微课视频 2-2《MBTI：严谨科学 or 赛博玄学？》，欢迎同学们扫码观看。

第三节　能力是最有力的资源

【暖场游戏】

高空扔鸡蛋

材料：每组 6 条吸管，一根 2 米长粗棉线，1 个鸡蛋，10 张报纸。

练习：请同学在椅子上站直，用手拿住经过我们加以保护的鸡蛋，高高地举过头顶，然后手松开，使鸡蛋落在凳子前的报纸上，比比看哪一组的鸡蛋完好程度最高。

想想：如果再给你一次机会，通过刚才自己的体会，你会在哪些方面再改进一下，使结果会更好一些？技能是可以通过后天的努力习得的，也能通过一些活动发现已有技能。

一、能力与生涯发展

(一)能力是什么

能力是指顺利完成某一活动所必需的心理条件，是直接影响活动效率并使活动顺利完成的心理特征。能力总是和人完成一定的活动联系在一起，人的能力是在活动中形成、发展和表现出来的。比如在绘画活动中，一个学生在色彩鉴别、空间比例关系的估计等方面都很强，画得特别逼真，就说他具有绘画能力。在音乐活动中，一个学生的曲调感、节奏感和听觉表象等都很强，歌声优雅动听，就说他具有音乐能力。倘若一个人不参加某种活动，就难以确定他具有什么样的能力。离开了具体活动既不能表现人的能力，也不能发展人的能力。同时，能力也是从事某种活动必需的前提。能力影响活动的效果，能力大小只有在活动中才能比较。比如在其他条件(知识、技能、花费的时间)相同的情况下，做数学运算时，甲比乙能更快地了解题意、采用简洁的方法、准确地进行计算，于是，就说甲的数学能力强于乙的数学能力。

(二)能力的个体差异

人与人的能力存在着明显的个体差异，这种差异主要表现在以下三个方面。

(1)能力水平的差异，就是通常所说的人的能力有大小之分。有的人聪明，有的人愚笨，而大多数人属于中等。例如，在大学校园里，大部分同学之间的智力并没有太大的差异，只是各自的特点不一样。

(2)能力表现早晚的差异，是指人的能力充分发展有早有晚。有些人在少年儿童时期就表现出优异的能力、智慧超群，这叫"人才早熟"；有些人的能力表现较晚，甚至到了晚年，能力才充分发挥出来，这叫"大器晚成"。

（3）能力结构类型的差异，是指能力中的各种成分的构成方式不同。例如，在智力中，有的人观察能力和记忆能力强，而思维能力和想象能力弱；有的人模仿能力强，却缺乏创造能力；而有的人既富于模仿能力又富于创造能力。更具体地说，在观察能力、记忆能力和思维能力等方面，也有结构上的差异。比如在记忆方面，有的人主要是形象记忆，有的人主要是词语的抽象逻辑记忆，有的人则是两方面的记忆能力相对均衡；形象记忆为主的人对人物、图画、颜色、声音等材料的记忆效果较好，语词逻辑记忆为主的人则对概念、数字一类材料的记忆效果较好。

（三）能力相关理论：明尼苏达工作适应论

1. 基本观点

起源于一项在明尼苏达大学进行的旨在探索如何帮助残障人士适应工作的研究，由罗圭斯特与戴维斯于 1964 年提出，经过数十年发展成为强调人境符合的心理学理论。

工作适应论仍属于特质论的范畴，但其重点在于就业后个人需要的满足及对工作要求的满足，即就业后的适应问题。戴维斯等人认为，每个人都会努力寻求个人与环境之间的一致性（Correspondence），而"工作适应"（Work Adjustment）就是指个人为了能维持此一致性所做的努力，以在同一职位上的工作持久程度为衡量指标。当工作环境能满足个人的需求（给予个人"内在满意"，Satisfaction），而个人亦能够满足工作的技能要求（达到"外在满意"，Satisfactoriness）时，个人与环境的一致性就较高。但由于个人与环境都是动态发展的，相互之间会产生影响，因此，人境之间是否一致是一个互动过程的产物，而不是一成不变的。随着时间的推移，个人的需求会改变，工作的要求也会变换调整。如果个人或雇主能努力创造并维持这种人境之间的协调关系，则个人的工作满意度和雇主对其员工的满意程度就会越高，个人在该工作领域也越能持久发展（见图 2-5）。

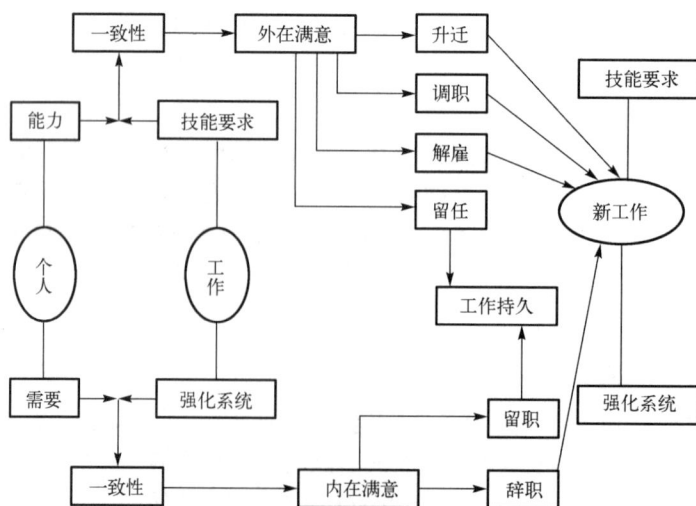

图 2-5 明尼苏达工作适应模式（Dawis & Lofquist，1984）

在对"内在满意"和"外在满意"这两个指标的衡量中，能力占有很重要的地位。罗圭斯特和戴维斯认为：“外在满意”主要可以通过衡量个人职业技能与工作的技能要求之间的符合程度来进行评估；在“内在满意”方面，则主要通过衡量个人价值观与企业文化及奖惩制度之间的适配性来评估。不难看到：做自己能够胜任的工作，培养和发展自己的能力，发挥个人的潜能，常常是个人选择职业时希望能够得到满足的需求。由此可见，能力与个人的职业满意度、工作适应性及职业稳定性具有直接的相关关系。

2. 生涯辅导上的应用

罗圭斯特与戴维斯编制了一系列的量表来对个人的人格特质和工作环境进行评量。他们认为个人的心理需求主要反映在其价值观上，因此编制了明尼苏达重要性问卷（Minnesota Importance Questionnaire）来加以评量，并以明尼苏达能力测试（Minnesota Ability Test Battery）和明尼苏达满意感受问卷（Minnesota Satisfaction Questionnaire）对个人的技能及其内在满意程度进行评估。至于工作环境所提供的强化系统（是否能强化个人的心理需求）及职业的技能要求，则分别使用职业强化模式量表（Occupational Reinforcer Patterns）、职业能力倾向模式量表（Occupational Aptitude Patterns）来进行分析，并通过明尼苏达满意指标量表（Minnesota Satisfactoriness Questionnaire）对机构、对员工的外在满意程度进行评估。将这两组测量工具的结果一一对应，就可以对人境之间的一致性和个人的工作适应程度进行评估和分析（见图2-6）。

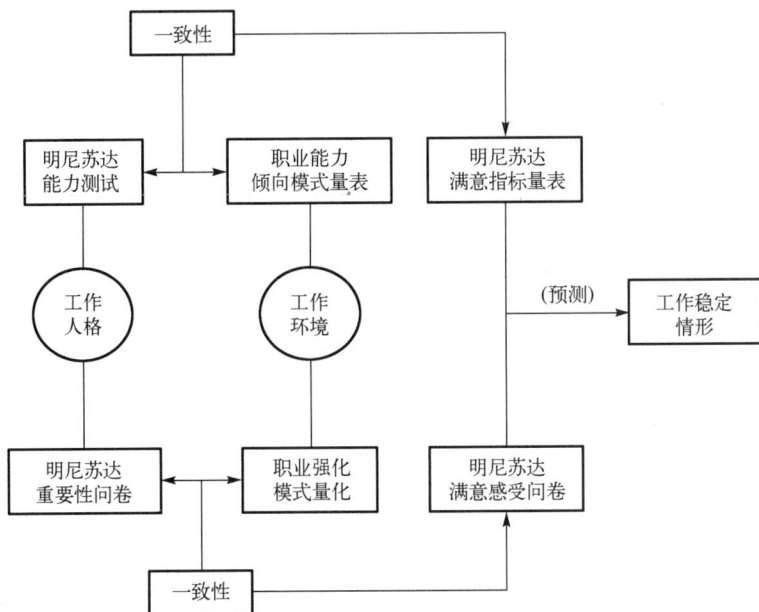

图 2-6　明尼苏达工作适应理论模式（Dawis & Lofquist，1984）

在生涯辅导上，工作适应论对于各类就业问题及不同的来询人群均有其应用价值。它不仅适用于就业适应问题，也为未来职业选择的标准提供了参考。无论来询者是在职人员、即将就业的大学生、下岗人员还是正在考虑跳槽的人士，都可以运用该理论对其就业/转变过程中的问题进行探索，帮助其做到更“满意”和更“令人满意”。

3. 评价

罗圭斯特与戴维斯的工作适应论为研究个人的工作满意度及工作适应问题提供了一个

比较完整而系统的理论框架。传统上对这方面的探讨仅限于个人内心需求的满足，而工作适应论则提出了外在满意的概念，对于就业适应问题具有重要的指导意义。此外，它从不同的角度(价值观与能力)讨论适配的指标，是对特质因素论和霍兰德类型的补充。它还为生涯辅导提供了具体的测量工具与探讨的具体结构，对于各类人群的生涯辅导及相关培训都有一定的价值。

二、能力的分类

【案例阅读】

他们的困惑

郑雨桐的困惑是她不知道自己究竟擅长什么，能做什么。对于找工作她没什么信心，因为她压根儿就不清楚该怎么找，也不觉得自己能有什么优势或长处会被用人单位看上。再说，如果有幸能找到一份工作，她也不知道自己是否能够胜任。

杨志达在重点大学上学，所学专业是热门专业。他痛感自己人际交往技能差，又难以改变。和同学比起来，他的动手能力和英语交流能力都很弱。他觉得很自卑，对于自己的前途并不看好。

李颖是英语专业的学生。她感到现在会英语的人太多了，自己仅仅掌握这一个工具也许不会有太大的竞争力。还有，将来从事的工作如果只与语言相关，那大概只有如翻译、教师等职业可供选择，择业面很窄。如果将来从事的工作与语言的关系不是很大，那就需要一些其他的技能，可是她不知道需要一些什么样的技能才能帮助自己找到一份比较好的工作。

欧志超对自己在专业方面的能力不是很自信，也不打算以后从事本专业的工作。但对非本专业的领域，他又没有足够的信心能做得比人家专业出身的人更好。况且，如果浪费四年的专业学习，他也会觉得可惜，甚至很有挫折感。对于前途，他感到很迷茫。

案例分析：

"你有什么样的能力？"是每一个人在求职时都要面对的问题。能力是用人单位最关心的问题，也是我们最需要证明的。怎样发现、培养和表现自己的能力，从而在劳动力市场中拥有竞争力，是非常关键的。上面案例的四个主人公的问题，都是没有对自己的能力进行较为系统的探索，从而对自我的认知较为缺乏造成的。

当一个人的能力和工作的要求相匹配时，他最容易发挥自己的潜能，并能获得较高的满足感。相反，一个人去做自己力所不及的工作时，就会感到焦虑，甚至产生挫败感。而当一个人的能力超出工作要求太多时，他又容易感到工作缺乏挑战，比较乏味。因此，在选择职业时，应寻求个人能力与职业技能要求相适配的职业。我们需要知道能力的分类，从而知晓自己具备什么样的能力，可以适应什么职业。

能力按照其获得的方式(先天具有与后天培养)，可以分为"能力倾向"和"技能"两大类。能力倾向是指上天赋予每个人的特殊才能，如音乐、运动能力等。它是与生俱来的，不过也有可能因未被开发而荒废。技能则是指经过后天学习和练习培养而形成的能力，如阅读能力、人际交往能力、表达能力等。

（一）能力倾向分类

1. 多元智力理论概述

多元智力理论（The Theory of Multiple Intelligence）简称 MI 理论，是美国哈佛大学心理学教授霍华德·加德纳根据他及其同事多年来对人类潜能的研究，于 1983 年在《智力的结构》（*Frames of Mind*）一书中提出的一种关于智力及其性质和结构的新理论。加德纳认为智力是由同样重要的多种能力而不是由一两个核心能力构成的。各种智力是多维度地、相对独立地表现出来的智力，通常是以复杂的组合方式进行运作的，而不是以整合方式表现出来的。由此，加德纳突破了传统智力保守单一的模式，拓宽了智力的横向空间认识，扩充了智力的内涵。另外，加德纳十分强调社会环境对人成功的作用，反对遗传决定论。他认为现有的智力水平差异不是内部素质而是外部世界与个体相互作用的结果。在加德纳看来，智力具有多方向性、差异性、发展性、变化性、多样性和环境性，它因社会文化环境的制约而不同，但并没有高下之分。每个人都有相对独立存在的、与特定的认识领域或知识范畴相联系的各种智力。个体身上的各种智力的不同组合使得每个人的智力有独特的表现形式。即使是同一种智力也有多种表现方式，因而很难找到一个适用于任何人的统一的评价标准来评价一个人是否聪明、成功。

加德纳认为目前的智力量表测量的仅仅是语言和数学逻辑方面的智力，要准确测量智力，就应侧重于该智力所要解决的问题或运用该智力时表现出来的创造力。在加德纳的多元智力框架中，人的智力至少包括八种，它们在每个人身上以不同的方式和不同的程度进行组合，从而使每个人的智力各具特色。这八种智力分别是：

言语—语言智力，主要是指听、说、读、写的能力，表现为个体能够顺利而高效地利用语言描述事件、表达思想并与人交流；

音乐—节奏智力，主要是指感受、辨别、记忆、改变和表达音乐的能力；

逻辑—数理智力，主要是指运算和推理的能力，表现为对事物各种关系非常敏感，以及通过数理运算和逻辑推理等进行思考的能力；

视觉—空间智力，主要是指感受、辨别、记忆和改变物体空间关系并以此表达情感和思想的能力，表现为个人对线条、形状、结构、色彩空间关系的敏感，以及通过平面图形和立体造型将它们表现出来；

身体—动觉智力，主要是指运用四肢和躯干的能力，表现为能较好地控制自己的身体并使之对事物做出恰当的身体反应，以及善于利用身体语言表达自己的情感和思想；

自知—自省智力，这种智力属于自我认知、自我反省的能力，主要表现为个体能正确意识和评价自己的情绪、动机、欲望、个性和意志等，并在正确的自我意识和自我评价的基础上形成自尊、自律和自制等品质；

交流—交往智力，主要是指与人相处和交往的能力，表现为察觉、体验他人情绪、情感和意图并能据此做出适宜反应；

自然观察者智力，是指观察自然界中的各种形态，对物体进行辨认和分类，能够洞察自然或人造系统。

除了这八种智力，加德纳并不否认其他类型智力的存在。他认为智力是多元的、开放的，随着人们认识水平的提高，智力结构中的因素会越来越多，诸如道德智力、分析智力、直觉与创新智力等，在人们智力发展中的作用也会越来越受到重视。

2. 常见的能力倾向测试

(1)一般能力测评的工具。

一般能力就是通常所说的智力或智慧技能，是顺利完成各种活动所需的基本能力，包括注意力、观察力、记忆力、想象力和思维力等。由此，一般能力测评可以说就是智力测验，它主要用来测量一个人的思维能力、学习能力和适应环境的能力。智力测验的测量工具是智力量表，不同年龄阶段的人有与之匹配的量表。对于大学生来讲，他们多是年满 18 周岁的成人，适于选择成人智力量表。大学生一般能力测评的工具主要包括以下几种。

① 韦氏成人智力量表。由常识、背数、词汇、算术、理解、类同 6 个分测验构成的语言分量表，和填图、图画排列、积木图案、拼图、数字符号 5 个分测验构成的操作分量表组成，其设计的测评内容能较好地反映大学生的知觉能力、逻辑推理能力、记忆力、想象力等。

② 临床记忆量表。由我国心理学家许淑莲、吴振云等编制，包括联想学习、指向学习、图像自由回忆、无意义图形再认、人像特点联系回忆等 5 个分测验，用它可以较好地测量大学生的记忆力、鉴别力、想象力等。

③ 瑞文标准推理测验。非文字型的图形测验，其设计的内容可以较好地反映大学生的注意力、逻辑推理能力及空间知觉能力等。

常用的成人智力量表有上述三种，但从经济、方便的角度考虑，大学生一般能力测评工具最好的选择是韦氏成人智力量表，它可以在较短的时间内测量出大学生一般能力的多个方面，而且具有较高的信效度。

(2)专业能力测评的工具。

专业能力也被称为特殊能力，与一般能力相对，是职业者从事某项职业活动所必备的能力，包括心理运动能力、机械能力、创造力、音乐能力、美术能力和文书能力等。鉴于专业能力的特殊性，在对大学生进行专业能力测评时，应根据专业类别来选择相应的测评工具。

心理运动能力测验，主要用来测量大学生在实际动手操作中所需的肌肉协调、手指灵巧、眼与手精确协调等技能，如机床操作、汽车驾驶等。

机械能力测验，可以用来测量机械类专业学生的机械能力，它包括许多成分，如感知与动作的联合能力、空间关系的知觉能力、机械知识的运用推理能力等。典型的机械能力测验有"明尼苏达空间关系测验""明尼苏达拼版测验""本内特机械理解测验"等。

创造力测验，用来测量学生发现新情况、创造新事物的能力。主要的创造力测验有南加利福尼亚大学的"发散性思维测验""托兰斯创造思维测验"和芝加哥大学的"创造力测验"等。

音乐能力测验，可以用来测量学生的音乐能力。常用的音乐能力测验有：西肖尔音乐才能测验，其设计的内容可以较好地反映音乐专业学生对音乐的感知、动作、记忆与想象力、智力、情感等五个方面的 25 种特殊能力；戈登音乐能力测验，可以较好地测量学生的分辨音调能力、节奏感和音乐感受能力等。

美术能力测验，可以用来测量学生的美术能力。常用的美术能力测验有：梅耶美术判断测验，用于测量学生与美术能力相关的审美判断能力；格雷夫图形判断测验，用于评价学生对美术基本原则的认识和审美判断的能力；洪恩的美术性向量表，是一个操作性量表，可用来评价学生作画时的抽象思维能力、想象力和作画技巧。

文书能力测验，可用来测量文秘专业学生的打字、速记、处理文书和联系工作等方面的能力。常用的有"明尼苏达文书测验"和"一般文书测验"等。

（3）人文素质测评的工具。

作为一名大学生，应当具备的人文素质包括思想道德素质、心理健康素质、职业道德素质、文化修养素质等，这些素质都影响着大学生的职业能力，但其中的心理健康素质、职业道德素质与职业能力联系最密切。鉴于此，可以对大学生做心理健康测验和品格教育测验来评价大学生的人文素质。

① 心理健康测验，可以用来评价大学生的心理健康状况。常用的心理健康测验有：心理健康临床症状自评测验（SCL-90），主要用来测量大学生的躯体化、强迫症状、人际关系敏感、抑郁、焦虑、敌对、偏执等心理倾向；大学生心理健康问卷（UPI），能较科学地评估大学生的心理健康状况，并及早发现大学生的心理问题；状态—特质焦虑问卷，由状态焦虑问卷和特质焦虑问卷两个分量表构成，具有较高的信效度，可用来评价我国大学生在实践过程中的焦虑问题。

② 品格教育测验，属于情境测验范畴，可用来测评大学生职业道德相关的某些个性品质，如诚实性、公正性、利他性等。常用的品格教育测验有哈梅诚实测验，包括曲线迷游戏测验、圈迷游戏测验、方迷游戏测验三个按顺序实施的分测验。它可用来测评大学生在职业活动中所需的各种品质，如诚实、谦虚、勤劳等态度型品质，独立性、自制力、果断等意志型品质，热情、乐观等情绪型品质，深思熟虑、善于分析与综合等理智型品质。

（二）技能分类

辛迪·梵和理查德·鲍尔斯将技能分为三种类型：知识技能、自我管理技能和可迁移技能（或称通用技能）。通常人们比较容易想到自己所具有的知识技能，但实际上后两种技能更为重要。它们使我们有可能不局限于自己所学的专业，在更广的范围内选择职业；它们对于我们在竞争中胜出具有关键性的作用，并且使我们能够在工作中得以更长久地发展；而雇主们对它们的重视程度，也往往超过了对单纯知识技能的重视。

1. 知识技能

知识技能是指那些需要通过教育或者培训才能获得的特别的知识或能力，也就是个人所学习的科目、所懂得的知识，比如你是否掌握外语、中国古代历史、电脑编程或化学元素周期表等知识。知识技能一般用名词来表示。

知识技能不可迁移，也就是说，它们是一些特殊的词汇、程序和学科内容，必须经过有意识的、专门的培训才能掌握。它们常常与我们的专业学习或工作内容直接相关。正因为如此，许多大学生由于不喜欢自己的专业，在找工作时往往陷入两难的境地：一方面，他们认为找工作必须"专业对口"，但是又不喜欢自己的专业，不想将之作为从事一生的职业；另一方面，如果"专业不对口"，自己不是"科班出身"，则担心自己与专业出身的应聘者相比缺乏竞争力，甚至觉得很难跨越专业的鸿沟。在这种情况下，似乎唯一可行的方式就是通过考研来改换专业。

事实上，知识技能并非只有通过正式的专业教育才能获得。除了学校课程，课外培训、专业会议、讲座、研讨会、自学、资格认证考试等方式都可以帮助个人获得知识技能。此外，很多公司也为新员工提供相关的上岗培训。例如，某著名的会计师事务所在对新员工的培训中，第一年的主要内容就是针对非专业学生补充财会基础知识。由此可见，即使是一些专业要求较高的职业如会计师等，其专业技能也可以在就职后的培训中获得。实际上，越是大公司，越看重个人的综合素质(也就是"自我管理技能"与"可迁移技能")，而不那么在意个人是否已经具备专业知识。不少外企在校园招聘时都已不再区分学生的专业背景。

因此，如果想从事本专业之外的工作而又不愿或不能重新选修一个专业的话，仍然有许多途径可以帮助我们获得相关的知识技能。

现实中，大学生就业难在一定程度上也与此有关系，因为大学生在校时往往更重视专业知识的学习，而忽视自我管理技能和可迁移技能的培养。事实上，作为接受过国家正规高等教育的合格大学生，就专业知识而言，都应该能够达到工作的要求。但为什么企事业单位普遍对刚毕业的大学生不满意呢？麦肯锡咨询公司一份名为《应对中国隐现的人才短缺》的报告中指出："中国的大学毕业生是美国的两倍多，但在庞大的毕业生群体中，极少有人具备从事服务业的必备技能。……中国工程类职位的求职者存在的主要缺点是教育体系偏重理论，……缺乏参与项目或团队协作的实际经验。实践经验和英语口语水平的欠缺，使求职者中不到10%能够满足跨国公司的要求。"从用人单位对大学生的反馈中，我们可以看出：大学生们通常不缺少知识技能，但常常缺少敬业精神、沟通能力等自我管理技能和可迁移技能。因此，大学生在校期间，一定要在学好专业知识的基础上，加强对自我管理技能和可迁移技能的培养。

【课堂活动】

了解和挑选知识技能词汇

参照附录F的内容性技能词汇清单，从中圈出你所知道的。如有可能，用一个更具体的词来替换这里的词汇。比如，如果你圈出了"外语"这个词，根据你所掌握的外语方面的知识，你可以把它替换成"日尔曼语族"、"广东话"、"法语"或"德语"。列出所有的内容性技能是不可能的，但这个清单可以激发你的记忆和思考，帮助你了解自身专业知识技能都有哪些。

在人才与经济活动全球化的今天，自身技能的组合更为重要。通常我们所说的"复合型人才"，正是指具有不同知识技能的人。他们的特点是，在一个专业里有很强的能力，同时具有广博的其他方面的知识与能力。技能的组合使得我们在职业发展的道路上更具竞争力，也更有可能将工作完成好。例如，目前全球化人才、懂英语的人很多，但既精通英语又精通建筑专业知识的人就不那么多了。而在大型合资建筑工程中，非常需要能与外国专家进行良好沟通的专业人才。再如，一个辅修平面设计专业的心理系学生，更有可能在进行设计工作时运用自己的消费心理学知识与客户进行充分的沟通，令客户更加满意。从这个角度来说，不论你现在学习的专业是否是你所喜爱的或是你将来要从事的，你从中获得的专业知识在某个时候就有可能派上用场，甚至一些并非你所学专业的、看上去似乎并不那么起眼的知识，都有可能使你在面试的时候显得与众不同，比他人略胜一筹。比如，小时候学过绘画可能会使你更具创意和良好的审美观，而这也许正是招聘者所需要的。

【课堂活动】

盘点你的专业知识技能

请根据以下问题，先尽可能全面地列出你所掌握的知识技能，再从中分别挑选出你自己感觉比较精通的和你在工作中应用或希望应用的知识技能，最后排列出对你来说最重要的五项知识技能。想想哪些知识技能你现在还不具备，但希望自己拥有，可以通过一些什么样的途径来获得这些知识。

1. 在学校课程中学到的(如英语、地理等)；
2. 在工作(包括兼职和暑期工作)中学到的(如电脑制图等)；
3. 从课外培训、辅导班、研讨班中学到的(如绘画等)；
4. 从专业会议中学到的(如心理学在现代生活中的应用等)；
5. 从志愿者工作中学到的(如小动物饲养等)；
6. 从爱好、娱乐休闲、社团活动、家庭生活中学到的(如摄影、缝纫等)；
7. 通过阅读、看电视、听广播、请家教等方式学到的(如钢琴演奏、PPT 制作等)；
8. 请家人和同学帮助你回忆你在校内外都学习过一些什么专业知识(不管程度如何)；
9. 你尚不具备但希望拥有的知识技能。

2. 自我管理技能

自我管理技能经常被看作个性品质而非技能，因为它被用来描述或说明人具有的某些特征。它涉及个体在不同的环境下如何管理自己：是勇于创新还是循规蹈矩，是认真还是敷衍了事，能否在压力下保持镇定，是否对工作有热情、是否自信，等等。

良好的自我管理技能能够帮助个体更好地适应周围的环境，应对工作中出现的问题，因此它也被称为"适应性技能"。一个人是如何使用自己的专业知识、以什么样的态度从事工作的，这甚至比工作内容本身更为重要。正是这样一些品质和态度，将个人与许多其他具有相同知识技能的候选人区别开来，最终得到一份工作，并能够适应新的环境和规则，在工作中取得成就，获得加薪和晋升的机会。因此，有人称自我管理技能为"取得成果所需要的品质、个人最有价值的资产"。

自我管理技能无论是一个人先天具有的还是后天习得的，都需要练习。它可以从非工作(生活)领域迁移转换到工作领域。也就是说，耐心、负责、热情、敏捷这些技能并不是通过专门的课程学习到的，而是在日常生活中随时随地培养的。例如，一位大四学生在回顾自己的实习经历后写道："这段经历为我毕业后进入社会做了良好的准备。在这次实习中，我懂得了在工作中不仅要具备良好的知识技能，还要具备良好的社交能力，才能在工作中营造良好的、和谐的工作氛围。在工作中要积极主动，要虚心地向同事、前辈请教；要知难而上，不能遇到一点困难就放弃；要严格要求自己，不为自己的失职找借口。平时要和同事多多交流，和谐相处。"

【课堂活动】

了解和挑选自我管理技能词汇

参照附录 G 自我管理技能词汇清单，圈出你相信自己确实拥有的适应性技能。在每个适应性技能后面都有若干个同义词。如果某个同义词更适合你，也请把它圈出来。大多数适应性技能都用形容词或副词来表达。

作为一名大学生，我们应该在大学阶段多参加一些社团活动和社会实践，这样有助于我们在实际工作中更好地认识自己，了解自己的长处和不足。我们还可以通过与他人的比较、听取他人的反馈意见来更恰当地评价自己。

3. 可迁移技能

可迁移技能就是一个人会做的事，比如教学、组织、说服、设计、安装、提供帮助、计算、考察、分析、搜索、决策、维修等。

可迁移技能的特征是它们可以从生活中的方方面面，特别是工作之外得到发展，却可以被迁移应用于不同的工作之中。比如在宿舍里大家争用卫生间出现矛盾时，宿舍长可以组织室友们一起开会讨论，协商解决如何平等地使用卫生间的问题。在这里面，就用到了组织、商讨、问题解决、管理等重要的可迁移技能。几乎在所有的工作中，都或多或少地会用到这些技能。因此，可迁移技能也被称为"通用技能"。

基于这样的原因，可迁移技能也是个人最能持续运用和最能依靠的技能。随着信息时代的到来，新技术日新月异的发展，知识的更新换代不断加快，这意味着个体需要不断学习新的知识技能才能跟上时代的发展。例如，三四十年前，我们对手机、电脑还几乎闻所未闻，但如今它们却在我们的生活中占据了极其重要的位置，而与它们相关的行业知识也都是近些年来才出现，并且处于飞速发展变化中的。正因为如此，当今的时代越来越强调"终身学习"。"学习能力"(可迁移技能)已经比拿到某个专业的硕士学位(知识技能)更为重要。

与知识技能相比，可迁移技能无所谓更新换代，而且无论你的需求和工作环境有什么样的变化，它们都可以得到应用。随着我们工作经验和生活阅历的增加，可迁移技能还会不断地发展。既然它们在许多工作中都会用到，它们的重要性不容忽视。索尼技术中心会计部经理曾说："我在聘用一个人时，最为看重的是他的人际沟通能力。这项能力极其重要，因为个体必须有能力与人交谈才能获得需要的信息。……我把80%的时间用在与索尼其他部门打交道上，我的员工也花费大量的时间与本部门之外的人打交道。"

事实上，知识技能的运用都是以运用可迁移技能为前提的。举例来说，你的知识技能也许是动物学，但你将怎样运用它呢？是"教授"动物学，还是当宠物医生"治疗"宠物，或是"写作"科普文章宣传爱护野生动物的知识，抑或是在流浪小动物协会帮助"照料"小动物？这些加引号的词都是可迁移技能。你以前可能没有正式当过教师，但是通过当家教、在课堂上汇报讲解小组的科研项目等经历，你已经具备了"教学"的技能。当你把"教学"技能与"动物学"知识结合在一起时，你就可以去应聘相关的职位了。

学习文学、历史、哲学等人文专业的学生常常感到苦恼，因为他们所学的专业似乎不如计算机、建筑、机械等理工科的专业实用。事实上，人文专业的学习除了使他们具备一些专业知识，也使他们掌握了许多可迁移技能，例如沟通技能(在课堂上有效地倾听、小组讨论、写作论文)、问题解决技能(分析和抽象思维，找出同一问题不同的解决方案，说服他人按既定的方案行动)、人际关系技能(与同学合作去完成老师布置的任务，与宿舍的同学相处)、研究技能(搜索数据库或检索书面参考材料、发现和形成主题、收集和分析数据、调查问题)等。

【课堂活动】

了解和挑选可迁移技能词汇

参照附录H可迁移技能词汇清单，圈出你相信自己确实拥有的可迁移技能。可迁移技能通常用动词来表达。

三、能力的挖掘

(一)运用STAR法则撰写成就故事

请写下生活中令你有成就感的具体事件然后对其进行分析，看看你在其中使用了哪些技能(尤其是可迁移技能)。

这些成就故事不一定是工作或学习上的，也可以是课外活动或家庭生活中发生的，比如同学聚会、一次美好而难忘的旅游等。它们不必是惊天动地的大事，只要符合两条标准就可以被视为"成就"：(1)你喜欢做这件事时体验到的感受；(2)你为完成它所带来的结果感到自豪。

如果你同时还获得了他人的认可和表扬那就更好了，不过这并不重要。在撰写成就故事时，每一个故事都应当包含以下要素。

(1)当时的情况(Situation)；

(2)面临的任务/目标(Task/Target)；

(3)采取的行动/态度(Action/Attitude)；

(4)取得的结果(Results)。

试分析其中所反映的个人技能。

理想状态下，可以写出 3～5 个成就故事，并在小组中逐一进行分析讨论。看看在这些故事中是否有重复出现的技能，并将这些技能按优先次序加以排列。

(二)能力管理矩阵

能力缺失会带来焦虑，大学生在校期间可以根据自己找到的目标针对现有能力进行管理和评估。

能力管理矩阵包括优势区、退路区、潜能区和盲区(见图 2-7)。这四个区域是根据自己是否感兴趣和是否擅长，即通过能力管理的四象限划分。优势区就是自己感兴趣同时又很擅长的领域，需要不断精进从而确保竞争性，刻意使用从而形成个人品牌。退路区是指擅长但并不喜欢的区域，含生存阶段被迫锻炼出来的能力，应经常回顾练习，不至于荒废，这是基础保障。潜能区是指感兴趣但不擅长的，这部分含自己希望未来很优秀的能力，需要加大投入刻意学习，提升技能，但是一定要精简和精进。盲区是指既不感兴趣也不擅长的领域，需要认真面对，正视不足，应尽量避免从事相关的事情，也可以采取授权与合作的办法。很多人认为工作就是很艰苦且不是很愉快的事，但其实做自己

	喜欢	不喜欢
高能力	优势区	退路区
低能力	潜能区	盲区

图 2-7　能力管理矩阵

最喜欢的事情，才最有可能获得成功。

能力管理的策略：聚焦优势、利用退路、培养潜能、躲避盲区。在对能力进行管理时，结合目标，分析自己需要什么样的能力，可以从岗位要求技能、方法技能、通用技能进行分析，然后从擅长程度和喜好程度两个维度对一些主要的个人能力进行矩阵分析，由此划分出个人能力的优势区、潜能区、退路区和盲区，再根据最终目标和现有能力的差距，设计合理的实现途径。比如一段时间内刻意练习，遵循"721"方法：70%是从实践中学，20%是跟人学、跟导师学，10%就是学知识。当然，这个能力规划最重要的一点还是要落地，只有落地了，提升起来才有效果。

四、能力的修炼

(一)雇主们重视的技能

雇主们通常在大学毕业生身上寻求的，也是使得这些大学生有资格担任某一职位的东西，包括他们的教育背景、经验和态度综合在一起的素质。有些领域需要专门的知识或证书(如医学、程序设计、化工等)，但大部分职业并不要求有什么特殊的知识技能，需要的只是一些比较普遍、一般性的技能和素质(可迁移技能和自我管理技能)。根据美国"全国大学与雇主协会"(National Association of Colleges and Employers)的调查，美国雇主们最为重视的技能和个人品质按顺序排列如下。

(1)沟通能力；

(2)积极主动性；

(3)团队合作精神；

(4)领导能力；

(5)学习成绩；

(6)人际交往能力；

(7)适应能力；

(8)专业技术；

(9)诚实正直；

(10)工作道德；

(11)分析和解决问题的能力。

我们可以看到，其中的第(1)、(4)、(6)、(7)、(11)位都属于可迁移技能，第(2)、(3)、(9)、(10)位都属于自我管理技能，而知识技能排在第(5)位和第(8)位。

美国劳工部及美国生涯咨询和发展协会(National Career Development Association)对雇主进行的另一份调查结果也显示，雇主们非常重视员工的自我管理技能和可迁移技能，具体如下。

(1)善于学习；

(2)读、写、算的能力；

(3)良好的交流能力，包括听、说能力；

(4)创造性思维和解决问题的能力；

(5)自尊自爱、积极、有奋斗的目标；

(6)有事业开拓能力；

(7)交际、谈判能力及团体精神；

(8)良好的组织和领导能力。

事实上，中国雇主们所看重的同样是这些能力。许多企业在招聘人才时不仅重视其学习成绩，更重视其他能力，如良好的沟通、表达能力，较强的分析、组织能力及领导能力，尤其是团队精神。

【课堂活动】

工作相关能力问卷(IWRA)调查

工作相关能力问卷是为了帮助个人找出那些与个人最强的能力和技能相符合的职业(工作)而设计的。问卷的实施可以分为以下几个步骤：根据经验，对于问卷列出的每项技能选择5、4、3、2、1中的一个数字来表示个人所估计的自己在同龄人中的位置，并对你的评估进行检查。下一步：审视你的评估，看它们是否从高到低展示了你的能力水平。认真地擦去你想要改变的评估，在圆圈里填上修改后的评估。请完成工作相关能力问卷，具体内容参照附录I。

(二)教练技术：能力提速器

心理学家鲁夫特与英格汉提出了"周哈里窗"，这里的"窗"是指一个人的心就像一扇窗。"周哈里窗"展示了关于自我认知、行为举止和他人对自己的认知之间在有意识或无意识的前提下形成的差异，由此分割为四个范畴：一是面对公众的自我塑造范畴；二是被公众获知但自我无意识范畴；三是自我有意识在公众面前保留的范畴；四是公众及自我两者无意识范畴，也称为潜意识。普通的窗户分成四个部分，人的心理也是如此。因此把人的内在分成四个部分：开放我、盲目我、隐藏我、未知我(见图2-8)。

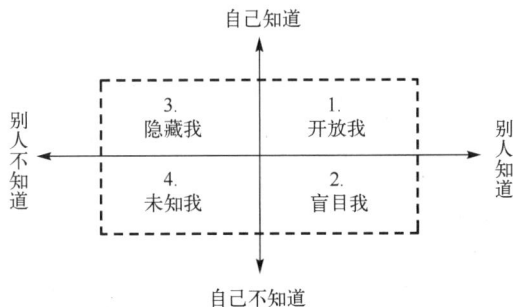

图2-8 "周哈里窗"示意图

1. 开放我

右上角那一扇窗称为"开放我"，也称"公众我"，属于自由活动领域。这是自己清楚、别人也知道的部分，可谓"当事者清，旁观者也清"。比如，我们的性别、外貌，以及其他可以公开的信息，包括婚否、职业、工作和生活所在地、能力、爱好、特长、成就等。"开放我"的大小取决于自我心灵开放的程度、个性张扬的力度、人际交往的广度、他人的关注度、开放信息的利害关系等。"开放我"是自我最基本的信息，也是了解自我、评价自我的基本依据。

2. 盲目我

右下角那一扇窗称为"盲目我",也称"背脊我",属于盲目领域。这是自己不知道而别人知道的部分,可谓"当事者迷,旁观者清"。其中,可以是一些很突出的心理特征。比如,有人轻易承诺,转眼却忘得干干净净。也可以是不经意的一些小动作或行为习惯,比如一个得意的或者不耐烦的神态和情绪流露,本人未觉察,除非别人告诉你。盲点可以是一个人的优点或缺点。因为事先不知、不觉,所以当别人告诉你时,你或惊讶,或怀疑,或辩解,特别是听到与自己初衷或想法不相符合的情况时。"盲目我"的大小与自我观察、自我反省的能力有关,通常内省特质比较强的人,盲点比较少,"盲目我"比较小。而熟悉并指出"盲目我"的其他人,往往也是关爱你的人、欣赏你的人、信任你的人(虽然也可能是最挑剔你的人)。所以,我们要学会用心聆听,重视他人的回馈,不固执,不过早下结论;学会感恩,是他们帮助自己拨开迷雾见青天。

3. 隐藏我

左上角那一扇窗称为"隐藏我",也称为"隐私我",属于逃避或隐藏领域。这是自己知道而别人不知道的部分,与"盲目我"正好相反,就是我们常说的隐私、个人秘密,留在心底,不愿意或不能让别人知道的事实或心理。身份、缺点、往事、疾患、痛苦、窃喜、愧疚、尴尬、欲望、意念等,都可能成为"隐藏我"的内容。相比较而言,心理承受能力强的人、隐忍的人、自闭的人、自卑的人、胆怯的人、虚荣或虚伪的人,"隐藏我"会更多一些。适度的内敛和自我隐藏,给自我保留一个私密的心灵空间,避开外界的干扰,是正常的心理需要。没有任何隐私的人,就像住在透明的房间里,缺乏自在感与安全感。但是"隐藏我"太多,"开放我"就会少。人的心灵会如同一座封闭的心灵城堡,无法与外界进行真实有效的交流与融合,既压抑了自我,也令周围的人感到压抑,容易导致误解和曲解,造成他评和自评的巨大反差,产生人际交往的迷雾与障碍,甚至错失机会。勇于探索自我者,不能只停留在"开放我"的层面,还应敢于直面"隐藏我"的秘密和实质。

4. 未知我

左下角那一扇窗称为"未知我",也称"潜在我",属于处女领域。这是自己和别人都不知道的部分,有待挖掘和发现。通常是指一些潜在能力或特性,如一个人经过训练或学习后,可能获得的知识与技能,或者在特定的机会里展示出来的才干,也包含弗洛伊德提出的潜意识层面,仿佛隐藏在海水下的冰山,力量巨大却又容易被忽视。对"未知我"的探索和开发,能使人更全面而深入地认识自我、激励自我、发展自我、超越自我。学着尝试一些全新的领域,挖掘潜力,会收获惊喜。勇于自我探索者,要善于开发"未知我"。

运用"周哈里窗"认识和评价自我的方法如下。

第一步,请 5 个或 10 个非常了解你的朋友,要他们列出你的优点和缺点。可以先从好朋友做起,看他们到底怎么看你。如果想进一步客观地评价自己,再请那些你最不喜欢的人列出你的优缺点,也就是让别人作为你的镜子,利用别人给你的回馈,帮助你认识自己、评价自己。

第二步,你自己也拿出一张纸来,列出自己的优点和缺点,然后将自己列出的与别人列出的一一比较,便可能产生图 2-8 中列出的四种情况。由"周哈里窗"你也许会发现自己有许多优点,别人并不知道,也可能出现别人认为你的优点,你自己反而不觉得,这样你就可以进一步了解自己。同样，你的缺点也可能有类似的情形。运用"周哈里窗"了解和评价自己，要比从自我观察的材料中分析、评价自己更客观、更准确、更可靠。

根据"周哈里窗"的原理，人自身储存的信息有四种形态或有四种区域：一是你知我知（Open）的安全区域；二是你知我不知（Blind）的盲目区域；三是你不知我知（Hidden）的隐蔽区域；四是你我都不知（Unknown）的危险区域。"周哈里窗"不是静止的而是动态的，我们可以通过内、外部的努力改变"周哈里窗"四个区域的分布。理想的"周哈里窗"模型应是安全区域为最主要的区域，其余区域被缩到最小。可以说，"周哈里窗"给我们提供了潜能开发的来源和挖掘潜能的基本途径。

人与人之间存在的差距，很重要的一个起因是学习途径与方法存在区别。自我学习是能力提高的必要手段，但仅靠自我学习是远远不够的。自学成才者大有人在，但其数量总是寥若晨星，这也是古今中外自学成才者那么引人注目、那么令人肃然起敬的原因所在。外部途径也就是教学方法，此法亦分两类，一是集中教学，即过去的学堂和现在的学校，二是以师带徒。教学方法已是现代社会能力提高的主要途径，不论是培养的规模还是培养的效果都是令人满意的。但从我们的投入与预期看，还存在很大的差距。人们一直在探寻其中的原因，以期改善学习的效果。但有一点是可以肯定的，外部的任何培训方法，都得通过内部的自我学习才能达成最终的效果，这就是所谓的"态度决定一切"。因此，外部培训与自我学习的互动是能力提高的最佳途径与最有效方法。如何达成外部培训与自我学习的良性互动是现代人力资源开发中最为关键的问题，而教练技术也许是迄今为止最为有效的方法之一。

教练技术是一项通过完善被教练者心智模式来激发其潜能，提升其工作效率的管理技术。它作为一种新兴的管理方式被广为采用，其核心内容是教练以中立的身份，通过一系列有方向性、策略性的方案实施过程，洞察被教练者的心智模式，激发其内在潜能，使之全面认识自我，明晰目标方向，以最佳状态去创造成果，同时还帮助被教练者不断突破思维定式，打破自我设限，实现新的超越。

教练技术的步骤介绍如下。

（1）厘清目标——明晰人生目标。

如果你不知道你的船靠向哪一个码头，所有的风都不会是顺风。这里的"厘"字含有挖掘和区分的意思。厘清目标就是要明晰你做事的真正目的，否则你的行为将不是最有效的，甚至可能是南辕北辙的。教练经过持续、有方向性地发问，发挥指南针的作用，使被教练者感觉到选择的力量，可以让其最有效地实现目标。

（2）反映真相——发掘心智模式。

反映真相就是让被教练者知道自己目前的状态和位置。教练就是被教练者的一面镜子，能把被教练者的信念、行为和情绪等真实地反映出来。教练所做的就是帮助被教练者了解自己的位置，看清楚内心的干扰，找到自己的盲点，洞察现状与目标的差距。无论发现被教练者是什么样的心智模式，都要鼓励其去面对，同时挖掘自身潜能，做出有效的选择。

（3）调整心态——创造心态张力。

美国西点军校有一句名言——"态度决定一切"。教练不管被教练者的具体工作内容，只是像催化剂一样帮助被教练者调整心态。经过前面的步骤，教练已经让被教练者内心这张"弓"向目标的方向拉开。创造心态张力就是教练把被教练者的心态从消极、负面的状态调整到积极、正面的状态，使其产生行动的意向和迫切感，就像拉弓射箭那样瞄准自己的目标和方向。

（4）计划行动——制订行动计划。

当被教练者在镜子中看到自己的形象和想要的不同时，他自然会做出相应的调整。教练会要求被教练者制订切实可行的计划，并看到自身的潜能以及新的可能性，让自己做得更好。当被教练者厘清目标、清晰现状、发现可能性并做出决定之后，他开始制订行动计划，而教练则会像催化剂一样促使被教练者提高行动力，支持其在实践中不断学习，挑战并超越自己。

（三）一万小时定律

20 世纪 90 年代初，德国心理学家安德斯·艾瑞森带领科研团队在久负盛名的柏林音乐学院研究"天才是如何脱颖而出的"这一课题。安德斯·艾瑞森将小提琴班的学生按优秀程

组由比较优秀的学生组成；第三组由那些将来不太可能成为职业演奏家的学生组成。这三组学生都回答了同一个问题：从第一次接触小提琴开始，至今练琴一共花了多少时间？从这三组学生的回答中可以了解到，从 5 岁到 8 岁这段时间，他们练琴的情况基本相同，一般都是每周两三个小时。但到了 8 岁之后，他们的练琴时间产生了较大差别：第一组学生随着年龄增长，练琴的时间也在不断增加，比其他两组学生的练琴时间多许多。具体来说，9 岁时每周约为 6 小时，12 岁时每周约为 8 小时，14 岁时每周约为 16 小时，20 岁时每周约为 30 小时。这就是说，到了 20 岁，第一组学生的练琴时间已经累计达到一万小时，第二组学生累计达到约八千小时，第三组则是约四千小时。安德斯·艾瑞森还研究了职业钢琴家与业余钢琴家在练琴时间上的差别，其结果与在柏林音乐学院研究的结果基本相同：职业钢琴家的练琴时间到 20 岁时都已累积到一万小时；业余钢琴家一般累计只有两千小时。通过研究，他们得出了如下结论：没有什么演奏天才，没有谁不经过刻苦训练就能成为卓尔不凡的演奏家。英国神经学专家丹尼尔·莱维汀从更大范围研究了"天才是如何脱颖而出的"，并提出了一个重要观点："任何一个世界级水平的专家，都需要经过一万小时的刻苦训练。"他写道："无论什么领域的领军人物，'一万小时'这个神奇的词组一而再、再而三地不断出现。当然，这并不能解释为什么有些人能从等量训练中获得更好的训练效果。但可以肯定的是，目前还未发现任何一位世界级专家在其专业领域上的训练少于一万小时。大脑好像必须花费那么长时间的消化理解，才能达到极其精通的水平。"有人将这一理论称为"一万小时定律"。古今中外有许多名言警句也都表达了"一万小时定律"的思想精华。比如，爱迪生说："天才是百分之一的灵感加上百分之九十九的汗水。"华罗庚说："勤能补拙是良训，一分辛苦一分才。"还有"十年磨一剑""板凳要坐十年冷"，等等。一万小时定律可以给渴望有所成就、有所贡献的人一个启示：在某个专业领域，坚持一万小时刻苦训练的过程，就是从平凡走向超凡的过程，就是出类拔萃、脱颖而出的过程，甚至是决定命运、受益终身的过程。

【拓展学习】

AI 时代，能力突围

日日行，不怕千万里；时时学，不怕千万卷。无论是现在还是将来，随着数字化和自动化浪潮席卷全球，大数据、云计算、人工智能、区块链等新技术迅猛发展，我们想要不被时代的车轮碾压，最好的出路莫过于提升自己的能力，在自己的领域里成为强者，方能立于不

败之地。如何推动"能力圈"外移，打开新的成长空间？详见教材配套微课视频 2-3《AI 时代，能力突围》，欢迎同学们扫码观看。

第四节　价值观是生活的底线

【生涯故事】

临近毕业，面对回家乡还是留在厦门，龚丽一直在纠结。爸爸最近时常打来电话，用各种方式向龚丽表达希望她能回家乡的想法。龚丽的爸爸在当地有一家小工厂，生意做得还不错。龚丽知道，回到家里，车子房子都不是问题，父母会帮自己把一切都安排好，小日子过得也会相当舒服。然而，一向独立的龚丽却不想就这么回到那个小城市，安安稳稳地度过余生。她舍不得厦门的沙滩和海风，舍不得这里的广阔天地，更舍不得那个想要自己闯出一番事业的理想。她也知道，要留在厦门一个人闯荡，就要忍受职场小白将会遇到的一切麻烦，要暂时放弃优越的条件，跟同事一起住在宿舍或者合租房里，每天挤公交上班，只能在短暂的假期赶回家乡与父母团聚，还有那让人闻风丧胆的异地恋……到底该怎么选择，龚丽陷入了深深的困扰。

一、价值观的概念

价值观是社会成员用来评价行为和事物的准则，它是我们在生活和工作中所遵循的原则和标准。它指出了我们一生中重要的东西。职业价值观即个人在从事满足自己内在需求的活动时所追求的工作物质基础或属性，它是个体价值观在职业问题上的反映。

在许多场合，我们往往要在一些得失中做出选择，而左右我们选择的往往是我们的职业价值观。例如，是要工作舒适、轻松、低薪，还是压力大、高薪；是要成就一番事业，还是要安稳、太平？当两者有冲突时，最终影响我们决策的是内心的价值观，而我们有时对自己的职业价值观并不是很清楚，因此需要深入了解自己的职业价值观倾向，为自己选择理想的职业导航。

二、价值观在生涯发展中的作用

价值是人们考虑问题时所看重的原则和标准，它也是一套自我激励机制，是人们行为内在的驱动力。它在人们的生涯发展中起着非常重要的作用。如果说性格与兴趣是人的"自然性"，那么价值观则是反映了个体的"社会性"；如果说性格与兴趣是"材质性"，那么价值观则是"精神性"。人作为一种寻找、追求意义感的超自然存在，不会完全受"自然性"和"材质性"的限制，甚至会超越这些限制。所以，价值观对个人的影响可能超过性格和兴趣对个人的影响。比如，日本著名的影视明星山口百惠，结婚之后，正值事业巅峰的她突然宣布退出影视界，成为默默无闻的家庭主妇。可见，个人的价值观对职业的发展有着极其重要的影响。

但是，个人由于所处生涯发展的阶段、社会环境的不同，需求也不同，从而导致价值观不同。比如，刚毕业的大学生大部分希望进名企、做白领，获得高收入。因为在此生涯阶段需要购房、成家，这些都需要经济支撑。工作十几年后，有了一定的经济基础，不少人就意识到，赚钱不能成为首要目标，需要平衡工作、健康和家庭等。同时，在当前这个日益异质化、开放化的社会里，多元文化的价值体系也对传统价值体系造成冲击，个人的价值观很多时候处于一种模糊与波动之中，故而明确自身的价值追求是非常重要的。个体越清楚自己的价值观，越了解自己在工作和生活中想要追求什么、什么对自己最重要，他的生涯发展目标也就越清晰。而价值观不清晰的人，往往会陷入混乱，难以抉择。

课堂阅读

著名心理学家马斯洛提出，人有五个层次的需求：生理需求、安全需求、爱与归属的需求、尊重需求和自我实现的需求，如图 2-9 所示。只有低层次的需求得到基本满足后，个人才能关注并致力于满足下一层次的需求。这些需求在现实生活中表现为我们的价值观。

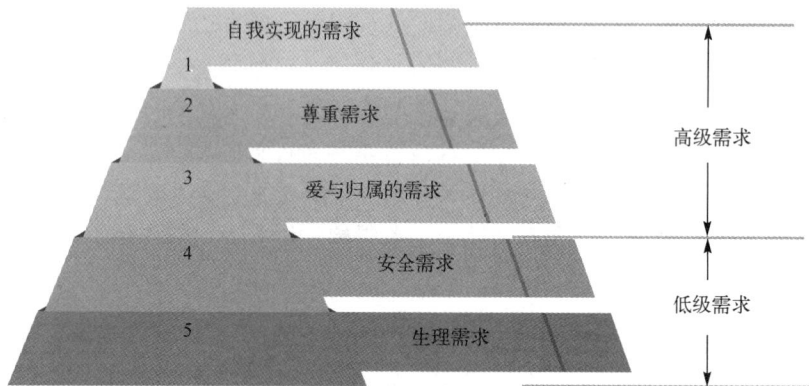

图 2-9　马斯洛需求层次

生理需求。马斯洛需求层次中最基本、最强烈、最明显的就是对生存的需求，一个缺少食物、自尊和爱的人会首先要求得到食物，只要这一需求还未得到满足，他就会无视或掩盖其他的需求。整个机体将被生理需求主宰，其人生观也会呈现变化趋势。

安全需求。如果生理需求相对充分地获得了满足，就会出现新一层级的需求即安全需求。安全需求是避免危险和让生活有保障，包括职业稳定、有一定的积蓄、社会安定和国际和平。

爱与归属的需求。当一个人的生理需求与安全需求都得到了保障后，爱与归属的需求就会成为新的需求重心，重复着之前描述的整个环节。处于这一需求层次的人把友爱看得非常可贵，希望拥有幸福美满的家庭，渴望得到一定社会团体的认同、接受，并与同事建立良好和谐的人际关系。如果这一需求得不到满足，个体就会产生强烈的孤独感、异化感、疏离感，产生极其痛苦的体验。

尊重需求。当上述三方面的需求获得满足后，尊重需求就会逐渐支配人的生活。它包括自尊、自重和来自他人的尊重，如希望自己能够胜任所担负的工作，并能有所成就和建树，希望得到他人和社会的高度评价，获得一定的名誉和成绩等。它包括对信心、能力、本领、成就、独立和自由等的渴望。来自他人的尊重包括威望、承认、接受、关心、地位、名誉和赏识。

自我实现的需求。当生理需求、安全需求、爱与归属的需求及尊重需求都获得满足后，动机的发展就会进入高层次——自我实现的需求。马斯洛认为，自我实现的需求可以归入对于自我发挥和完成的欲望，也就是一种使个体的潜力得以实现的倾向。这种倾向可以说是一个想要变得越来越像人的本来模样，实现人的全部潜能的欲望。换句话说，一位作曲家必须作曲，一位诗人必须写诗，一位画家必须绘画，否则他们始终无法宁静。一个人能够成为什么人，他就必须成为什么人，他必须忠于自己的本性，这一需要就可以成为自我实现的需要。

【拓展学习】

万花筒里观生涯

只要往万花筒筒眼里一看，就会看到一朵美丽的"花"。将它稍微转一下，又会出现另一种花的图案。不停地转，图案也在不停地变化。生活就像万花筒，你到底最想要什么？价值观，沉淀在心底的坚定信念，如何助力职业生涯展开？让我们重拾童年回忆"欢迎光临，万花筒小铺！"详见教材配套微课视频2-4《万花筒里观生涯》，欢迎同学们扫码观看。

三、真实价值观的澄清

每个人都有自己特有的价值观。生活中一些关系密切的人，如父母、师长、同学等，以及一些熟悉的陌生人，他们每个人所崇拜的英雄、偶像等，都会对我们的价值观产生影响。在职业生涯规划过程中，真实价值观的澄清不是去评判价值观的对与错，而是去探索自己的价值追求是什么，以及不同的价值追求会对自己产生什么样的影响。同时，还必须对自己一系列价值观进行排序，清楚哪个价值观是最为重要的，这样当有所冲突时，可以进行明确的选择与放弃。

拉舍(Louis Raths)等学者指出一个价值观的最终形成需要回答以下问题。

1. 选择
它是你自由选择的，没有来自任何人或任何方面的压力吗？
它是从众多的价值观中挑选出来的吗？
它是在思考了所做选择的结果后被选出来的吗？

2. 珍视
你珍爱你的价值观，或者为你的选择感到自豪吗？
你愿意公开向其他人承认你的价值观吗？

3. 行动
你的行动是否与选择的价值观一致？
你是否始终如一地根据你的感受和信念来行动？

对这些问题的回答过程称为价值观澄清。价值观澄清需要时间和精力，这一过程中的问题是开放的，没有对错之分。因为价值观是高度个体化的，个体化的价值观所组成的整个感受、信念、行为的连续体都是有价值的。当我们按照符合自己健康发展要求的真实价值观行动时，我们会感觉很满足。

【课堂活动】

职业价值观可以通过一些简单易行的方法进行探索，如职业价值观测量、职业价值观清单以及价值拍卖会等。下文以价值拍卖会为例。

职业价值观拍卖——价值观探索活动

目的：协助澄清个人的职业价值观。

道具：锤子、价值观拍卖清单。

活动过程：

(1)设计出15个职业价值观拍卖项目。

职业价值观拍卖项目	竞拍价	成交价	得拍者
1. 为大众福利尽一份力			
2. 一段刻骨铭心的爱情			
3. 敢为人先的创造力			
4. 健康的身体			
5. 事业有成			
6. 独立自主，依己意进行各种工作			
7. 受他人推崇并尊敬			
8. 发挥督导或管理他人的能力			
9. 丰厚的收入			
10. 生活安定、有保障			
11. 舒适的工作环境			
12. 一生平安			
13. 知心好友			
14. 能选择自己喜爱的工作方式			
15. 工作富有变化不单调			

(2)讲解游戏规则。

每个小组的组长为拍卖官，其他学生则为参加者。在活动中，学生进入了一个虚拟世界，他们的梦想都可以用钱买回来。学生必须从拍卖清单中选出他们想要的梦想，并在紧张刺激的拍卖过程中尽量争取他们希望买到的项目。

每位学生有2 000元投标资金，不一定要全数用完。每个项目的底价是100元，每次叫价亦以100元为单位。

学生首先在拍卖表上选出他们希望得到的项目，并定下投标价。总投标预算不可多于2 000元。拍卖开始后，可视情况用低于或高于学生所定下的价钱竞投，但总开支一定不可以多于2 000元。

在拍卖的过程中，学生需记录自己及其他人的拍卖价，以便讨论时用。

拍卖官在进行拍卖时，无须依拍卖项目的次序出售项目，最好是把拍卖项目随意拿出来拍卖，使学生不能预计各项目会何时出现。

若时间许可，可于每个项目卖出后，给学生数秒时间，让他们重新分配投标价钱。

学生虽未能购入所有他们想得到的梦想，但他们最初设定的选择是反映他们价值观的一个重要指标。

整个拍卖活动结束后，老师与学生进行讨论和分享。

(3)讨论与分享。

先请买到项目的同学说说，他买到的是什么项目，他为什么一定要买到它？符合他买到的愿望的工作可能有哪些。

再请没买到项目的同学说说，在以上的项目中，他最想买的三个项目是什么，为什么，和他的工作价值观相符的工作可能有哪些？

四、职业价值观的分类

1. 帮助·贡献型

该类型的人认可的核心价值观是自己的工作和知识能对他人和社会有所帮助。这种类型的人富有同情心、关心他人，他们把他人的痛苦视为自己的痛苦，不愿干表面上哗众取宠的事，把默默地帮助不幸的人视为无比快乐的事。他们总是为他人着想，把直接为大众的幸福和利益尽一份力作为自己的追求。他们希望自己的付出对社会是有帮助的，他人会因为自己的行为而受惠颇多。

该类型的人适合当医生、教师、警察等。

2. 审美·艺术型

该类型的人希望自己的工作能有机会多方面地欣赏周围的人、事、物，或任何自己觉得美丽且有意义的事物，并且希望自己的工作成果能够使这个世界更加美丽或能使他人也有美的感受。这种类型的人通常具备一定的艺术才能，感情丰富，富有创造力和想象力。

该类型的人适合当画家、设计师、音乐家、舞蹈家等。

3. 思考·创新型

该类型的人希望工作能增长自己的智慧、知识，能让自己的人生体会更丰富。他们在工作中追求知识上的刺激，喜欢动脑子思考问题，坚持学习以及探索新事物，解决新问题。这种类型的人知识渊博、有才能、想法新颖，十分重视工作中能提供的学习和进修的机会，注重个人发展。

该类型的人适合做研发人员、学者等。

4. 成就·实现型

该类型的人希望自己的工作能得到他人的认可，对完成工作和挑战成功感到满足。这种类型的人在工作中目标明确，有强烈的发展和提升意识。他们一心一意想发挥个性，实现自我，尽力挖掘自己的潜力，施展自己的本领，追求目标的实现和他人的肯定，并视此为有意义的生活。

该类型的人适合当项目经理、公司管理人员等。

5. 自主·独立型

该类型的人对工作的自主性要求比较高，希望随心所欲地安排自己的工作方式、工作时间、工作习惯，追求能充分发挥自己独立性、自主性和完全施展个人能力的工作环境。他们按照自己的方式、步骤或想法去工作，不受他人的干扰和制约，宁愿放弃晋升或加薪的工作发展机会，也不愿意放弃自由与独立。

该类型的人适合做高校教师、科技工作者、设计师、作家等。

6. 地位·声望型

该类型的人自尊心强，渴望拥有社会地位和名誉，希望受到众人尊敬。他们希望自己的工作有较高的社会地位，比较受人尊敬，能让自己得到社会认同。

该类型的人适合做教师、公务员、医生等。

7. 影响·支配型

该类型的人能够影响或控制他人，让他人照着自己的意思去行动，他们通常善于决断，工作作风凌厉，做事有担当。他们追求并致力于成为管理者，希望可以整合其他人的努力成果，并将组织的成功看成衡量自己工作的标准。

该类型的人适合做部门经理、高级主管、校长等，职业倾向主要体现为企业型工作和一部分社会型工作。

8. 报酬·财富型

该类型的人希望选择的工作能够给予他们足够多的经济回报。他们往往确信没有钱在这个世界上是万万不能的，认为人与人之间最主要的关系是金钱关系。他们在选择工作的时候，考虑更多的是这份工作是否能够明显、有效地改变自己的财务状况。

该类型的人适合高薪类的企业型工作。

9. 社交·人脉型

该类型的人希望通过工作认识各种各样的人，结交新朋友，形成自己的人脉。这种类型的人为人热情，善于与人交往，对于参加各种活动乐此不疲。

该类型的人适合做销售人员、市场人员、人力资源管理人员、教师、咨询师等。

10. 安全·稳定型

该类型的人追求工作中的安全与稳定感，希望远离突如其来的变动。他们因为能够预测到稳定的将来而感到放松。他们关注公司的稳定、工作的保障和收益的安全。

该类型的人适合当公务员、教师、医生等。

11. 舒适·安逸型

该类型的人希望工作环境舒适、优越，各类设备齐全。他们十分厌恶会产生焦虑、紧张和恐惧情绪的工作，他们追求的工作气氛轻松、工作压力小，能够使他们心平气和地处理事务。

办公室工作等工作环境好、工作压力小的工作比较适合这种类型的人。

12. 团队·融洽型

该类型的人重视工作中人与人之间的关系，希望能建立良好的同事关系。他们认为友好、轻松、团结的集体能让他们更好地工作。

科研工作、技术工作、培训等需要良好团队合作的工作比较适合这种类型的人。

13. 新奇·冒险型

该类型的人喜欢面对来自专业领域的挑战，喜欢解决看上去无法解决的问题、战胜强硬的对手、克服无法克服的困难等。他们充满工作热情，千篇一律的工作对他们没有任何吸引力，新奇、变化、冒险和各种困难才是他们工作的动力。遇到困难，他们一般也会舍弃传统的方法而选择创新的方法来解决。

该类型的人适合做证券、投资类人员等。

14. 规则·秩序型

该类型的人希望自己的工作有条理、有秩序，有很强的计划性。这种类型的人一般细心、仔细，工作一丝不苟，希望自己的任务有明确的规范和要求。

助理工作、会计等事务型工作比较适合该类型的人。

【课堂活动】

锁定你的职业发展类型

请参照附录 J 职业锚测试中的问题，根据自身对职业价值观的理解进行评分，分值越大代表程度越高。一起来了解一下你的职业锚倾向！

课后学习

1. 根据【课堂活动】霍兰德职业兴趣倾向测试，深入思考自己的职业发展方向。

2. 根据【课堂活动】中的气质类型和 MBTI 性格类型测试的结果，深入思考自己的气质和性格类型特点，并探索与之相匹配的职业。

推荐阅读

[1] 芭芭拉·谢尔. 过你热爱的生活[M]. 泰子冰，译. 北京：中国轻工业出版社，2004.

[2] 奥托·克劳格，珍妮特·M.劳森，希尔·路特莱奇. 赢在性格[M]. 王善平，等译. 杭州：浙江人民出版社，2008.

[3] 埃德加·施恩. 职业锚[M]. 北森测评网，译. 北京：中国财经出版社，2004.

[4] 吴芝仪. 我的生涯手册[M]. 北京：经济日报出版社，2008.

[5] 理查德·尼尔森·鲍利斯. 你的降落伞是什么颜色[M]. 刘宁，译. 北京：中信出版社，2010.

第三章

理解职业世界的规则 ‹‹‹

命运不是一个机会，而是一个选择。

——威廉·詹尼斯·布朗（William Jennings Bryan）

本章要点

大学生在做职业生涯规划时，除了了解自己，更需要了解职业世界的现状，这样才能在知己知彼的基础上，制作一份科学、有效的职业生涯规划书。本章主要讲职业现状及获取职位信息的内容与方法，为明确就业方向和目标、制订切实可行的职业发展计划奠定基础。

学习要点包括：了解大学毕业生的三大去向，明确自己的选择；理解职业现状和进行职业现状探索的重要性；掌握产业、行业、职业、企业、职位信息探索和评估的内容和方法；掌握利用 SWOT 分析法进行职业生涯规划。

开篇案例

张超，男，24 岁，商务英语专业本科毕业生。高考志愿听从父母意愿选择此专业，但他自己并不是很喜欢，且没有从事本专业工作的意愿。他在上学期间喜欢计算机专业，并在毕业后通过专业培训获得用友 ERP 实施顾问的资质。父母希望其回家乡工作，但他更向往留在北京发展。他在朋友的介绍下进入北京一家教育机构做电话销售。他对销售很感兴趣，但目前的工作模式却令他很不开心，他更喜欢面对面与人打交道。他的霍兰德兴趣类型测试结果为 SEA 型，他目前具备的专业技能有：计算机、ERP 系统、商务英语；可迁移技能有：沟通、倾听、合作、设计；自我管理技能有：积极、主动、热情、勤劳、善解人意等。他打算换工作，但又很困惑自己究竟喜不喜欢销售工作。如果不做销售，他又能选择什么工作呢？

请讨论：张超同学目前所面临的职业生涯问题是什么？可通过哪些方式帮助他选择合适的职业？

大学生对职业世界既熟悉又陌生，他们时刻生活在其中却又未真正进入其中。职业世界是一个人实现其生涯理想的外部平台。探索职业世界就是探索者将视角由自身转向外部，正确认识所面对的职业环境，有效掌握职业及其所在行业的需求趋势、相关组织等信息，包括社会环境、经济环境、组织环境、人力资源需求和晋升发展机会等，评估职业生涯机会和制约因素，结合社会发展需要，做出合理的生涯决策，为个人的职业成功提供保障。

头脑风暴

题目：画出你眼中的工作世界。

要求：请学生用彩笔在白纸上画出自己眼中的职业世界，表达出自己对职业世界的想法。

限时 10 分钟，4～5 人一组，完成绘画后与小组成员分享各自的想法。

不同人的画传达的信息是不一样的，差别主要源于是否能够全面地了解职业世界。我们所说的工作是指个人谋生的活动，最终会对应到具体的职位，而这个职位会存在于特定职业、地域、组织、行业中。这个由行业、职业、职位、地域、组织所构成的系统就是工作世界系统，各元素之间可以说是一种必然的产业链关系。例如，第三产业中的商业，是专门组织商品流通的经济部门，商业把工业部门生产的商品收购进来，转运到销售地区，供应给其他产品的生产者或消费者，是实现生产和消费之间、工业和农业之间、城市和乡村之间、地区和地区之间的经济联系时必不可少的桥梁和纽带。商业中的职业类别有商业管理人员，如经理、会计；购销人员，如采购员、销售员等。

第一节　职业世界信息获取策略

一、职业现状探索

(一)宏观职业现状探索

1. 产业探索

(1)产业分类。

产业主要指经济社会的物质生产部门。一般而言，每个部门都要专门生产和制造某种独立的产品，由多个相对独立、业务性质一致的行业组成，如农业、工业、交通运输业等。

我国的产业划分经历了几次变更，根据 2013 年最新的划分方法，我国的三大产业分别是：第一产业是指农、林、牧、渔业(不含农、林、牧、渔服务业)；第二产业是指采矿业(不含开采辅助活动)，制造业(不含金属制品、机械和设备修理业)，电力、热力、燃气及水生产和供应业，建筑业；第三产业指除第一、第二产业以外的其他行业。

根据我国的实际情况，第三产业包括流通部门和服务部门，具体可再划分为四个层次：第一层次是流通部门，包括交通运输、邮电通信、商业、饮食、物资供销和仓储等产业；第二层次是为生产和生活服务的部门，包括金融、保险、地质普查、房地产、公用事业、居民服务、旅游、咨询信息服务和各类技术服务等产业；第三层次是为提高科学文化水平和居民素质服务的部门，包括教育、文化、广播、电视、科学研究、卫生、体育和社会福利等产业；第四层次是为社会公共需要服务的部门，包括国家机关、党政机关、社会团体及军队和警察等。

(2)产业结构。

产业结构是各产业在其经济活动过程中形成的技术经济联系，以及由此表现出来的一些比例关系。进入 21 世纪以来，我国产业结构持续优化，第一产业增长相对缓慢，第二产业增长快速，第三产业突破以商贸、餐饮为主的单一发展格局，加速了金融、保险、研发、咨询等行业的发展。但是，无论是从静态还是从动态的角度来分析我国现阶段的产业结构，仍然存在许多问题，比如产业结构不合理，第三产业发展仍显不足等。

产业结构与就业结构存在着内在的必然联系，随着经济的转型升级，第二、第三产业的产值在国内生产总值中所占的比例越来越大，相应地，在第二、第三产业中就业的人员的比重也越来越大。"十四五"期间，国务院印发了《"十四五"国家战略性新兴产业发展规划》，聚焦新一代信息技术、生物技术、新能源、新材料、高端装备、新能源汽车、绿色环保以及航空、海洋装备等战略性新兴产业，为相关专业的大学生提供广泛的发展机会。

2. 行业探索

(1)行业分类。

一个产业可以包含许多行业。行业是根据生产单位所生产的物质或提供的服务的不同而划分的，它表示就业者所在单位的性质。中国的行业结构主要按企业、事业单位和机关团体，以及个体从业人员所从事的生产或其他社会经济活动的性质来确定。

根据国家统计局公布的资料，最新的国民经济行业分为以下几个标准门类：A、农林牧渔业；B、采矿业；C、制造业；D、电力、热力、燃气及水生产和供应业；E、建筑业；F、批发和零售业；G、交通运输、仓储和邮政业；H、住宿和餐饮业；I、信息传输、软件和信息技术服务业；J、金融业；K、房地产业；L、租赁和商务服务业；M、科学研究和技术服务业；N、水利、环境和公共设施管理业；O、居民服务、修理和其他服务业；P、教育；Q、卫生和社会工作；R、文化、体育和娱乐业；S、公共管理、社会保障和社会组织；T、国际组织。

例如，在 2020 年新型冠状病毒疫情抗疫的主战场，"医院"属于"卫生和社会工作"门类—"卫生"大类—"医院"中类—"综合医院/专科医院"小类。行业分类可以解释行业本身所处的发展阶段及其在国民经济中的地位。

(2)行业发展现状。

了解行业发展现状对选择毕业去向有十分重要的意义。大学生应该根据自己所学专业类别对目标行业及其发展现状进行信息探索，可以通过国家、主管部门或行业协会制定的行业发展纲要和相关政策去了解。如 IT 行业、通信行业的发展可以从国家相关部门的发展规划中得到信息，文化产业的发展可以从地方政府编制的"'十四五'专项发展规划"中得到信息。

行业是否景气与热门将对大学生的求职就业产生重要影响。据有关专家预测，未来中国热门行业中技能化、复合型实践人才将走俏；信息技术、互联网行业、电子行业、快速消费品、耐用消费品五大行业将是就业市场的热门行业；机械专业、电子类专业、医药等贴近百姓生活的专业也将受到人才市场的青睐。

从中国人民大学大学生就业研究所的调查结果看，新的形势下具有热门就业岗位需求、正在获得迅速发展的产业依次是：①信息产业，包括计算机硬件和软件业、通信器械生产产业、通信服务业、网络服务业及其他信息技术业等；②经贸行业，包括国内贸易业、对外贸易业、物流业、广告业以及各类经济服务业(如经济信息、技术市场、管理咨询、会展等)；③现代生活产品制造业，包括汽车、家用电器、时装服饰、家具、工艺美术收藏品等各种现代生活用品的制造业；④建设行业，包括居民住宅业、大型设施建筑业、房地产开发业、建筑装饰行业、绿化园林事业等；⑤基础产业，包括钢铁、材料、能源、化工、城市公用事业等；⑥金融业，包括银行、证券、保险三大行业，并进一步扩大到风险投资、资本运作、金融理财等领域；⑦教育产业，包括幼儿学前教育、正规学校教育、职业资格教育与就业技能培训、在职培训、继续教育、远程教育、网上学校等；⑧社会服务业，包括各类社会生活与民事服务、社区服务业、物业管理、法律服务等；⑨医药行业，包括医疗卫生业、生物工程、制药业与保健品生产业等；⑩健康产业，包括保健行业、体育行业及心理咨询行业等。

除此之外，还包括文化与生活休闲业（包括出版业、大众传播业、旅游业、餐饮业、宾馆业、娱乐业等），老年产业（其主要发展方向包括老年用品制造、老年生活服务、老年医疗、托老所、老年教育、老年休闲等诸多领域），环境行业（包括环境保护行业、资源再利用行业、节能行业、新材料与新能源业，如太阳能、"绿色"材料、替代资源的人造材料等），科学技术业（包括自然科学、人文社会科学在内的各科学领域的基础理论研究，信息技术、生物技术、生命科学技术、航天技术、海洋工程、核利用技术等各技术领域的研究开发，而高新技术产业是科学技术产业发展的灵魂），社会管理业（主要指政府机构以及相关的公共服务和社会工作），知识产业（除了上述教育、信息、文化、科技业，专门从事知识的生产、搜集和管理的部门，以及进行专门知识的训练，如人工智能训练、精神护理训练，对知识、信息进行加工的部门，构成需求旺盛的知识产业）。

【课堂活动】

每个小组列出 3 个近 10 年来已经消失的职业，并讨论这些职业为什么会消失。

3．职业探索

（1）职业分类。

社会分工是职业分类的依据。在分工体系的每一个环节，劳动对象、劳动工具及劳动的形式都各有特殊性，这种特殊性决定了各种职业之间的区别。对应不同的个性特征类型，适合于每一个人的职业类型是不同的。

职业分类依据的标准不同、国情不同，类型也不同。最为大家所熟知的分类是按脑力劳动和体力劳动的性质、层次进行分类的。这种分类方法把工作人员划分为白领工作人员和蓝领工作人员两大类。这种分类方法体现了职业的等级性，特别是在受"劳心者治人，劳力者治于人"的儒家思想影响下的中国表现得特别明显。但社会在发展，现在很多蓝领工作的薪酬待遇已远超过部分白领工作。

《中华人民共和国职业分类大典》（2022 年版）把我国职业划分为由大到小、由粗到细的4 个层次：大类（8 个）、中类（79 个）、小类（449 个）、细类（1 636 个）。8 个大类分别是：第一大类是党的机关、国家机关、群众团体和社会组织、企事业单位负责人；第二大类是专业技术人员；第三大类是办事人员和有关人员；第四大类是社会生产服务和生活服务人员；第五大类是农、林、牧、渔业生产及辅助人员；第六大类是生产制造及有关人员；第七大类是军人；第八大类是不便分类的其他从业人员。每一种分类方法都对职业的特定性做了明确的解释，这对我们更好地掌握某一职业的特点、选择适合自身的职业有指导作用。

（2）职业发展现状。

随着社会的发展，我国职业发展现状呈现以下趋势。

① 社会职业种类推陈出新。职业产生初期，种类极少且发展缓慢。随着社会生产力的发展和科学技术的进步，社会分工越来越细，新的职业不断涌现，职业种类增加的速度也越来越快。如原始社会只有一种职业，即狩猎。封建社会初期（商朝），职业与行业是同一术语，只被分为王公（统治者）、士大夫（执行官）、百工（手工匠人）、商旅、农夫、妇工（纺织、编织的妇女）等，各种职业加起来不过三四十种。到了隋朝，行业数量有 100 多个，宋朝时行业达200 多个，明朝时增至 300 多个，人称"三百六十行"。新中国成立后，各种职业已发展到

10 000 余种。据有关资料介绍，在 20 世纪 70 年代，全世界职业种类已超过 42 000 种。21 世纪，在人身安全保障、健康保健、社会保险、环境保护、海洋开发、太空资源利用等领域，将形成许多新的职业。

② 职业的专业性增强。随着科学技术的发展，职业的专业性越来越强，从业者必须具备一定的专业知识和能力。同时，职业与职业之间相互交叉延伸，职业种类向综合化、多元化方向发展。例如，在市场经济条件下，研究人员既是生产者、管理者，同时还可能是市场开拓者和经营者。疯狂英语创始人李阳，既是研究者、管理者，又是开拓者；五笔字型发明人王永民，既搞研究又搞管理，并做技术推广和市场开发。

③ 社会职业结构变迁速度递增。纵观人类社会的历史，产业结构和行业结构变迁速度逐渐加快。从农业革命到工业革命历经数千年，从工业革命到 20 世纪新的产业革命只有 200 多年，而这 200 多年时间里，新的行业不断涌现，且主次地位变化越来越快。例如，电子行业从产生到发展成为一个重要行业，只用了几十年时间。另外一个表现是，随着科学技术水平的提高，第三产业的职业数量迅速增加，就业人员也明显增多，发展潜力很大。

④ 职业活动内容不断更新。历史上，脑力劳动者远比体力劳动者少，但随着科技、教育、文化事业的发展，脑力劳动者逐渐增多。同时，科学技术日新月异，职业活动内容也发生了很大变化，一些手工操作工作也越来越脑力化，如工程师搞设计，过去用图版、尺子、圆规、绘图笔等手工绘制图纸，而今用 CAD 技术绘制，省时省力、准确高效。

⑤ 职业流动成为社会发展趋势。随着社会主义市场经济的发展，人们的就业观念也发生了深刻的变化，打破了一次就业定终身的"从一而终"的旧观念，职业流动成为人一生中的常事，从业者也从被动服从安排发展到主动适应社会需求。值得注意的是，正常的职业流动能够促进劳动者全面发展、发挥专长，使其潜能得到最大限度的发挥。

(二)微观职业现状

1. 企业单位探索

(1)企业单位探索的维度。

作为求职者，一般要从哪些方面去分析和评价一个单位呢？虽然每个人的价值取向和思路不一样，但评价一般从以下几个方面入手：组织规模和组织结构；组织文化、组织氛围和人际关系状况；组织发展战略和发展态势；组织政策和组织制度；组织人力资源开发与管理状况，如人力资源需求、晋升发展政策、薪资和福利、教育培训、工作评估等；工作设施设备条件和工作环境等。表 3-1 列出了大学生求职时应该了解的拟应聘单位的主要信息。

(2)管理性因素探索。

管理性因素是从静态角度去考察单位，是对单位文化、结构、人力资源等因素的考察。一般来说，大学生需要关注两大方面：一方面是单位的整体情况，可以从组织结构、人力资源、组织文化等方面去了解，考虑自己在单位中的定位问题；另一方面是单位的文化理念或经营风格，可以从单位类型、组织文化和人员流动等方面去考虑。不同类型单位的风格和理念不同，如企业单位的创新和竞争、事业单位的稳定与专业等。单位文化与风格没有好坏之分，关键看是否适合自己，以求达到自身与单位协调一致。

表 3-1　拟应聘单位的主要信息

单位全称		
地理位置		
管理性特征	单位类型	企业、事业还是机关单位等
	组织结构	单位的部门构成
	组织文化	单位在发展过程中形成的共同价值观、行为准则等
	人员结构	单位员工的性别结构、年龄结构、学历结构等
	人员流动	单位人员流动率及造成人员流动的主要原因等
	新手现状	单位新进员工的发展现状等
发展性特征	所属主管部门及行业	单位的上级部门或主管部门、单位所属行业的背景
	业务范围	从事的业务或提供的服务
	发展阶段	单位前身、成立时间等
	发展规模	单位的员工人数、有无分公司、营业状况等
	业内排行	单位在同行业内的地位

① 对单位类型的考察。单位类型通常分为企业、事业和机关单位。企业单位是指从事生产经营和社会服务等经济活动、具有法人资格、实行独立核算的营利性组织，可以分为以下几类：国有企业、集体企业、乡镇企业、私营企业、三资企业、股份制企业等。事业单位是指不履行党政群机关职能、以非生产劳动为主、以国家财政拨款为主要经济来源、不以营利为直接目的、以创造出来的物质和精神产品服务于整个社会的单位。事业单位按服务领域分为以下 13 类：科学研究事业单位、勘察设计事业单位、教育事业单位、文化艺术事业单位、新闻出版事业单位、体育事业单位、城市公用事业单位、农林水牧事业单位、社会福利事业单位、城市公用事业单位、综合服务事业单位、机关服务事业单位以及学会、协会等事业单位。机关单位泛指国家政党或团体为实现其职能而设立的负责指挥和控制行政活动的机构，主要包括中国共产党的各级机关，人民代表大会机关，政府机关，中国人民政治协商会议的机关、社会团体等。

② 对组织结构的考察。组织结构是指单位根据不同任务的需要所设置的部门或机构。大学生只有了解了组织结构，才便于了解单位未来的发展趋势，明确自己想要从事的岗位在整体组织结构中的地位与作用。此外，由于每个单位的组织结构有所不同，分管人事招聘的部门也有所不同，了解组织结构才便于自己求职。组织结构也决定了组织所属岗位的分布情况，反映组织运行时的状态，如果组织结构合理，组织的管理效率就高。按照分工的具体需要，形成以组织的等级结构为代表的垂直方向的专业化活动和水平方向的部门化活动，大型组织一般分 U 形结构和 M 形结构两种。当然，一般还有直线制、职能制和矩阵式的组织结构。

③ 对组织文化的考察。组织文化是指一个组织在长期生存和发展中形成的，为组织多数成员共同遵循的基本信念、价值标准和行为规范。组织文化一般包括四个层次：表层物质文化（厂容厂貌、产品样式及包装、设备特色、建筑风格、厂服等）；浅层行为文化（经营活动、教育宣传活动、协调人际关系的活动和文娱体育活动等）；中层制度文化（各种制度、规章、特殊典礼、仪式、风俗等）；深层精神文化（组织目标、组织精神、组织风气、组织道德等）。

显然，组织文化构成了组织的软环境，会影响组织的经营效益，也决定了组织如何看待其员工，因而影响员工的职业生涯规划和发展。

另外，组织文化按照不同的角度，可以分为若干类。按企业的任务和经营方式的不同，迪尔和肯尼迪把企业文化分为硬汉型文化、拼命干尽情玩文化、赌注型文化和过程型文化四类。硬汉型文化鼓励内部竞争和创新，鼓励冒险；拼命干尽情玩文化鼓励职工完成风险较小的工作；赌注型文化具有在周密分析基础上孤注一掷的特点；过程型文化着眼于如何做，基本没有工作的反馈，职工难以衡量他们所做的工作。比如，按照企业的状态和作风的不同，将企业文化分为有活力的企业文化、停滞型企业文化和官僚型企业文化。有活力的企业文化重组织、追求革新、有明确的目标；停滞型企业文化急功近利，无远大目标，带有利己倾向；官僚型企业文化只注重例行公事、官样文章。你更喜欢或更适合在哪种组织文化里工作？如果员工个人的价值观与企业文化有冲突，难以适应企业文化，那他在企业中就难以发展。

除此之外，大学生还需要进一步了解企业的特征、战略目标及人员结构(学历、性别及年龄分布等)、人员流动(引进和离职员工数量)等，通过对这些问题的考察，可以了解企业的用人理念、人才规划、行事风格等，减少入职后的不适应和跳槽现象。总之，通过对上述因素的探索，大学生可以在择业时对企业有充分、全面的了解，从而为人职匹配分析提供足够的信息。

(3) 发展性因素探索。

发展性因素是从动态角度去考察企业，以判断企业未来一段时间的发展前景。对企业发展状况的探索，可以通过多种指标去考察。大学生可以通过努力挖掘一些指标对企业现状进行判断，如发展阶段、发展规模、业内排行及名气等。

① 对发展阶段的考察。企业处于不同的阶段，发展的侧重点也会不同，可以给个人提供的发展空间也不同。给什么样的人才提供更多的发展机会是因企业的发展重心不同而不同的。企业的发展规模是企业实力的重要指标之一。业内排行是企业实力的社会认可，可以是整体水平排行，也可以是局部项目的排行。大学生要多关注与自己未来从事的职业相关的领域的排行情况。

② 对发展规模的考察。发展规模的划分标准可依据投资额、营业额或员工数等数据。不少在小企业上班的人会羡慕在大企业上班的人，大企业有制度、有保障，也有在大企业上班的人羡慕在小企业上班的人，小企业员工学得快、学得多，升迁又快。其实，大小企业各有利弊，最重要的是看个人的志趣及未来的职业生涯规划。并非选择大企业就一定有保障，选择小企业就没出路。大企业可能在薪水福利方面较有保障，但有一定的制度，凡事必须在既定的制度下运作，较缺乏弹性，也有可能面临派系之争，在"做人"上花的时间要比"做事"花的时间多。而小企业可能在薪资福利上不如大企业，但工作较具有挑战性及发挥空间。有人选择先在小企业磨炼一番，再转战到大企业，这也是职业生涯规划的一种发展方式。

③ 对其他因素的考察。我们还可以通过以下角度来了解一家企业。第一是成立时间。成立时间代表企业的历史，老字号企业可能经营稳健，但除非经营者有眼光，否则恐怕流于保守，甚至停滞。成立两年内的新企业，经营风险较大。一般而言，经营五年以上的企业，比较稳健，也有冲刺力，经营风险也较小。第二是营业项目。从营业项目可看出这家企业所制造或销售的产品，并大概了解该企业属于哪一产业和行业，以及未来发展的可能性，从而

判断该企业是否适合自己。第三是资本额与营业额。资本额代表企业的经营筹码，资金越多越稳健。营业额包括企业全年出售商品所获得的总收入，不包括非营利性收入，如利息、租金等。第四是员工人数。通常制造业的员工人数较多，服务业的人数较少。第五是负责人。从负责人的背景，如白手起家、企业家二代或是专业经理人，一般可看出这家企业的企业文化。第六是关系企业。从关系企业可看出这家企业的资源、人脉关系。不少集团企业都具有相当多的大企业资源，未来轮调、升迁的机会较多。第七是人事制度。在进入企业后，首先要了解其教育培训制度、薪资福利制度等。求职者可从该企业员工的性别分布、平均年龄及学历分布来了解该企业的特性，再思考自己是否适合这样的工作环境。

【拓展学习】

隐藏在信息里的陷阱！

在进行企业单位探索时，如何鉴别企业信息的真实性？详见教材配套微课视频 3-1《隐藏在信息里的陷阱！》，欢迎同学们扫码观看。

2. 企业职位探索

(1)职位的相关概念。

① 行业、职业与职位分类。行业结构和职业结构是两个不同的概念。职业是按就业者本人所从事的工作性质来划分的，与就业者所在单位属于哪个行业无关。职业与行业是可以互相交叉的，不同的行业可以包含相同的职业，如工业这一行业，仅有生产工人是不够的，还有工程师、技术员、管理人员，甚至也有医生、教师、厨师、驾驶员等。职业分类与职位分类也不同。职位分类是根据企业内部岗位职责和权限的大小而进行的人员层次的划分，如业务督导、行政督导、经理、事业部经理、首席执行官 CEO 及其助手等。

② 职位。职位是指承担一系列工作职责的某一任职者所对应的组织位置，它是组织的基本构成单位。职位与任职者一一对应。也就是说，职位是组织的一个节点，因组织工作层次的需要而存在。而岗位是工作流程的节点，因具体工作流程的需要而存在。

一般来说，组织中的职位结构主要有以下两种：一为单轨制，在组织结构中，只设单一的管理职位，管理层次对应着管理责任大小、薪酬高低，职位越高，薪酬越高。如果组织中存在技术员工，这种结构将导致技术员工没有发展通道，或只能挤向"仕途"，不利于组织的技术发展。二为双轨制，在组织结构中，同时设立管理职位、技术职位，让从事经营管理的员工和从事技术工作的员工都有发展通道。管理职位的等级一般包括高层(决策层)、中层(职能层)、基层(执行层)，技术职位的等级一般包括高级(高级工程师)、中级(工程师)、初级(助理工程师、技术员)。

(2)职位探索维度。

如表 3-2 所示，对职位的探索应该是多维度的，一般包括三大方面：一是入职机会与竞争条件，前者指客观机遇及制度因素，后者指自身的素质条件与职位要求的匹配性；二是工作实况，具体地了解某个职位上要求做什么、怎么做、怎么评估等，对工作对象、内容、任务及责任进行考察；三是工作的所得所感，即通过工作可以获得的报酬及相关的心理感觉，工作给人带来的不完全是物质收入，更多的是心理感受及情感体验。

表 3-2　职位探索简表

项目		具体信息
入职机会与 竞争条件	入职机会	招聘人数
		招聘政策
		用工制度
	竞争条件	基本条件(性别、籍贯、年龄等)
		教育培训要求(毕业院校、专业方向等)
		心理要求(性格、能力)
		工作经验
		社会关系
工作实况	工作内容	对象、任务、责任、设备等
	工作强度	工作时间、工作量
	工作环境	物理环境(办公设备、办公用品)、社会环境(人际关系、工作气氛等)
	工作控制	直接上司、监督与管理、绩效考评
所得 所感	薪酬福利	工资、奖金、津贴、福利
	个人发展	培训、进修、晋升
	社会资源	人际关系资源、社会地位
	工作满意感	公平感、成就感、自我实现

【拓展学习】

你真的读懂了招聘信息吗?

招聘信息是我们探索公司某一职位的常见渠道,也是我们求职过程中必不可少的阅读材料。你真的读懂了招聘信息里隐藏的关于职位的相关信息吗? 详见教材配套微课视频 3-2《你真的读懂了招聘信息吗?》,欢迎同学们扫码观看。

二、获取与评价职业信息

(一)职业信息的重要性及其内容

毕业于厦门某高校会计专业的本科生小孙,刚上大学时就开始进行职业设计。四年期间,他不仅有计划地修完自己的本科课程,还提前搜集了关于他所学专业的就业方向和职业信息。经过各方面的了解后,他觉得进入四大会计师事务所比较符合自己设计的职业之路。于是他又搜集了大量关于普华永道、毕马威、德勤、安永四大会计师事务所的信息和资料,经过认真的比较和了解之后,他把目标锁定在这四家公司,并告诉认识的人自己想进四大会计师事务所的想法,让他帮助自己留意信息。大学四年,他根据四大会计师事务所的要求,积累了所需要的各方面的能力。大四上学期,他在网上向这四家公司投递了简历,经过几轮筛选,顺利进入毕马威实习。而在实习期间,他不凡的工作能力和敬业精神给上司留下了很深的印象。于是等到毕业时,公司提前提出和他签订合同。一切都是水到渠成! 他的职业生涯无疑有一个成功的开始。也许很多人都觉得小孙是幸运的,其实真正成就他的是他获取了最有效的职业信息,并据此早早规划了自己的职业生涯。

职业信息都包括哪些方面呢? 一般包括工作地点(包括在什么地方上班、具体的位置在哪里、工作地点是否固定等),工作环境(办公环境如何、工作气氛是否轻松融洽、人际关系简单还是复杂等)，工作条件(这里一方面指物质环境，另一方面指是否事业发展的良好平台)，工作的技能要求(该职业都要求具备什么技术和能力，需要哪些专业技能和通用技能等)，工作性质(指该职业最基本的特征，也是与其他职业最大的不同之处)，工资及福利(包括薪水、福利、进修机会、工作时间、休假情形及特殊雇用规定等)，工作对个人的素质要求(该工作对个人素质需求的要求、所应达到的文化程度、具备的道德素养等)。

(二)职业信息获取途径

当今社会进入了一个信息爆炸的时代，获取职业信息的途径主要有以下几种：查阅相关资料，如图书、报纸、杂志等获取信息；上网浏览相关网站；留意媒体的相关报道；与周围的人交流，向他人请教；亲身体验获得经验。这些都是最常见的办法和途径。每个人的性格、文化层次、社交群体不一样，所采取的方式也会五花八门，而通过不同方式搜集到的信息的准确性是不同的。所以，每个人应该根据自身的特点和所要获取的信息的特点，来确定适合的途径和方式。表 3-3 列举了不同求职渠道的优缺点。

表 3-3 不同求职渠道的优缺点

渠道	优点	缺点
亲朋师长的介绍	对该企业与工作有进一步的了解；能避免求职陷阱	承担人情压力
毛遂自荐	主动出击，给企业留下积极的印象	耗费时间较长；机会不普遍
就业辅导中心	政府单位，有不错的辅导；求职陷阱较少	机会有限
专业杂志	情报化的就业资讯，方便求职者比较；报道相关就业资讯；附设其他就业服务	资讯量较少
人才中介公司	专业、特定的中高级人才适用	机会太少
报纸	发行量大；工作机会较多	信息量有限，职业陷阱多
求职网站或 App	信息量大；工作机会较多；信息搜索和筛选方便	信息冗杂，职业陷阱多

(三)搜集职业信息的常用方法

根据大学生生活环境的特点，我们提供以下几个途径供大家参考。根据搜集资料方式的不同，可以分为静态的资料接触、动态的资料接触及参与真实情境三种。

静态的资料接触包括有目的地阅读名人传记、利用各种就业信息(报纸、电视、网络及招聘会)、听取各种职业指导报告会、向亲戚和朋友了解职业信息、通过文学或影视来获取一些职业角色信息、通过媒体的报道来获取职业信息。动态的资料接触包括生涯人物访谈、参加各种形式的招聘会和面试、通过问卷调查法搜集职业信息等。参与真实情境即兼职、实习，除了去与自己专业相关的公司实习，大学生还可以选择适合自己的兼职行业和方式去了解职场和提高自己的工作技能。适合大学生兼职的有家教、导游、促销员、礼仪人员、翻译、服务生等。

【拓展学习】

巧用职业生涯人物访谈获取职业信息

职业生涯人物访谈是我们搜集职业信息常见的方法之一。访谈人物的选择、访谈问题的设置、访谈技巧都将影响我们访谈的效果，那应该如何开展职业生涯人物访谈呢？详见教材配套微课视频 3-3《巧用职业生涯人物访谈获取职业信息》，欢迎同学们扫码观看。

(四)职业信息库与职业评价工作单

当你探究不同的职业时,你需要将你搜集的信息组织起来,这样可以进行分别处理和相互比较。职业信息库和职业工作评价单是两种处理和比较职业信息的方法。职业信息库(PLACE 信息)要求你考虑关于每个职业的 5 个参数。

① 职位(Position):包括一般责任、工作层次和有关单位。

② 地点(Location):包括你将工作的地理区域和物理环境。

③ 晋升机会和工作保障(Advancement):包括升迁路径、升迁速度、工作稳定性等。

④ 雇佣条件(Condition):包括薪水、奖金、工时和着装规范等特殊要求。

⑤ 入门要求(Entry):包括要求具备的教育和培训经历。

职业评价工作单可帮助收集职业信息,你可对不同职业进行比较并依次判断该职业是否符合你的理想。表 3-4、表 3-5 提供了两种职业评价工作单。

表 3-4 职业评价工作单 A(分值表示对你的吸引力程度)

职位名称		
职业特点	评价	评分
职位		0 1 2 3 4 5
地点		0 1 2 3 4 5
晋升机会和工作保障		0 1 2 3 4 5
雇佣条件		0 1 2 3 4 5
入门要求		0 1 2 3 4 5
		总得分:

表 3-5 职业评价工作单 B(分值表示与你价值观的一致性程度)

职业名称		
我的理想职业将使我得到:	评价	评分
从他人处获得的成就感,承认地位或赞同		0 1 2 3 4 5
欣赏存在于人、艺术和自然中的美的机会和时间		0 1 2 3 4 5
能运用我的创造性、所受培训、才智和天赋的富有挑战性的机会		0 1 2 3 4 5
无忧无虑,保持身心健康的机会		0 1 2 3 4 5
显著提高我的经济地位的机会		0 1 2 3 4 5
不依赖他人而独立工作的自由		0 1 2 3 4 5
保持同朋友及家人的亲密关系的时间		0 1 2 3 4 5
在符合我的道德和宗教标准的环境中工作的机会		0 1 2 3 4 5
享受玩乐的时间		0 1 2 3 4 5
影响或控制别人活动的机会		0 1 2 3 4 5
与情感需要的相容度		0 1 2 3 4 5
		总得分:

当你对这些信息进行归类分析后,你会发现你的职业目标变得越来越清晰,职业决策变

得不再是一件困难的事情，因为你知道哪些职业是你期望的，哪些是不能满足你的需求的。对于大学生来说，由于其年龄、经历及外界的影响等原因，往往容易在选择职业时出现思想和观念上的偏颇，例如，只想去南方经济发达地区或大城市，只想寻找高薪酬的工作，却没有认真想过是否适合自己。再者，虽然大多数大学生无法通过全职工作或大量的社会实践去了解真实的工作环境，但他们仍可以从很多渠道了解到足够帮助他们做出决策的信息。遗憾的是，一方面，大学生因为信息不足而感到无从下手，另一方面，他们却不积极地去探索环境信息。

第二节　全面理解职场信息

【趣味探索】

知己知彼成功起步

先写下自己的三个目标职业或与你专业相关的工作，然后通过与专业老师、亲戚朋友、业界人士交谈，或参与社会实践、实习与兼职，抑或阅读网络材料等渠道了解就业信息。

目标职业	职位	地点	晋升机会和工作保障	雇佣条件	入门要求
1.					
2.					
3.					

一、确定毕业去向

不管你如何度过自己的大学四年，时间都不会等你。当你临近毕业的那一天，站在人生的十字路口上，你会有以下几个选择：继续深造、直接就业或选择创业。当然，你也可能暂时没找到工作，或者暂时不想就业，从而选择延缓就业或回家"啃老"。

表3-6列出了大学生毕业后的三大去向及其具体选择。在毕业之前，必须对毕业去向有个大体的了解，这是做好就业准备的前提条件。每个学生都必须根据自我探索的结论，并综合考虑社会形势、家庭需求、专业发展等因素，选择最适合自己的去向，并有针对性地进行准备。这样才能有效地利用求学时间，让自己的大学生活更有效率，有助于实现自己的目标与理想。

表3-6　大学生毕业后的三大去向及其具体选择

序号	毕业去向	具体选择	
1	继续深造	读研	考研、保研
		留学	欧美、日韩、澳洲、东南亚、其他地区
2	直接就业	自主性就业	考公务员、事业单位就业、国有企业就业、外资企业就业、民营企业就业
		政策性就业	到西部或基层工作、选调生、特岗计划、三支一扶、应征入伍、科研助理、社区工作者、就业见习
3	选择创业	个人创业	个人自主创办研发型、服务型、生产型或商业型企业
		合作创业	与他人合作创办研发型、服务型、生产型或商业型企业

(一)继续深造

1. 读研

教育部统计数据显示，2023 年全国硕士研究生招生考试报名人数为 474 万，相比 2017 年增加了 273 万，增长了 1.36 倍。读研究生是部分本科毕业生的主要选择之一，而且在当前的就业压力下，会有越来越多的大学生选择考研。在某些学校或某些专业中，考研似乎已经成了必然的选择。

选择走这条道路的同学，必须端正自己的考研动机。想继续深造是值得鼓励的，但很多学生选择考研是因为不想就业。道路到底是会越走越宽还是越走越窄？考研是更有利于就业还是会面临更大的困难？关键还是必须想清楚自己以后要做什么，而要实现这一目标，考研是不是唯一的道路。

相反，有很多学生却因为担心自己考不上，而放弃本应该去考研的机会。要是你真的觉得自己的学校和学历缺乏竞争力，要是你真的觉得自己想要学习更多的理论知识，要是你真的觉得自己想从事其他更适合自己的专业，那就考研吧，你不应该放弃一个改变自己的机会。

最后，你需要从尽可能多的渠道去了解你所要报考的学校和专业的信息，重要的是去了解研究生的学习和生活，以及所报考专业的就业前景、工作性质、薪酬待遇等，确定这是不是自己想要的和这样做是不是更容易达成自己的目标。这之后，剩下的就是留意考研信息，并拟定和执行考研计划。考研能否成功的关键是看你能否坚持到底。

2. 留学

随着我国经济的高速发展，国民收入大幅度增加，留学也成为近年来较多学生的选择。未来中国的发展必将更为开放，作为未来社会骨干的大学生应该具有国际视野，而留学是大学生谋求竞争优势的重要途径。全球化智库(CCG)研究指出，出国留学仍是目前我国学生重要的发展方向。

当然，不一定要出国才能获得发展。"海龟"(海外留学归国人员)成了"海带"(海外留学归国待就业人员)，这一度是社会热议的现象。首先，很多专业并不一定要出国留学才能继续深造，国内院校的这些专业一样很优秀。其次，很多学生其实并不太适合国外的生活，也无法承受独立学习的压力。最后，国际视野固然重要，但具有本土优势也同样重要。

出国留学切忌跟风，很多家长甚至为了攀比，而不顾学生的实际情况坚持将学生送往国外留学。首先，必须要确定的是现在或毕业后出国留学是否合适，考虑的问题包括未来目标、个性特征和家庭经济状况等。其次，出国去学些什么，是提高外语水平、增加人生历练、培养先进理念，还是其他目的。再次，如果确定要出国，剩下的就是准备外语资格、出国材料、生活资金等。最后，很多学校有一些与国外学校合作办学或出国实习的项目，通过这些项目较容易实现出国留学的目标。当然，你也可以选择工作几年后靠自己的力量和公司的资源出国深造。

(二)直接就业

1. 自主性就业

自主性就业是指大学生主动就业的行为,包括考公务员和去不同类型的企业就业等。考公务员是近几年来最热门的就业选择之一。2024 年国家公务员考试报名总人数约 291 万人,较 2023 年增加 41 万人,很多职位都有几千人在竞争。当前,公务员或事业单位被认为是"铁饭碗",很多家长无论如何都要求学生一定要去考。公务员真的是"铁饭碗"吗?公务系统的工作真的都是"福利好又工作轻松"吗?其中存在很多认知上的偏差。

去企业工作,首先面临的是企业类型的差异。国有企业、外资企业、民营企业的企业性质和文化都不同,工作压力、人际关系、发展道路、薪酬待遇等方面均有较大的差别。还有企业规模的差异,是大公司比较好,还是小企业比较好?其中的抉择仍然要依据自己的个性特征和职业发展目标而定,只要是合适的,都能走出一条既成功又满意的职业发展道路。

"睡觉睡到自然醒、数钱数到手抽筋"的工作的确仍然在职场的某些角落中存在,但这样的工作毕竟是极少数,而且难以实现个人的自我与社会价值。当你有一天真的碰到这样或类似这样的工作,每天都在"熬下班",你将能够体会自我实现需求的满足是多么重要。既然你逃避不了就业,那为何不好好选择它?更何况工作是一个人一生中花费时间和精力最多的一项活动,你的大部分成就感和满足感都来源于工作。因此,选择适合自己的目标职业,并为此做好准备,就能为幸福人生的实现奠定基础。

2. 政策性就业

政策性就业是指国家为缓解大学生就业难而采取的一些鼓励或帮助大学生取得岗位的就业形势,如当选调生、去西部、三支一扶、参军、基层就业及到科研院所见习等。要注意的是,政策性就业是有一定的报名条件限制的,并且要通过一定的选拔程序。而且,这些去向一般不是大学生的终身职业,而是阶段性的毕业去向,如选调生服务期满两年后,参军满两年后,大多要重新选择出路。另外,这些就业去向基本上没有优厚的福利待遇,也缺乏专业技能的培养,而且可能无法保证给你一个理想的未来,这些问题都需要你事先有心理准备。

(三)选择创业

创业可分为个人创业和合作创业两种。近几年来,国家出台了一系列鼓励大学生创业的政策,全国高校的创业教育也掀起了一个新的高潮。越来越多的学生选择了毕业后直接创业。

有些大学生选择创业,是为了逃避为他人打工的不自由,或为了更快地获得财务自由。其实,自由是相对的,创办一家企业的辛苦是一般人难以想象的。创业者,虽说赚的每分钱都是自己的,但经营的压力是一般人难以承受的。所以,虽然很多人在创业,但也有很多人倒在了创业的道路上。有些家庭可能会无条件、无限制地供应孩子创业的资金,孩子可能会因此而免去了后顾之忧,但凡是有责任感的创业者反而会因此而倍感压力。

很多人都有创业的梦想,但你首先必须思考的问题是:你是否适合创业?如果你不适合,但又想创业,那又该选择怎样的创业道路?"创业,看上去很美",你不能只看到成功企业家光鲜亮丽的一面,而没看到其艰辛奋斗的一面。创业的道路很辛苦,你可能要为此长时间努力工作,牺牲与亲友相聚的时间,承受经营压力和人情冷暖,更可能你要经历很多次的失败,这些你都准备好了吗?

》 二、职业世界现状探索

明确了毕业去向后，还必须搜集更多的与社会生活现状相关的信息，这样才能进一步确定自己选择的目标是否适合自己、是否有前景与困难，以及获得更多如何实现目标的信息，从而才能够拟定科学有效的职业发展计划。

(一)经济现状探索

经济现状对个人的职业生涯发展将会产生直接的影响。当经济发展非常景气时，百业兴旺，薪资提升、就业与职业发展的机会就会大增，反之，就会使人的职业发展受阻。由美国2007年下半年的次贷危机所引发的全球性金融危机对全球企业发展与就业状况产生了深远的影响，中国东南沿海外向型经济较为突出的地区也因此受到了重创，掀起了民工返乡潮，这都说明了经济现状对职业发展会产生直接的影响。

对经济现状的了解可以通过以下几个方面实现：经济改革状况、经济发展速度、通货膨胀率、经济建设状况、国际贸易状况等。目前，中国总体经济发展形势仍被广泛看好。但从短期来看，由于产业结构调整等问题以及突发性社会事件日益增多的问题，失业率有可能增加。另外，中国现在仅每年进入市场的大学毕业生就超过了1 100万人，再加上经济增长速度的下降，这将会带来一定程度的就业困难。

从长期趋势来看，为了努力避免社会的不稳定，中国政府势必会努力维持一定的发展速度。和十年前相比，中国政府的财政实力和金融实力已大大加强，即使出口的外部需求疲软，中国政府也完全有体制和经济上的能力，来保证每年维持一定的增长目标。再者，中国还正处于城镇化过程中，还有几亿人口会在未来十年中从农村移往城市，还有大量的基础设施投资需求在推动中国经济规模的进一步扩张。

中国整体经济在短、中、长期的发展将会对大学生求职和职业发展产生哪些影响？哪些影响可能是正面的，哪些是负面的？在整体经济现状中，有哪些因素与你的专业或目标职业紧密相关？这些问题都需要做出评估。而在经济形势不好的情况下，你将采取哪些措施增强求职竞争力或者转换赛道做出调整？另外，你可能还需要对全球经济形势及其变化趋势做出一定的研究和评估。经济全球化对大学生求职与职业发展的影响是显而易见的。

(二)社会文化现状探索

1. 政策法规分析

政策法规现状主要是指一个国家或地区的法律法规、方针政策、经济管理体制、人才培养开发政策、人才流动方面的有关规定等。如政府有关人员招聘、工时制、最低工资的强制性规定、现行的户籍制度、住房制度、人事制度和社会保障制度等，这些因素都会对职业的选择和发展产生重要的影响。

国家对相关行业的规定同样重要，政府会根据国家宏观经济与社会发展状况对一些行业制定法规、政策与标准，对某些行业实施鼓励和扶持政策，而限制另外一些行业的发展，缩小其规模等。如近年来国家对文化、旅游产业的大力扶持将带动这些产业大规模增长，由此带来对这些产业的人才的大量需求。此外，还必须关注国际国内重大事件，如2022年北京冬季奥运会的成功举办给北京、张家口的建筑业、旅游业和服务业都提供了较大的发展空间和较多的就业机会。

对于即将毕业的大学生而言，有必要研究相关就业政策，包括国家对定向生、委培生、结业生、肄业生、第二学位毕业生、师范类毕业生等的不同政策；对报考公务员、选调生、到军队工作、基层就业、创业、报考研究生、出国留学等的不同规定；有关派遣和接收的规定；就业、报到、落户、档案转递、党团关系转递等就业相关程序。

2. 知识经济与信息时代的到来

知识经济从内涵来看是经济增长直接依赖于知识和信息的产生、传播和使用，它以高技术产业为第一产业支柱，以智力资源为首要依托，是可持续发展的经济。知识经济正在给中国的经济发展与社会发展注入更大的活力和带来更好的机遇。要想占领未来职场，掌握高新知识、习得创意方法将会成为现代大学生就业和职业发展的竞争力来源。

在知识经济兴起的同时，计算机的逐步普及，把信息对整个社会的影响逐步提高到一种绝对重要的地位。信息量、信息传播的速度、信息处理的速度及应用信息的程度等都以几何级数的方式在增长，人类进入了信息时代。在这样的时代，掌握知识与计算机技能、学会处理大量信息并能够迅速做出应变无疑是大学生适应这个社会和提高职场竞争力的重要保障。

3. 就业观念的变化

现阶段大学生的择业观发生了较大的变化，主要表现在以下几个方面：①在择业标准方面，看重发展前景、施展才干机会、薪酬福利和工作环境；②在就业认识上，逐渐打破机关、事业、企业和国有、集体、私营单位之间的等级观念，"创业也是就业"成为普遍接受的观念；③在择业意向上，由"重工轻商"转变为"工商并重"，往日不被看好的服务行业逐渐成为择业的热门；④在职业评价上，政治色彩更加淡化，而是向往适合自己兴趣的职业，把物质需求与精神追求结合起来；⑤在就业地点与父母所在地的距离上，对父母和他人的依赖心理淡化；⑥勇于创业，由被动就业向自主创业转变。

4. 社会价值观的转变

一个人思想发展的过程，在一定程度上其实就是认可、接受社会价值观念的过程。社会价值观念正是通过影响个人价值观而影响个人的职业选择的。如美国公民普遍喜欢市场的契约制度，崇尚职业的新奇性和变换性，因此流动率较高。而日本公民喜欢终身雇佣制，人们追求工作的安全感和稳定性，流动率较低。

在价值选择和评价上，人们的主体意识明显加强了，追求和取向日趋多样化，个人的价值取舍也不再盲目听从别人的安排。当今的中国社会面临着传统与现代、落后与先进、东方与西方、旧的与新的等一系列尖锐的矛盾和冲突，无论在中国宏观背景中还是在个体的精神世界中，都同时存在着中国传统的价值观念以及在改革开放实践中形成的新价值观念等多种价值观念。社会价值观的变化会影响人们对职业的看法，有些职业可能现在不被人们所接受，但在未来的发展空间却很大。一些新奇行业的出现对传统社会价值观提出了挑战。

5. 文化现状探索

文化现状包括教育条件和水平、社会文化设施等。社会文化是影响人们行为、欲望的基本因素。在良好的社会文化现状中，个人能受到良好的教育和熏陶，从而为职业发展打下更好的基础。中国社会整体教育水平逐年增高,大学生就业的竞争性增强了。

我国从 20 世纪 90 年代后期开始大幅度的高等教育扩招,全国教育事业发展统计公报显示,高等教育招生数和在校生规模持续增加。一方面是文化教育水平的提高和高校教育的扩招,另一方面是大学生就业形势的日趋严峻。目前,我国高等教育已经步入了大众化时代,新一轮的教育改革也正在酝酿,大学生就业压力逐年增大,就业前景越来越不被公众看好。

【课堂活动】

2020 年一场突如其来的新冠疫情,开启了我们三年的"抗疫"时代。由于疫情的影响,正常的社会秩序被打乱了,各行各业的职场风云变幻,无论是企业还是个人,都可能面临重新洗牌。"裁员""失业""裸辞""996""太难了""转机",先后成为这一时期的职场流行热门词汇。疫情对产业发展既是挑战也是机遇。一些传统行业受冲击较大,而智能制造、无人配送、在线消费、医疗健康等新兴产业展现强大的成长潜力。微博上有个热门话题:疫情让你明白了什么? 一条获最高点赞量的评论说:"不是工作需要我们,而是我们需要工作。"

讨论: 面对后疫情时代的经济下行趋势,大学生该以怎样的心态去面对未来职场? 我们该做哪些准备?

(三)大学生就业现状分析

世界处在不断变化之中,"挑战与机遇并存"。面对疫情后的职场变化,能最先感知变化、理解变化并随之做出改变的人,就能成为竞争道路上的"逆势者"。大学生要把个人生涯发展放到社会发展和国家发展的大背景中去综合考量,通过不断学习和自我更新增强核心竞争力、职场应变能力,以乐观心态拥抱世界的"不确定"。

21 世纪,伴随着大量引人瞩目的高科技的涌现,以及产业结构的调整和行业技术的升级,人们的工作世界发生了很大变化,从劳动密集型到知识密集型,从专人任务到团队的沟通与合作,从本地就业到全球人力资源竞争,从大型企业分工明确到小型公司多类任务,从工作稳定到频繁更换岗位,从"一张文凭用一生"到"终身学习",这种广泛而剧烈的变化对未来的从业人员提出了更高的要求。

因此,大学生首先要了解职业世界的现状,学会如何应对外部世界的变化,提前做好技能、心理准备,以积极姿态应对激烈的竞争。宏观工作世界状况主要包括社会主流工作价值观、政治经济形势、产业结构变动、各地区各行业的需求分布、地域文化等因素。职业世界信息的实时性很强,因此要注意时效性。

1. 产业结构不断升级

有学者指出:"我国在 2012 年前后的工业化水平,大体上处于'钱纳里工业阶段理论'中的第三个阶段,相当于工业化后期阶段的前半期。"而伴随着供给侧结构性改革的推进,我国产业结构不断升级,我国经济正由工业时代向后工业化时代转变,服务行业成为主要的经济形态。发生这种变化主要是因为:一方面,社会消费的整体升级带来了生活性服务业的发展,并创造出大量新的职业选择,一些诸如运动健身、教育培训、美食私厨、美容时尚等发展需要和享受需要逐步凸显;另一方面,在生产性服务业,人们更多地依赖人文资源和智力资源的投入,从事与知识生产、符号建构、创新研发、创意营销、理念设计、信息处理等相关的非物质性劳动或非体力性劳动。2011 年,我国第三产业吸纳就业人数超过第一产业,成为吸纳就业人数最多的产业；2014 年，我国第一产业成为就业人数占比最少的产业，逐渐形成"倒金字塔形"就业结构；2018 年，我国第一、第二、第三产业从业人员占比分别为 26.1%、27.6%、46.3%，逐步形成了服务业占主导的现代就业模式。

2. 全国劳动力市场状况

2008 年国际金融危机以来，中国的劳动力供求格局发生了根本性变化。"十三五"时期，随着人口结构的变化，我国劳动年龄人口数量延续下降势头，农村转移就业劳动力增量逐步减少，适应转型升级的高素质劳动力相对短缺。《人口与劳动绿皮书：中国人口与劳动问题报告 No.20》中预测，"十四五"时期 15～64 岁劳动年龄人口、新增劳动力、经济活动人口及农民工规模将延续下降态势，劳动力供给相对短缺持续存在。新技术、人工智能的快速发展，提高了对高素质人力资本的要求，劳动力正面临着从过去总量增长向高质量增长的转变。未来中长期，中国就业市场的主要矛盾是劳动力供给与市场需求之间的匹配问题，劳动供需间结构性矛盾是阻碍中国就业再平衡的核心。

根据国家统计局发布的 2020 年第七次人口普查提供的数据显示，我国现有 15～59 岁劳动年龄人口已经达到 8.8 亿人。与 2010 年相比，虽然我国劳动年龄人口减少 4 000 多万人，但仍保持近 9 亿人的规模，劳动力资源绝对量依然庞大，中国依然是世界上劳动力人口规模最大的国家。

第九次全国职工队伍状况调查情况显示，目前全国职工总数达 4.02 亿人左右，新就业形态劳动者达 8 400 万人，农民工达 2.93 亿人；职工平均年龄 38.3 岁、平均受教育年限 13.8 年。新就业形态劳动者成为职工队伍的重要组成部分，产业工人队伍发展壮大。新就业形态劳动者主要是货车司机、网约车司机、快递员、外卖配送员等群体，以男性青壮年为主，农业户籍人员比例较高。产业工人平均年龄 38.29 岁，农业户籍占 52.1%，平均受教育年限 13.16 年。第三产业的产业工人比例在增长，77.6% 的产业工人集中在制造业和建筑业。职工受教育程度普遍提高，技术技能素质显著提升。第三产业职工平均受教育年限为 14.5 年，高于第一产业职工的 12.5 年和第二产业职工的 13.0 年。专业技术人员队伍年龄主要处于 30～50 岁，集中在教育、制造、卫生和社会工作等行业。职工更加注重自身和长远发展，更加期望工会组织能够发挥更大作用。95.3% 的职工有兴趣学习新的职业技能或知识，这一比例在 18～40 岁职工和大学本科以上学历职工中表现尤为突出。

3. 当前大学生总体就业现状

随着高等教育的大众化，我国高校毕业生逐年增加，具体增长情况如表 3-7 所示的近年来大学毕业生就业人数情况。2023 年全国普通高校毕业生达 1 158 万人，2024 年全国普通高校毕业生达 1 179 万人，同比增加 21 万人，规模总量创历史新高。一方面是不断增加的大学毕业生人数，另一方面是我国经济发展能够新增的就业岗位有限，因此大学生的就业压力还是比较大。

大学生就业难，很大程度上源于我国社会经济发展转型而引起的结构性矛盾，这在短期内无法完全克服。再加上新冠疫情对就业的影响仍在持续，部分行业和企业生产经营还未恢复到疫情前水平，就业市场用人需求还存在不确定性，部分中小企业扩大吸纳就业的能力下降，对校园招聘活动产生不利影响。另外，高校培养的大学生同质化倾向严重，难以适应快速发展的社会现实需要。所以，一方面是部分地区和企业遭遇"用工荒"，另一方面却是高校毕业生面临"就业难",出现了"就业难"与"招人难"并存的现象,不同专业、行业和地区间用人需求差异较大。当前高校毕业生就业形势依然严峻复杂。

表 3-7　近年来大学毕业生就业人数情况

年度	毕业生数/人	增加人数/人	增幅
2012	680 万	20 万	3.00%
2013	699 万	19 万	3.00%
2014	727 万	28 万	4.00%
2015	749 万	22 万	3.00%
2016	765 万	16 万	2.10%
2017	795 万	30 万	3.90%
2018	820 万	25 万	3.10%
2019	834 万	14 万	1.70%
2020	874 万	40 万	4.80%
2021	909 万	35 万	4.00%
2022	1 076 万	167 万	18.37%
2023	1 158 万	82 万	7.62%
2024	1 179 万	21 万	1.81%

4. 相关行业或专业的就业现状

不管社会现状和国家政策如何,不同行业或专业的就业现状仍存在差异。为了拟定职业目标定位与发展计划,获得更具体和充分的信息,你必须加强对目标行业和专业的信息探索。

大学生之所以与其他社会求职者不同,是因为他们掌握了一定的专业知识和技能,所以,如果能够在自己的专业领域内就业,就比较容易获得更好的就业机会和发展平台。你可以通过各种渠道去了解目标职业和专业的信息,如与本专业的老师和学长进行访谈、在公司网站或人才网上搜寻相关信息、通过已经就业的亲戚朋友了解相关工作等,这对你做出就业选择有很大的帮助。

5. 人工智能普及加速职业更替

以机器人、人工智能技术为主的第四次工业革命已经到来。人工智能(Artificial Intelligence,AI)由"人工智能之父"、美国计算机科学家、认知科学家约翰·麦卡锡(John McCarthy)于 1956 年提出。在随后的发展历程中,出现过人工神经网络、机器学习、知识表现、智能搜索、模糊逻辑等实现人工智能的方法。人工智能在智能机器人、无人机、金融、医疗、安防、教育、建筑等领域得到广泛运用。小到每天用的手机,大到飞机上的自动驾驶系统,以及 2016 年横空出世的 AlphaGo,都是人工智能技术成功应用的典型。

在中国,人工智能被提升为国家战略。2020 年 3 月,教育部公布了 2019 年度普通高等学校本科专业备案和审批结果,其中 180 所高校获批新增人工智能本科专业。截至目前,已经有 215 所高校获批开设人工智能本科专业。

人工智能对于普通工作岗位存在替代效应。工作形式单一、工作内容重复性高的服务行业易被替代。专家预测,未来 10 年,银行业 30%的工作岗位将会消失,随着网银、ATM 等人工智能的推广,传统的柜员配备正逐年递减;在旅游业,也有企业开始提供旅行机器人和智能翻译机,替代绝大多数导游工作;在政府服务部门,随着我国智慧政府建设的加快,党政网络系统的日趋成熟完善,政务办公基本实现网上传递和信息共享,大幅提高效率和准确性，人工智能必将应用到更多行政管理和政务服务领域，改变更多的行政处理方式，最终导致一些岗位被优化调整。

在未来，唯有顺应人工智能的技术优势、扬长避短，思考并制定有效的产业升级或转型策略，才能更好地驾驭人工智能这项技术，赢得可持续发展。同时，涉及情感、推理、抽象、审美等无法用数据模拟的行业或将成为人类最后的强势领域。

国家统计局介绍，2023 年虽然就业总量的压力仍然存在，结构性的矛盾仍然突出，但是随着经济的好转、就业需求的扩大，岗位会相应增加，2023 年我国就业形势有望总体改善。

一是随着疫情的消失，生产生活秩序逐步回归常态，企业生产经营也将逐步改善，将带动用工需求逐步恢复扩大。

二是交通物流、居民出行增加，将带动住宿、餐饮、旅游等服务业恢复。服务业就业容量大，接触性聚集性服务业恢复改善，有利于吸纳更多就业。

三是各地区各部门持续强化就业优先政策，深入实施减负稳岗扩就业的措施，加大对重点群体，包括大学毕业生就业的帮扶，也将为就业稳定提供有力的保障。

四是新动能的快速发展也将持续创造更多新的工作岗位，将成为扩大就业、提升就业质量的重要推力。

所以大学生还是要对就业求职抱有信心，不要存在"慢就业"的心态。

"慢就业"会让毕业生错过就业最好的黄金时机。校园招聘会时期是即将毕业的应届大学生最好的谋职机会，大多数优质企业按照人力资源规划和人才培养储备计划在该时期会进入高校通过宣讲会、专场招聘会招揽人才，提供的就业岗位和录用条件均是专门针对适合的应届毕业生的，所以，应届大学毕业生积极参加各种校园招聘会找工作是最好的机会。如果错过校园招聘会，毕业后参加社会化人才市场的招聘会，就业难度会大大提高。

"慢就业"会造成职业生涯"空窗期"。延缓一年就业就有一年"空窗期"，延缓两年就业就有两年"空窗期"，等到你想就业时，对于这段"空窗期"如果没有给用人单位一个合理的理由，用人单位会对你的职业生涯规划产生负面评价，非常不利于未来成功就业。

三、职业发展评估

在了解了关于自己和关于环境的大量信息后，我们需要对这些信息进行一定的整理、分析和评估，并在此基础上制订职业生涯目标与发展计划。对信息的分析和评估方法有很多，这里提供一种有效的管理分析工具——SWOT 分析法，大学生可运用该方法对自己的优劣势与环境的机遇威胁进行分析。

（一）SWOT 分析法及其内容

战略规划中的一个主要工具即 SWOT 分析法，也适用于职业生涯规划。SWOT 分析法的重点就是进行内外部环境分析，明确内部环境的优势和劣势，以及外部环境的机遇和局限性。在你的职业生涯规划过程中做自己的 SWOT 分析，检测你目前的状态。你有什么优点和缺点？你怎么利用自己的长处，克服你的弱点？在你所选的职业领域中，你可能遇到什么样的外部机遇和局限性？

内在——优势（Strengths）。个人本身可控并能充分利用的具有积极影响的方面：良好的工作经验和教育背景；很强的专业知识（包括硬性、软性的专业知识）；具体的通用技能（例如沟通能力、团队合作能力、领导能力等）；优秀的个性特点（比如遵守工作规范、自律、在压力下工作的能力、创造性、乐观及充满精力）；善于沟通，有良好的人际关系；能积极和专业组织进行交流等。

内在——劣势（Weaknesses）。在可控范围之内的、希望能进一步提高的内在的影响因素：缺少工作经验；专业不对口或学习成绩不突出；缺乏明确的目标、自我认知或具体的工作知识；专业知识不足；没有突出的技能（比如领导能力、人际交往能力、沟通能力、团队合作能力等）；缺乏寻找工作的能力；负面的个性特点（比如不愿受工作准则的约束、缺乏自律性、犹豫不决、胆小、过于情绪化）。

外在——机会（Opportunities）。积极的外部条件，是你无法控制但是可以充分利用的：属于朝阳产业（包括成长性、全球化、技术性优势）；教育程度的提高可以带来更多的机会；良好的经济环境；通过更好的自我认知确立更具体的工作目标来提升机遇；领域内的晋升机会；领域内的专业发展机会；既定职业发展道路提供的特别机遇；地理区域的影响；较强的人脉关系。

外在——威胁（Threats）。负面的外部条件，是你无法控制但是可以弱化的：属于夕阳产业（裁员、淘汰型）；来自大学毕业新生的竞争性；具有较高技能水平、经验丰富、知识全面的竞争对手；比你更熟悉招工技能的竞争对手；知名学校毕业的竞争对手；职业发展中的阻碍（如缺乏较好的教育培训背景）；领域内有限的晋升空间；领域内有限的专业发展空间；很难保持竞争优势；公司不再就你的专业、学位进行招聘。

为了进一步完善关于优势、劣势、机遇和局限性的分析，你也可以问自己一些关键性的问题并进行适时的调整。从自身的角度探索你的优势，但是也要从雇主角度考虑，他们是如何看待你的强项的。克服过分谦虚，但是也要绝对诚实和现实地对待自己。简单地列出可以描述你自己的词汇，你就会发现自己的优势所在。你最大的强项可能是"热爱你所从事的工作"。有些人很早就知道什么样的工作能令他们高兴。但对于大多数人来说，需要一些时间去明确自我认知。参加一个或更多的测试并看看这些结果是否符合你的总体规划和期望，也可以通过职业实践去了解自己的兴趣、技能、个性、学习方式和价值观。从事自己喜欢而且适合的工作是很多人成功的因素。

在评估你的劣势的时候，也要从雇主期望的角度去考虑。积极面对你的不足，在做职业生涯规划时就能够给你带来巨大的领先优势。一般来说，我们容易注意到自己的优势，但比较难确定自己的劣势。测评工具可以帮助我们确定哪些方面需要改进。如果你选择的某一领域需要某种技能，但你在这方面是薄弱的，你就需要采取措施提高你的技能。过去的工作鉴定，甚至你的成绩和学校老师的评价都可以提供有价值的反馈。

网络也是一个好的信息来源，你可以借助网络的海量信息研究某一领域的机遇和局限，以及新的发展趋势。也不要忘记印刷资源，如报纸、杂志和商业出版物。在网络上查询招聘启事，去感受在你的专业领域内有多少相关数量的公开职位。如果你是大学毕业生，去学校的就业指导办公室咨询一下以获得相关的信息。

从这些分析中，你将获得一张清晰的脉络图，它表明你将如何强化自己的优势，转变自己的弱势。然后你可以利用这张脉络图去充分利用机遇，同时规避局限性。在分析了你的优势、劣势、局限性和机遇后，你可以利用这些信息去计划如何推销自己。

(二)SWOT 分析步骤

一般来说，对自身的职业和职业发展问题进行 SWOT 分析时，应遵循以下五个步骤。

1. 评估自己的长处和短处

我们每个人都有自己独特的技能、天赋和能力。在当今分工非常细的市场经济里，每个人擅长某一领域，而不是样样精通。譬如说，有些人不喜欢整天坐在办公桌旁，而有些人则一想到不得不与陌生人打交道就惴惴不安。请做个表格，列出你自己喜欢做的事情和你的长处所在。同样，通过列表，你可以找出自己不是很喜欢做的事情和你的弱势。找出你的短处与发现你的长处同等重要，因为你可以基于自己的长处和短处做两种选择：一是努力去改正你常犯的错误，提高你的技能；二是放弃那些对你不擅长的技能要求很高的职业。列出你认为自己所具备的很重要的强项和对你的职业选择产生影响的弱项。

2. 找出你的职业机会和威胁

我们知道，不同的行业(包括这些行业里不同的公司)都面临不同的外部机会和威胁，所以，找出这些外界因素将助你成功地找到一份适合自己的工作，对你求职是非常重要的，因为这些机会和威胁会影响你的第一份工作和今后的职业发展。如果公司处在一个常受到外界不利因素影响的行业里，很自然，这个公司能提供的职业机会将是很少的，而且没有职业升迁的机会。相反，充满了许多积极的外界因素的行业将为求职者提供广阔的职业前景。请列出你感兴趣的一两个行业，然后认真地评估这些行业所面临的机会和威胁。

3. 列出今后 3～5 年内你的职业目标

仔细地对自己做一个 SWOT 分析评估，列出你从学校毕业后 5 年内最想实现的 4～5 个职业目标。这些目标可以包括：你想从事哪一种职业，你将管理多少人，或者你希望自己拿到的薪水属哪一级别。请时刻记住：你必须竭尽所能地发挥出自己的优势，使之与行业提供的工作机会完美匹配。

4. 列出一份今后 3～5 年的职业行动计划

这一步主要涉及一些具体的内容，即拟出一份实现第三步列出的每一目标的行动计划，并且详细地说明为了实现每一目标，你要做的每一件事，何时完成这些事。如果你觉得需要一些外界帮助，请说明你需要何种帮助和你如何获取这种帮助。例如，你的个人 SWOT 分析可能表明，为了实现你理想中的职业目标，你需要进修更多的管理课程，那么，你的职业行动计划应说明要参加哪些课程、什么水平的课程以及何时、以何方式进修这些课程等。

5. 寻求专业帮助

能分析出自己职业发展及行为习惯中的缺点并不难，但要去以合适的方法改变它们却很难。相信你的父母、老师、朋友、上级主管、职业咨询专家都可以给你一定的帮助，特别是很多时候借助专业的咨询力量会让你走上捷径。有外力的协助和监督也会让你取得更好的效果。很显然，做此类个人 SWOT 分析需要你的一些投入，而且需认真地对待。当然，要做好你的职业分析难度也很大，但是，不管通过什么渠道，进行一次详尽的个人 SWOT 分析是值得的，因为当你做完详尽的个人 SWOT 分析后，将有一个连贯的、实际可行的个人职业策略供你参考。在激烈的职场竞争中，拥有一份挑战和乐趣并存、薪酬丰厚的职业是每一个人的梦想，但并不是每一个人都能实现这一梦想。因此，为了使你的求职和个人职业发展更具有竞争力，请认认真真地为你的职业发展做些实事吧！

课后学习

1. 请结合本章内容，在社会生活现状探索的基础上，通过下表对自己的目标职业进行梳理。

目标职业信息梳理表

序号	项目	具体内容
1	毕业去向	
2	工作地点	
3	产业	
4	行业	
5	目标单位	
6	阶段性规划	

2. 列举五个与你所学专业相关的职业，运用各种渠道和方法进行探索，并分析它们是属于哪一类型的产业、行业和职业，其职务内容有哪些；它们是否热门，其职业潜力如何？

3. 对心仪的单位和岗位进行深度现状探索，比较结果与你想象中的差异，谈谈为什么会出现这样的情况。

4. 当前的社会生活现状，对大学生职业生涯规划有哪些方面的影响？你如何看待今年的大学生就业形势？它受到哪些经济、社会与文化因素的影响？你如何看待自己所学专业的就业形势？它受到哪些经济、社会与文化因素的影响？

5. 用 SWOT 分析法对自身的职业生涯规划进行思考。

推荐阅读

[1] 现场招聘类电视节目，如天津卫视的《非你莫属》等.

[2] 李开复. 做最好的自己[M]. 北京：人民出版社，2005.

[3] 林少波. 毕业 5 年决定你的一生[M]. 武汉：武汉出版社，2009.

[4] 李晓林. 20～30 岁：你拿这 10 年做什么[M]. 武汉：金城出版社，2008.

[5] 覃彪喜. 求职：从大一开始[M]. 武汉：长江文艺出版社，2010.

第四章

生涯目标的拟定与生涯发展决策 ‹‹‹

> 世上充满了有趣的事情可做，在这令人兴奋的世界中，不要过着乏味的生活。
>
> ——戴尔·卡耐基（Dale Carnegie）

本章要点

目标、计划和行动对于职业生涯规划而言都是必不可少的前提条件。拟定职业生涯目标和决策，这是大学生进行职业生涯规划的关键环节。同学们只有在科学决策的基础上，将职业生涯规划付诸行动，从小事做起，从现在做起，才能完成自己的人生规划，走向成功。本章主要介绍生涯目标拟定的基本内容，展示职业生涯决策的流程与方法，以及如何改进决策，指导同学们建立合乎实际的职业决策。

开篇案例

王澍，中国美术学院建筑艺术学院院长、博士生导师、建筑学学科带头人、浙江省高校中青年学科带头人。2012 年，他获得了建筑界的最高奖项普利兹克建筑奖（The Pritzker Architecture Prize），成为获得该奖项的第一个中国人。

王澍上大学后，从大二开始自学。读博期间，一年四季洗冷水澡，一周踢几场球。毕业论文交到导师卢济威手上时，卢教授称赞该论文是篇好论文但是看不懂，并请求同事帮忙参阅。王澍的博士论文以"虚构城市"为题。直到 2012 年王澍获奖，他当年在同济的师兄师弟和老师，开始依稀回忆那部手写的博士论文。有人至今珍藏，仍说看不懂。

王澍的硕士学位论文《死屋手记》批判了当时的中国建筑学界。他在答辩时把论文贴满了答辩教室的墙壁，还声称"中国只有一个半建筑师，杨廷宝是一个，齐老师算半个"。

虽然论文全票通过，但学位委员会认为他过于狂妄而没有授予他学位。直到一年后经过重新答辩，王澍才获得硕士学位。

和很多知名设计师有"海归"背景不同，王澍土生土长。他在东南大学读了本科和硕士，在同济攻读博士，如今任教于中国美术学院。但业界人士也曾意味深长地说过一句话："王澍摘获的有含金量的奖项里，来自本土机构的极少。"

"非主流"，这似乎是王澍从踏进这个行业起就被贴上的标签，论历史，一直可以追溯到他的大学时代。"看不懂"，也是很多人对王澍建筑作品的评价。从最初的苏州大学文正学院图书馆，到后来作为获奖代表作的中国美术学院象山校区、宁波美术馆，以及他参与的住宅项目"钱江时代"，争议从未平息。王澍的昔日同窗好友也不忘"火上浇油"："在大学的时候，王澍就没有被定义为优秀学生；他的博士论文，在同济也没拿到优秀论文。"

王澍，作为活跃在中国建筑第一线的建筑大师，他的作品总是能够带给世人耳目一新的感觉。凭着对项目场地的独特理解，对中国传统文化在建筑中的高超表达，以及对不同建筑材料组合的巧妙把握，当年学业有成的他并未急于获取利益，而是在杭州以一种"隐居"的方式生活着。在此期间，他与工匠一同干活上工，以一种最原始也是最朴实的途径，一步一步走近他理想中的中国建筑艺术。也许正是这六七年时间的反省，使得王澍能够在浮躁的社会和喧嚣的环境中静下心来，细细体验中国传统文化的精髓和魅力，并发掘其与建筑内在的微妙关系。这使得王澍的一些作品具有和国画相同的一些性质。

王澍是明智的，因为他在浮华的世风下能保持平和的心态去发现建筑的本质；王澍是睿智的，因为他自己的作品设计是能够体现自己独到的视角和对中国文化的高深见解的，并贯穿始终。普利兹克奖评委会主席帕伦博勋爵曾经这样评价王澍："他的作品能够超越争论，并演化成扎根于其历史背景永不过时甚至具有世界性的建筑。"

（资料来源：百度百科.）

？ 问题导入

人生充满选择，但关键只有几步。正如下棋，一步之差，可能全盘皆输。生活就是由一系列的选择组成的，在做出选择之前有一个很重要的心理过程——决策。一个人遇到的麻烦和不如意，往往是由不合适或不及时的决策导致的。生活中的很多决策往往在不经意中就完成了，其过程相当随意且缺乏理性。生涯的决策更不应一蹴而就。如何才能更好地做好生涯决策呢？

第一节　生涯目标的拟定

【暖场游戏】

名片探索

静下心来认真想一想自己将来与别人会面时，递给别人的名片是什么样的。

接着找一张纸，完成个人名片的设计，包括正面、反面、颜色、图标及称呼和职务。

然后给别人讲一讲你为什么这么设计，以及你怎样努力才能达到期望的称呼和职务。

反思一下，自己要达到以上职业目标需要具备什么优势、可行性有多大、有什么困难。

▶▶ 一、职业生涯规划目标定位

哈佛大学曾经对一群条件相似的年轻人进行跟踪调查，调查结果显示，只有3%的人具有长期且清晰的目标，这一部分人朝着自己的目标，经过25年坚持不懈的努力，大多成了社会各界的精英，是令人羡慕的成功人士；有10%的人具有短期目标，这部分人后来成为社会的中上层，他们通过不断完成自己的短期预定目标，使生活水平不断上升，25年后成为各行各业不可或缺的专业人士，如高级主管、律师、医生等；60%的人目标不够明确，25年后，这部分人虽然能够安逸地生活与工作，但都没有什么突出的成就；剩余27%的人一直没有任何目标，25年后基本上都是社会的最底层，有的甚至失业，靠社会救济生活。

这项调查的结论就是：目标对人生具有巨大的导向作用。我们提倡大学生对个人的职业生涯进行规划的目的，就是使大学生的人生有一个明确的方向，并努力围绕这个方向走向成功人生。目标可以根据时间跨度分为人生目标(人生的最终理想，通常为40年以上)、长期目标(5年以上)、中期目标(3～5年)、短期目标(1～2年)。对于大学生来说，当务之急是确立自己的人生目标，并在此基础上确定自己的中期目标(大学期间的奋斗目标)和短期目标(每一学年或学期的目标)。

许多人埋头苦干，却不知所为何来。到头来发现追求成功的阶梯搭错了边，却为时已晚。目标就像茫茫大海上的灯塔，为我们的航行指明了方向。职业规划目标，也就是我们常谈的人生目标，实际上就是探讨人的一生要成为什么样的人，人的一生该如何度过，怎样才能使人生过得有意义、有价值，怎样才算取得成功，怎样才能拥有幸福的生活。人生目标是指引人生成长和发展的导航标。职业生涯规划目标定位是指结合自我评估和职业环境评估，确定自己长期的职业发展方向，明确今后自己取得职业成功时的状态和水平。

二、确定职业生涯规划目标的意义

目标对人生有巨大的导向作用。行为科学认为，目标是一种刺激，合适的目标能够激发人的动机，规定行为的方向。一个人要获得事业的成功，必须按照人生成功的规律来制定行动的目标和规划。确定目标具有以下几方面的意义。

1. 目标使我们产生积极性

你给自己定下目标之后，目标就在两个方面起作用：它是努力的依据，也是对你的鞭策。目标给了你一个看得着的射击靶。你努力实现这些目标，就会有成就感。

2. 目标使我们看清使命

每一天，我们都可能遇到对自己的人生和周围的世界不满意的人。你要知道，在这些对自己处境不满意的人中，大部分对心目中喜欢的世界没有一幅清晰的图画。他们没有想要实现的愿景，也没有人生目的地去奔赴。结果只能是继续蹉跎在一个他们无力改变的世界中。

3. 目标有助于我们安排工作的轻重缓急

明确而清晰的目标使我们能更好地分清事务的轻重缓急。没有这些目标，我们很容易被千头万绪的日常事务打乱阵脚。

4. 目标引导我们发挥优势

如果我们不停地在自己的优势领域努力，优势领域就会被进一步扩大。这些优势领域很有可能成为最终我们实现目标时的决定因素。培养好自己的优势，也可以使我们成为更优秀的人。

5. 目标使我们有能力把握现在

人在现实中通过努力实现自己的目标，正如希拉尔·贝洛克所说："当你做着将来的梦或者为过去而后悔时，你唯一拥有的现在却从你手中溜走了。"虽然目标是朝着将来的，是有待将来实现的，但目标使我们能把握住现在。

6. 目标有助于评估进展

不成功者有个共同的问题，那就是他们极少评估自己取得的进展。大多数人不明白自我评估的重要性，或者无法度量取得的进步。目标提供了一种自我评估的重要手段。如果我们的目标是具体的、看得见摸得着的，我们就可以根据自己距离最终目标有多远来衡量目前取得的进步。

7. 目标使我们未雨绸缪

成功人士总是事前决断，而不是事后补救的。他们提前谋划，而不是等别人的指示。他们不允许其他人操纵他们的工作进程。不事前谋划的人是不会有进展的。

8. 目标使我们把重点从工作本身转到工作结果

不成功者常常混淆了工作本身与工作成果。他们以为长时间地工作，尤其是艰苦地工作，就一定会带来成功。实际上，成功的尺度不是做了多少工作，而是做出多少成果。

理想的职业规划目标，对人的发展有着重要的激励作用。大学生由于知识、经验、阅历、态度、各自的利益等不同，个人目标存在着差异，每个人对于自己预期的职业规划目标各不相同，每个人应根据自己不同的需要确定自己的职业规划目标。

三、确定职业生涯规划目标的准则

确定职业生涯规划目标后，就要选择和设计合理的职业生涯规划路线，执行规划战略。勇于执行，是个体有效管理的关键。美好人生，始于规划；完美规划，则靠卓越执行。生涯规划的执行主要是通过一套周密的行动计划，确保目标实现。

著名职业生涯规划专家程社明提出，选择职业生涯规划路线应把握四条原则：择己所爱，择己所能，择世所需，在保证了前三个原则的基础上，追求就业收益最大化，即择己所利。

1. 择己所爱(兴趣——知己)

在确定职业生涯规划目标时，一定要珍惜自己的兴趣，择己所爱。兴趣与成功概率有着明显的正相关关系。

2. 择己所能(能力——知己)

在确定职业生涯规划目标时，一定要选择最有利于发挥自己优势的职业。职业不同，对技能的要求也不一样；任何一种职业技能都是要经过一定时间的训练后才能掌握的；一生很短暂，任何人都不可能在一生中掌握所有的职业技能。

3. 择世所需(知彼)

确定职业生涯规划目标时，一定要分析社会、行业的需要，即选择社会需要的职业。

4. 择己所利(价值观——知己)

职业是谋生的手段，人们都期望职业生涯能带给自己幸福。利益倾向支配着个人的职业选择(社会地位、职业生涯稳定感、收入、挑战性的职业等)。以利益最大化原则权衡利弊，在以上诸多因素中找到一个最佳结合点。

四、确定职业生涯规划目标的原则和方法

职业生涯规划目标设定的原则和辅助工具很多，如施恩的职业锚、霍兰德的职业匹配等

大家熟悉的理论和方法。PE-SMART 原则及其应用方法作为一种在确定职业生涯规划目标过程中被广泛认可的工具,笔者在此进行着重介绍和说明,希望同学们能够举一反三,熟悉和掌握类似的原则和方法。

(一)PE-SMART 原则的概念和说明

SMART 原则是为了达到高效管理和明确目的而提出的一种方法,目前在企业界有广泛的应用,也被称为目标管理的"黄金准则"。PE-SMART 原则是 SMART 原则的延伸和发展,对其进行了补充和完善,在项目管理中被广泛应用。

SMART 原则(见图 4-1)中的"S""M""A""R""T"五个字母分别对应了五个英文单词:Specific(具体的)、Measurable(可量化的)、Attainable(可达成的)、Relevant(相关的)和Time-bound(有时限的)。SMART 原则由管理学大师彼得·德鲁克于 1954 年首先提出,它的首次出现则是在 1981 年 12 月发行的《管理评论》上,目的是有效地进行成员的组织,以及目标的制定和控制,追求达到更好的工作绩效。

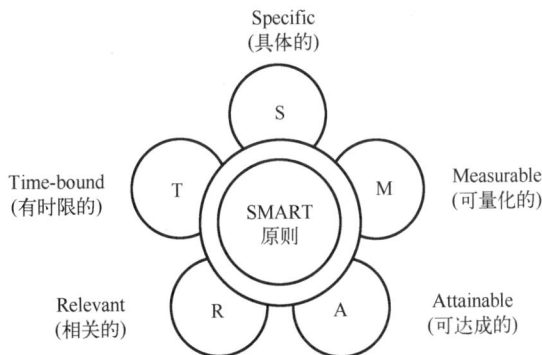

图 4-1　SMART 原则

PE-SMART 是在原有的 SMART 原则基础上,叠加 Positively Phrase(正面词汇)和Ecologically Sound(整体平衡)两个限定词来加深和强化 SMART 原则的。

下面就结合工作和学习中的现实案例,运用 PE-SMART 原则进行展示和说明。因为PE-SMART 是在 SMART 基础上产生的,所以在解释顺序上先谈 SMART,再解释 PE,分别解释每个字母代表的意义。

1. S 就是 Specific,具体的

制定的目标必须是具体的,不能是抽象模糊的。职业生涯规划必须明确、清晰、可操作才具有可行性。例如,当谈论目标的时候,不要只是单一地说"我要找份好工作""我要成功晋升"之类的话,这只是愿景,不是具体的规划,因此没有办法去具体落实。"我的目标是成为××学校的优秀英语教师""我要在两年内把工资提升到月薪 6 000 元",这才能称之为目标。我们开始确定职业生涯规划时,应该更加注重目标的具象化,只有细节问题处理好了,才不会只有大方向却没有脚踏实地的前进步伐。再如,我们制订一个学习计划,并且向老师保证要好好学习。但是,什么是好好学习呢?很模糊,很难界定,要具体点,比如保证除了紧急情况,每天学习时间至少 5 小时。那么,什么算是紧急情况又要进一步具体定义,比如朋友来访、老师召集有事等。如果不规定清楚这些,那么到时候就会无所适从。

2. M 就是 Measurable，可量化的

可量化的指的是可衡量的、可测量的、有一定的评定标准，尤其针对结果而言。具体可能还含有感性的成分，而量化则要求有理性的数据和数字，拒绝"大概""差不多""快了"之类的模糊修辞语。为了实现职业生涯规划目标，我们不需要任何自我欺骗和任何借口，因为数据、数字、事实会说明一切。因此，制定的目标最好是以明确的数据来描述，如"每天早上听外语新闻 40 分钟""每周去图书馆 6 次，一次至少 2 小时"等。制定一个可测量的目标，能让一个人真切感受到自己在逐步地进步中，并积累成功经验和树立信心。此外，制定长远的目标时，最好将之分成几个渐进达成的步骤，并且随时检视是否需要修正进度或方向。

3. A 就是 Attainable，可达成的

可达成的很容易理解，就是目标必须是可以达到、实现的。职业生涯规划设定的目标要高，有挑战性，但是，一定要是可达成的。也就是说，制定的目标要在我们能力所及的范围内，确定我们可以逐步达成且有成就感的目标。例如，有个同学没有音乐天分，甚至五音不全，却想在短期内成为歌唱家，这个目标对他而言就是天方夜谭。因此，制定的目标应是靠自己的能力和努力可以达成的，而非浮夸或好高骛远的幻想。

4. R 就是 Relevant，相关的

相关的指的是所制定的目标必须和其他目标具有关联性。在职业生涯规划中，所制定的目标要与岗位的工作职责相互关联，不能彼此孤立。简而言之，例如，你想在大学毕业后做一个前台，学点英语以便接电话时用得上，这是合理的。而去学习化学，就比较离谱了。除非你就职的是一家经营范围跟化学相关的企业。即使做个斜杠青年，各种社会角色之间也必然相互关联。

5. T 就是 Time-bound，有时限的

有时限的指的是制定的目标需要有预定的进度和完成的时间表，这样才能确认要投入多少时间及在什么时候完成。一个合理的时间表不仅能帮助一个人建立信心，还可以让其学会做好时间管理。合理的时间限制既是目标实现的调节器，也是目标实现效率的保障。

6. P 就是 Positively Phrase，正面词汇

正面词汇的运用可以使自己处于被激励的位置，与此同时，灵活掌握沟通、交往的技巧会使目标制定的过程充满乐趣。

作为对 SMART 原则的改进和限定，正面词汇这一原则的引入与心理学中正向激励有着千丝万缕的联系。正面词汇原则不仅要求简单的表述方式转换，更多的是对目标制定者变通能力的考量。例如，对处在困境中的朋友说："我相信你能够战胜自己，取得成功，我和你站在一起。"或者："你怎么运气这么不好？我能体谅你。"这两个语境下，前者的正向激励远比后者强得多。

7. E 就是 Ecologically Sound，整体平衡

整体平衡一方面注重目标规划内部的协调和完整，另一方面对把握全局的能力有着隐性的要求。

关注整体平衡，需要从两方面入手：一是关注项目内部 SMART 原则中各单项原则的均衡发展，避免结构性错误的产生；二是关注外部环境的影响，结合大环境制定合适的工作目

标，避免错过合适的时机，使得职业目标的设定与就业环境的大背景相协调，能让职业生涯规划的目标实现价值的最大化。

(二)原则把握需要注意的问题

了解了 PE-SMART 原则各单项的内涵后，在实际运用过程中要注意以下三方面的问题。

1. 信息真实性

在确定职业生涯目标的过程中，信息的准确性对最终方案的制订有着决定性的作用。信息的发出和反馈必须是自身真实的诉求，而非来自第三方的意志。例如，我妈妈让我去银行工作，我怎么才能实现这个目标？如果顺着这个思路，就会误入歧途。要确立自己真实的职业生涯目标，才能实现心中的理想目标。

2. 决策应由自己做出

最终的职业生涯目标应该由自己做出，而不是第三方。这不仅能提高自身的独立性，而且有助于提高执行过程的主动性，对目标执行原则形成更加深刻的认知，在自我承诺的基础上激发更大的行动热情。

3. 自我决策时的综合判定

很多人在了解和基本掌握 PE-SMART 原则后，会尝试自己进行规划和实践，这种情况下要注意对方法的选择和准确性的综合判定。

(三) "ABCDEFGQ" 目标单

目前流行的辅助工具很多，从最简单的利弊分析表到各种复杂的量表和方法，这些方法都在实践过程中被不断完善和修正。一些海外的职业测评及目标拟定方法，尤其是简单套用的测评软件慎用。它们的理论及方法基于的样本来自不同的国家和人群，测试者不能盲目信任某一种理论或者方法，需要结合自身实际综合判定。下文介绍一种制定职业目标的方法——"ABCDEFGQ" 目标单，仅供参考。

与基于 SWOT 分析法形成的职业生涯规划目标书相似，"ABCDEFGQ" 目标单(以下简称目标单)也是职业目标规划过程中的一个有益的工具。与前者注重态势分析不同，目标单更加注重职业目标达成过程中的可行性步骤，有利于指导具体行动的开展。

"ABCDEFGQ" 目标单，包含可行的(Achievable)、可信的(Believable)、可控的(Controllable)、可界定的(Definable)、明确的(Explicit)、属于自己的(For-yourself)、促进成长的(Growth-facilitating)、可量化的(Quantifiable)几个内容，通过具体到各模块的内容指引，在确定职业发展目标过程中，把抽象的原则和目标转化为实际的操作步骤。

下面我们以一个具体案例来了解一下目标单在实际应用中的情况。

【案例阅读】

小张同学的 "ABCDEFGQ" 目标单

基本情况: 学生张某，2016 年入学，修读计算机专业。2019 年 9 月开始进入大学四年级。他的职业目标是考研。

基于 PE-SMART 原则，小张觉得自己考研的方向选择是正确的，但是对于怎么去操作不是十分清晰,这就需要借助目标单的方法来协助进行梳理。

通过认真考虑,小张对自己的情况做了如下的划分。

(1)可行部分

通过了解上一年度保送研究生的比例,以及保送生的平均绩点(GPA)的要求,他发现自己与保送的最低要求比较接近。往年招考的名额比较多,应该有机会成功。自己平均绩点低主要是因为刚进入大学的时候,没有很快适应大学的生活和学习方式,公共课程得分较低影响了整个绩点。而进入专业学习之后,专业课程的成绩还是不错的,通过自己的努力应该能够达成深造的目标。自己选择在原专业进行深造是可行的。

(2)可信部分

一方面,自己所了解的数据来自教务系统和辅导员,通过与前几届考研成功的师兄师姐的交流,自己现在开始准备时间上是来得及的。另一方面,通过与研究生阶段拟申请的导师之间的交流,确信自己在科研过程中知识和操作能力会得到快速成长。

(3)可控部分

随着第三学年课程的结束,在大学阶段需要修读的学分已经基本修完,大学四年级有大量空余时间可以用来备考。由于决定专心备考,因此不会受到10月份开始的招聘活动的影响。可见时间和备考节奏都处于可控状态。

(4)可界定部分

由于报考的是本专业的研究生,需要复习的内容及自己可能欠缺的知识点都能够比较清晰地得到界定,自己能够有目标地进行知识体系的修复及锻炼。

(5)属于自己的选择

与部分其他同学不同,考研是自己的选择,不是别人要求自己这么做,家人也尊重自己的选择。自身想通过考研进一步强化专业知识,在学习知识的同时,不断提升个人的能力,为将来较好地择业做准备。

通过以上的内容,我们可以看出,小张运用目标单的方法,在对自己的职业目标细分考虑之后,已经勾勒出可以付诸实施的基本内容。在这一基础上,通过指导,小张把上面的内容缩减为一张更为直观的工作表来具体展现实际工作的目标单,如表4-1所示。

表4-1　小张同学的考研目标单

项目	内容
可行部分	绩点较高,招考名额较多
可信部分	辅导员、教务处的咨询信息
可控部分	大四阶段可支配时间充足
可界定部分	考研提纲,自己的知识掌握情况
自身选择	考研是个人的主动选择
促进成长部分	和导师沟通后,对研究方向和内容有初步认识
可量化部分	准备考研进度时间表

通过以上的梳理,小张同学的考研目标可能涉及的工作内容已经有了较为清晰的脉络。在目标单的指导下,制定详细的考研时间进度表,将帮助他把一个考研的构想转变成可信、可控的考研准备进程,职业目标的达成也会因为他的精心准备而变得触手可及。

五、定位职业生涯规划目标

通过筛选，大学生确定出适合未来发展的职业，但是这还只是一个方向。例如，有学生确定出自己的职业生涯规划目标是企业的负责人。而职业生涯规划目标定位则是根据 SMART 原则，把职业生涯规划目标具体化，如什么类型企业的负责人、多大规模的企业、多长时间达到这个目标、达到后是一个什么状态、内外职业生涯规划目标分别是什么。这需要更加详细地探索，最终确定。这有利于大学生职业生涯规划路线选择和今后阶段性目标的制定。

1. 大学生毕业之后的从业路线

从图 4-2 可见，大学生毕业之后的从业路线是多种多样的，因人而异。目标的相对稳定性也可以通过不同的途径去实践。实现目标的方法也具有灵活性，可以因时间和地点的变化而调整。成功的人不轻易改变目标，而常调整方法；不成功的人经常改变目标，而不愿调整方法。

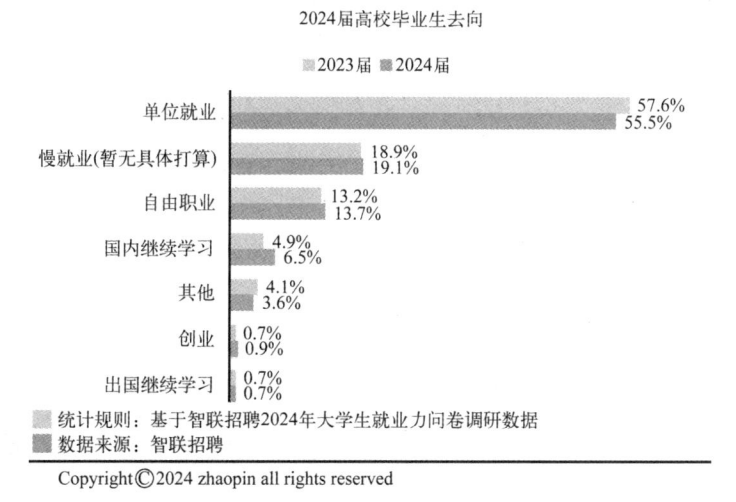

图 4-2　2024 年高校毕业生去向

资料来源：《智联招聘》2024 大学生就业生报告。

2. 大学不同时间的职业生涯规划表

大学不同时间的职业生涯规划表如表 4-2 所示。

表 4-2　大学不同时间的职业生涯规划表

时期	侧重方向	侧重目标	实施措施
一年级（试探期）	侧重正确认识大学；认识自我；进行生涯剖析；制定职业目标	初步了解职业，特别是自己未来想从事的职业或自己所学专业对口的职业，提高人际沟通能力	多和学长们交流，尤其是大四的学长，询问就业情况，多参加学校活动，增加交流技巧，为可能的转系、获得双学位、留学计划做好资料收集及课程准备，多利用学生手册，了解相关规定
二年期（定向期）	侧重夯实基础，拾遗补阙，进行生涯设计	应当考虑清楚未来是深造还是就业或自主创业，并以提高自身的基本素质为主	对目标进行细化和调整。通过参加学生会或社团等组织，锻炼自己的各种能力，同时检验自己的知识技能；可以开始尝试兼职、社会实践活动，最好能在课余时间（长时间）从事与自己未来职业或本专业有关的工作，提高自己的责任感、主动性和抗挫折能力，增强英语口语能力、计算机能力，通过英语和计算机相关证书考试，并开始有选择地辅修其他专业的知识来充实自己

续表

时期	侧重方向	侧重目标	实施措施
三年级 (拼搏期)	侧重拓展素质、科技创新，此时更多的是思考专业成才	加强自身综合素质，培养职业目标所需要的各种能力；提高求职技能、收集公司信息；做出考研还是就业的抉择	撰写专业学术文章时，可大胆提出自己的见解，锻炼自己独立解决问题的能力和创造力，参加和专业有关的暑期实践工作，和同学交流求职工作心得体会，学习写简历、求职信，了解收集工作信息的渠道，并积极尝试，例如校友网络，了解往年的求职情况。希望留学的学生可参加留学系列活动，准备考 TOEFL、GRE，留意留学考试资讯
四年级 (冲刺期)	侧重择业、就业、创业	找工作、考研、出国	可对前 3 年的准备做一个总结：首先检验自己已经确立的职业目标是否明确，前 3 年的准备是否充分；然后开始工作的申请，积极参加招聘活动；最后预习或模拟面试。了解用人单位资料信息、强化求职技巧、进行模拟面试等训练，尽可能地在做好充分准备的情况下实战演练

【拓展学习】

慢就业真的适合你吗？

后疫情时代，受全球经济下行压力影响，就业市场提供的就业岗位不足、人职不匹配、用人单位与求职者间供需矛盾等现象更加突出，使得大学毕业生的慢就业现象更加凸显。面对大学毕业生慢就业的趋势，你会如何抉择？详见教材配套微课视频 4-1《慢就业真的适合你吗？》，欢迎同学们扫码观看。

六、职业生涯规划的五种方向

1. 技术型

持有这类职业定位的人出于自身个性与爱好考虑，往往并不愿意从事管理工作，而是愿意在自己所处的专业技术领域发展。在我国过去不培养专业经理的时候，经常将技术拔尖的科技人员提拔到领导岗位，但他们本人往往并不喜欢领导岗位的工作，更希望能继续研究自己的专业。

2. 管理型

这类人有强烈的愿望去做管理人员，同时经验也告诉他们自己有能力得到高层领导职位，因此他们将职业目标定为承担相当大职责的管理岗位。成为高层经理需要的能力包括三方面：(1)分析能力，即在信息不充分或情况不确定时，判断、分析、解决问题的能力；(2)人际能力，即影响、监督、领导、应对与控制各级人员的能力；(3)情绪控制力，即在面对危急事件时，不沮丧、不气馁，并且有承担重大的责任而不被其压垮的能力。

3. 创造型

这类人需要建立完全属于自己的东西，或是以自己名字命名的产品或工艺，或是自己的公司，或是能反映个人成就的私人财产。他们认为只有这些实实在在的事物才能体现自己的才干。

4. 自由独立型

有这种职业定位的人同时也有相当高的技术型职业定位，更喜欢独来独往，但是他们不同于那些简单技术型定位的人，他们并不愿意在组织中发展，而是宁愿做一名咨询人员，或是独立从业，或是与他人合伙创业。自由独立型的人往往会成为自由撰稿人，或是自己开一家公司。

5. 安全型

有些人最关心的是职业的长期稳定性与安全性，他们为了安定的工作、可观的收入、优越的福利与养老制度等付出努力。目前我国绝大多数的人都选择这种职业定位。很多情况下，这是由社会发展水平决定的，而并不完全是本人的意愿。相信随着社会的进步，人们的选择将更多元化。

第二节　生涯发展决策

【暖场游戏】

桃园摘桃

路边有一片桃园，假如你可以进入桃园摘桃子，但只许前进不许后退，只能摘一次，要摘一个最大的，你会怎么办？

A. 对视野内的桃子进行比较，形成一个大概的标准，再根据这个标准选择最大的桃子。

B. 我感觉哪个大，就摘哪个。

C. 去问看桃园的人，让他告诉我什么样的最大，或者问旁边的人什么样的最大。

D. 先别管了，走到最后再说吧。

E. 稍微比较，迅速摘一个。

根据你的选择，看看你的决策风格特征。

A. 理智。强调综合全面地收集信息、理智地思考和冷静地判断分析。

B. 直觉。以自我判断为导向，在信息有限时能够快速做出决策，发现错误时能迅速改变决策。

C. 依赖。倾向于采用他人的建议，往往不能承担自己做决策的责任。

D. 回避。拖延不果断，倾向于不考虑未来的方向，不知道自己的目标，既不思考，也不寻求帮助。

E. 自发。不能容忍决策的不确定性及由此带来的焦虑情绪，具有强烈的即时性。对快速做决策的过程有兴趣。

总的来说，理智、直觉和自发这三种风格比较积极主动，而依赖和回避则比较消极被动。

我国资深传媒人士杨澜曾经讲过这样一句话："决定你是什么的，不是你拥有的能力，而是你的选择。"这句话指明了选择对人生的重要意义。职业选择就是我们众多选择中的一项重要选择。对于大学生来说，他们处在职业选择的十字路口，需要他们做出不同的决策。那么什么是职业决策呢？职业决策也称为生涯决策，这一概念最早源自英国经济学家凯恩斯的理论,即一个人选择目标或职业时,以收益最大及损失最低为标准。职业生涯决策就是个人根据对客观规律的认识,在职业生涯发展的多项选择之间权衡利弊,选择最佳行动方案的活动。

生涯发展决策在大学生职业选择和人生发展中起着至关重要的作用。在职业生涯规划过程中,同学们要有意识地提高职业决策的自我效能感,即在职业决策过程中有信心利用所拥有的能力或技能去完成职业决策,进行合理的自我评估,做出科学的职业决策。

一、生涯发展决策概述

(一)生涯发展决策的内容

1. 自我定位决策

自我定位就是要了解自己的需要,了解自己的特点,了解自己的能力,并客观评价自我。自我定位首先应从自我实际出发,客观地分析,评估自己的文化素质、能力特征、性格特点、身体条件,总结出自己的特长、兴趣、爱好;其次应将自己与同班、同专业、同年级、同校乃至同区域同学进行比较,分析自身的综合素质及优势、劣势所在。通过纵向和横向的定位分析,找准自己的位置,明确切入社会的起点,避免自我定位过高或过低。

2. 行业定位决策

在进行较为准确的自我定位之后,还应该进行行业定位。认真了解行业整体情况、发展趋势、对人才的基本要求,进而结合自身实际情况,做出行业定位,避免出现盲目择业和无从择业的现象。行业的选择取决于家庭影响和个人的理想及社会舆论,参考他人意见时更应该避免盲目听从。从社会需求出发,结合个人理想、兴趣及实际能力做出较为理性的行业定位,而不是片面地追求热门行业和高薪行业。

3. 岗位定位决策

岗位的选择是因人而异的,受个人偏好、能力、素质等因素的影响。同学们在进行岗位定位时,要在客观评价自我的基础上,根据自己的性格特点、长处、不足,对照相关用人单位的标准、条件、要求,实事求是地选择自己力所能及的合适的岗位,合适自己的才是最好的。

4. 地域定位决策

地域定位是指同学们在选择工作时对于工作区域的考虑。不少同学趋向于把经济发达地区和大城市作为自己地域定位的首选,其实,还应当看到近几年我国城镇化建设有了很大的进展,城镇和广大农村地区也有广阔的就业市场。因此,同学们在进行地域定位时,应该多思考自己的能力及优势究竟在何处能够得到较大限度的发挥,自己的发展空间在何地能得到较大限度的拓展,而不仅仅着眼于大城市和经济发达地区。

5. 收入定位决策

准确的收入定位建立在对市场行情充分了解的基础上,综合考虑自身的素质、能力和岗位发展趋势后得出收入期望值。切忌仅仅从眼前待遇出发,要以发展的眼光来定位。

（二）影响大学生生涯发展决策的因素

1. 个人因素

心理特征因素。个人对自我评估、职业评估和环境评估的内容及结果将直接影响职业决策，其中自我评估主要是对个体心理特征的评估，起着决策的定位作用。个体的心理特征是一种未定的特性和倾向系列，包括性格、兴趣、能力、价值观等。

个人背景因素。职业生涯决策的发展和形成是一个漫长的过程。从特殊事件和经验的角度而言，每个人的人生都是独一无二的，个人所经历事件的差异会对职业决策产生影响，包括性别、年龄和教育背景等方面的差异。

进行决策时的即时状态。要做出有效决策，就必须保证在决策中身体、情绪和精神都处在最佳状态。在决策过程中会面临诸多障碍，这些障碍会影响决策。

2. 家庭和成长环境因素

同学们的家庭及成长环境也会对职业生涯决策产生重要影响。首先，教育方式的不同会造成同学们认知世界的方式不同；其次，父母是同学们最早观察模仿的角色，同学们必然会受到父母职业技能的熏陶；最后，父母的价值观、态度、行为、人际关系等对同学们的职业选择起到或直接或间接的导向作用。

朋友、同龄群体对职业生涯决策的影响也是很大的，他们的职业价值观、职业态度、行为特点等不可避免地会影响到个人对职业的偏好、选择从事某一类职业的机会和变换职业的可能性等方面。

3. 社会环境因素

社会环境中流行的工作价值观，政治经济形势的变化、产业结构的变动等因素，无疑会对个人的职业选择产生重要影响。不同的生活环境给个人提供的职业信息是不同的。宏观上社会的、经济的、历史的和文化的力量都能够干扰个人有效决策的制定。

现阶段，我们面临的是一个知识经济社会，对相关职业信息的搜集、对日新月异的职业环境的了解，都会影响我们对未来职业世界的观念。同时，用人单位对大学毕业生的素质要求、专业在社会中的具体发展状况等，也都是影响大学生职业生涯决策的因素。

二、生涯发展决策的流程和方法

根据职业决策的内容，同学们应该遵循科学的决策流程与方法，规避不良因素的影响，破解职业决策过程中存在的问题。

（一）决策的流程

目前职业决策过程模型中使用较多的是 CASVE 循环模型，同学们可以通过它了解职业决策的过程。CASVE 循环模型中的 CASVE 是交流（Communication）、分析（Analysis）、综合（Synthesis）、评价（Valuing）和执行（Execution）五个词的英文单词首字母，这五个过程有助于同学们做出更好的职业决策，在决策过程中被循环使用，如图 4-3 所示。

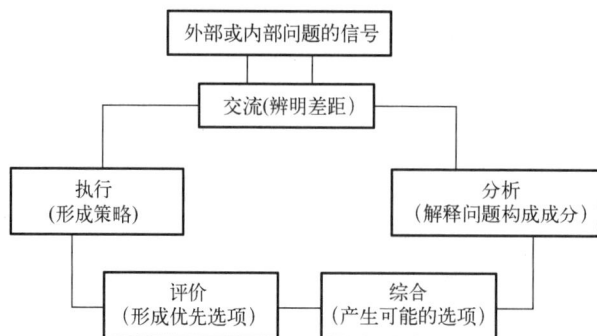

图 4-3　CASVE 循环模型图

1. 交流

找出理想与现实之间差距的各种信息。一种是内部交流，通过自己的身体信号和情绪信号去获得信息；另一种是外部交流，通过他人评价、报纸、网络、电视等获得信息。

2. 分析

一方面要对自己的身体状况、感知、记忆、注意、意识、思维、情绪、动机、价值观、兴趣、人格、能力等方面深入分析；另一方面要全面了解和掌握外界与问题有关的各种信息。

3. 综合

确定解决问题的方案，由多到少逐渐缩减，最终确定 3～5 个可行性较高的方案。

4. 评价

第一步是个体评估每个方案对自己、他人和社会的影响，以及解决问题的效率、效果和投入产出比。第二步是对综合阶段最终确定的几个方案进行排序，选择其中一个方案。

5. 执行

把思考转化为行动，选用最佳办法解决面临的问题。

(二)决策的方法

1. SWOT 分析法

第二章我们已经介绍过 SWOT 分析法，并用其评估职业发展状况。在职业决策中，SWOT 分析法也有非常广泛的应用空间。SWOT 分析法主要通过四个较为宽泛的领域即优势、劣势、机会、挑战进行自我分析。利用这种方法可以找出对自己有利的、值得发扬的因素，以及对自己不利的、应该避开的东西，发现存在的问题，找出解决办法，并明确以后的发展方向。SWOT 分析的步骤如图 4-4 所示。

下面，我们来看一下 SWOT 分析的实例。

小丁是某高校机械设计与制造专业的学生，在校期间成绩优秀，多次深入企业生产一线参与实训；一直担任学生干部，得到了老师和同学的认可。但是小丁性格有些急躁，遇事易冲动，有时候很难踏踏实实完成工作。现在，小丁面临毕业，想找一份与专业相关的工作。那么，他是如何进行自己的 SWOT 分析的呢？小丁的 SWOT 分析见表 4-3。

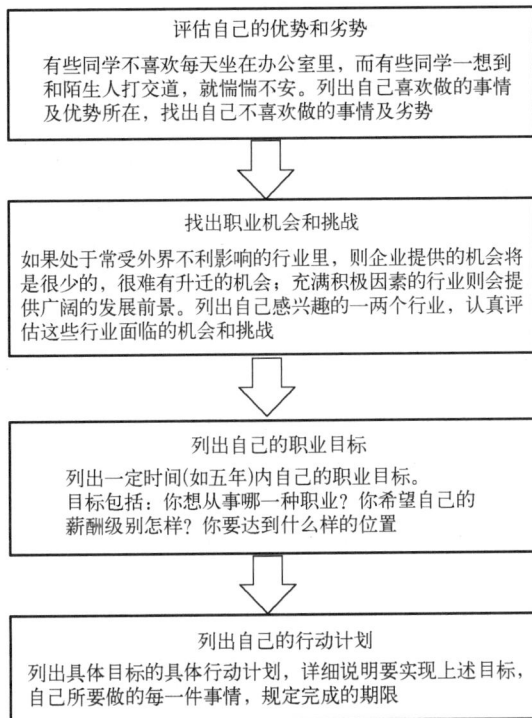

```
┌─────────────────────────────────────────────────────┐
│              评估自己的优势和劣势                      │
│  有些同学不喜欢每天坐在办公室里，而有些同学一想到       │
│  和陌生人打交道，就惴惴不安。列出自己喜欢做的事情       │
│  及优势所在，找出自己不喜欢做的事情及劣势              │
└─────────────────────────────────────────────────────┘
                         ↓
┌─────────────────────────────────────────────────────┐
│              找出职业机会和挑战                        │
│  如果处于常受外界不利影响的行业里，则企业提供的机会将   │
│  是很少的，很难有升迁的机会；充满积极因素的行业则会提   │
│  供广阔的发展前景。列出自己感兴趣的一两个行业，认真评   │
│  估这些行业面临的机会和挑战                            │
└─────────────────────────────────────────────────────┘
                         ↓
┌─────────────────────────────────────────────────────┐
│              列出自己的职业目标                        │
│  列出一定时间(如五年)内自己的职业目标。                │
│  目标包括：你想从事哪一种职业？你希望自己的             │
│  薪酬级别怎样？你要达到什么样的位置                    │
└─────────────────────────────────────────────────────┘
                         ↓
┌─────────────────────────────────────────────────────┐
│              列出自己的行动计划                        │
│  列出具体目标的具体行动计划，详细说明要实现上述目标，   │
│  自己所要做的每一件事情，规定完成的期限                │
└─────────────────────────────────────────────────────┘
```

图 4-4　SWOT 分析的步骤

表 4-3　小丁的 SWOT 分析

SWOT 分析	机会(O) 机械行业人才需求旺盛 机械行业人才发展前景不错 机械设计人才较受重视	挑战(T) 就业竞争激烈 经济形势影响企业招聘 企业更加看重实践经验
优势(S) 专业成绩优秀 学生干部经历 企业实习经历 人际关系和谐	"优势—机会"策略 发挥专业优势，融入企业 发挥担任过学生干部的优势 加强人际沟通，打动招聘官	"优势—挑战"策略 准确定位竞争优势 强调自身学习能力 合理明确就业定位
劣势(W) 缺乏工作阅历 性格急躁，容易冲动	"劣势—机会"策略 增加跨行业实训经验 学习职业技能课程 完善自身性格	"劣势—挑战"策略 克制冲动 加强学习，差异化竞争
职业决策结论	定位于本区域内中小型模具设计与制造企业，从事具体的设计与制造工作，在工作中进一步提升自己	

看过小丁同学的 SWOT 分析实例，同学们是否受到了启发？结合自身实际情况，做一份自己的 SWOT 分析记录，进一步了解自己，明确自己的职业发展方向。

另外，SWOT 分析法只是生涯决策过程中比较实用的分析技术之一。要实现生涯决策的最优化，仅凭一个 SWOT 分析法是不够的，还需要综合运用其他的方法进行综合决策。

虽然做此类个人 SWOT 分析会占用一定的时间，而且须认真地对待，但是，详尽的个人

SWOT 分析却是值得的。因为当你做完详尽的个人 SWOT 分析后,你将有一个连贯、实际可行的个人职业发展策略供自己参考。

2. 整合决策方法

整合决策方法是一种系统的决策方法,同学们可以采用自我鉴定的方式进行职业决策。整合决策方法的运用过程如图 4-5 所示。

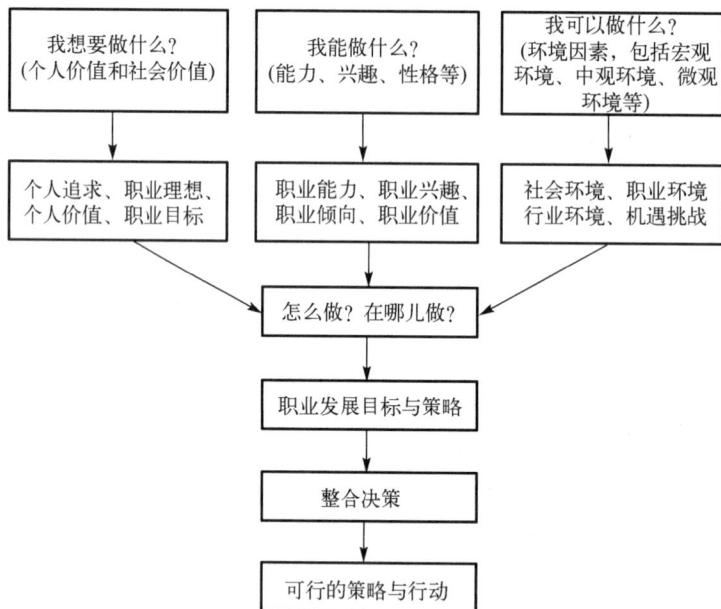

图 4-5　整合决策方法的运用过程

在这个决策过程中,同学们可以自问自答,把结果记录下来。

(1)"我想要做什么?"这是你的价值取向。通过对自己的价值观、理想、成就、动机等因素的分析,确定你的目标取向,决定自己的发展路线。

(2)"我能做什么?"这是你的能力倾向。通过对自己的性格、特长、知识、技能、学识等因素的分析,确定自己的能力倾向,也就是自己可以走哪一条路线。

(3)"我可以做什么?"这是你的机会取向。通过对当前及未来组织环境、社会环境、经济环境的分析,确定自己的机会取向,也就是自己是否可以走这条路线。

【拓展学习】

巧用决策平衡单做生涯决策

决策平衡单是生涯决策过程中常用的工具,它能够帮助我们将面临的生涯决策进行量化,更客观地、具体地看待每一个选择。生涯决策平衡单的使用方法详见教材配套微课视频 4-2《巧用决策平衡单做生涯决策》,欢迎同学们扫码观看。

三、改进生涯发展决策

进行科学决策,首先必须了解职业决策反应形态,每个人的生涯形态都是独特的。职业决策的牵动和决策间的关联环环相扣，构成了个人独特的职业决策形态。一般而言，职业决策有四种反应形态。

1. 逃避/犹豫型

这种人属于"船到桥头自然直"型。事前不做规划，遇到问题时也不仔细分析。此种类型人的最大缺点是把自己的自主权完全交给命运。例如：就业压力如此大，能否有一个合适的岗位，就交给命运决定吧！

2. 依赖/被动型

这种人在面对问题时，从不学习如何自己解决，也不负责任。问题发生时，一切听从父母、老师或专家的意见。此种类型人的最大缺点是盲目听信他人意见，而不主动思考。例如：妈妈说女生读文秘专业出路较好，就听从妈妈的意见吧！

3. 冲动/直觉型

这种人在遇到问题时，从不考虑可以用什么方法把问题解决，一切处理只凭自己的感觉率性而行。此种类型的人虽然主动，但不积极，其最大的缺点就是自己的直觉不一定正确。例如：今天心情不好，我就穿短裤出门(不考虑天气的冷热)。

4. 理性/逻辑型

这是四种类型中最好的一种，这种人在事前会先规划，遇到问题时也会谨慎考虑事情的难易度，以及自己的优、缺点，企图寻求一个最恰当的解决方法。此种类型人的最大优点就是自己是命运的主宰者，事情的成败好坏完全掌握在自己的手里。例如：我的数学不好，而且我喜欢画画，所以我选择广告设计专业。

不同的决策反应形态，有不同的决策方式。不同的决策方式没有好坏之分，不同条件之下，需要综合运用。进行科学决策，还应该注意，科学决策的前提是确定决策目标。它作为评价和检测整个决策行动的准则，不断地影响、调整和控制着决策活动的过程。一旦目标错了，就会导致决策失败。

一项决策在确定后，能否最后取得成功，除了决策本身，还要依靠对决策运行的控制及在决策确定过程中各阶段的控制。一旦确定了职业目标，就要为实现自己的职业目标进行准备：一是获取从事该项职业的知识和技能；二是培养获取这种职业的意识及这种职业要求的综合能力。

【课堂活动】

决策类型测试

你是哪种决策类型？

计分方法：选择符合得一分，不符合不得分。

1. 我常常仓促、草率地做出判断。
2. 我常常冲动行事。
3. 我经常改变我所做的决定。
4. 做决定之前，我从不做任何准备，也不分析可能的结果。

5. 我常常不经慎重思考就做决定。

6. 我喜欢凭直觉做事。

7. 我做事时不喜欢自己出主意。

8. 做事时我喜欢有人在旁边，以随时商量。

9. 发现别人的看法与我不同，我便不知道该怎么办。

10. 我很容易受别人意见的影响。

11. 在父母、师长或亲友催促我做决定之前，我并不打算做任何决定。

12. 父母、师长或亲友来为我做决定。

13. 碰到难做决定的事情，我就把它摆在一边。

14. 遇到需要做决定时，我就紧张不安。

15. 我做事总是东想西想，下不了决心。

16. 我认为做决定是一件很痛苦的事情。

17. 为了避免做决定的痛苦，我现在并不想做决定。

18. 我处理事情时经常会犹豫不决。

19. 我会多方收集做决定所必需的个人及环境的数据。

20. 我会将收集到的资料加以分析，列出选择的方案。

21. 我会衡量各项可行方案的利益得失，判断出此时此地最好的选择。

22. 我会参考其他人的意见，再斟酌自己的情况来做出最合适自己的决定。

23. 经过深思熟虑之后，我会明确决定一项最佳的方案。

24. 当已经决定了所选择的方案时，我会展开必要的准备行动并全力以赴地做好它。

解析：得分最高的一组代表你的决策风格。

题号组	1~6 题组	7~12 题组	13~18 题组	19~24 题组
得分				
决策类型	冲动/直觉型	依赖/被动型	逃避/犹豫型	理性/逻辑型

▶▶ 四、验证生涯发展决策

验证生涯发展决策是改进决策的必经过程，通过分析自身现状、自我反省、寻求帮助等步骤来监控自身的生涯发展决策过程。

(一)自我优势分析(知己)

1. 你曾经做过什么

即你已有的人生经历和体验，如在学校期间担任的职务、曾经参与或组织的实践活动、获得过的奖励等。这些可以从侧面反映一个人的素质。

在自我分析时，要善于利用过去的经验来选择和推断未来的工作方向与机会。

2. 你学习了什么

在学校期间，你从学习专业课程中获得了什么？专业也许在未来的工作中并不能起多大作用，但是在一定程度上决定了你的职业方向。因而尽自己最大努力学好专业课程是职业生涯规划的前提条件之一。

3. 最成功的是什么

你可能做过很多事，但是最成功的是什么？为何成功？是偶然还是必然？通过分析，可以发现自我性格优越的一面，譬如坚强、果断，以此作为个人深层次动力之源和魅力闪光点，这也是职业生涯规划的有力支撑。

(二)自我劣势分析(知己)

1. 性格弱点

一个独立性强的人很难与他人默契合作，而一个优柔寡断的人绝对难以担当企业管理者的重任。卡耐基说过，人性的弱点并不可怕，关键要有正确的认识，认真对待，尽量寻找弥补、克服的办法，使自我趋于完善。

2. 经验或经历中所欠缺的方面

也许你曾多次失败，就是找不到通往成功的道路；需要你做某项工作，但之前从未接触过该领域，这都说明经历上有欠缺。欠缺并不可怕，怕的是自己还没有意识到，一味地不懂装懂。

(三)环境分析(知彼)

1. 对社会大环境的认识与分析

当前社会政治、经济发展趋势；社会热点职业门类分布与需求状况；自己所选择职业在当前与未来社会中的地位情况；社会发展趋势对自己职业的影响。

2. 对自己所选企业的组织环境分析

所从事行业的发展状况及前景；在本行业中的地位与发展趋势；所面对的市场状况。该分析包括行业环境分析和企业环境分析。

(四)人际关系分析(知彼)

个人在职场中将同哪些人交往，其中哪些人将对自身发展起重要作用，是何种作用？这种作用会持续多久？如何与他们保持联系？可采取什么方法予以实现？工作中会遇到什么样的同事或竞争者？如何对待、相处？

外因是变化的条件，内因是变化的依据。知己知彼，职业决策就有了成功的基础。

1. 适当反省

写下阻碍你达到目标的缺点、所处环境中的劣势。这些缺点一定是和你的目标有联系的，而不是分析自己所有的缺点。它们可能是你的素质方面、知识方面、能力方面、创造力方面、财力方面或是行为习惯方面的不足。当你发现自己的不足后，你就要想办法更正，督促自身不断进步。

2. 寻求帮助

分析自己行为习惯中的缺点并不难，但是要去改变它们却很难。相信你的父母、老师、朋友、职业咨询顾问都可以帮助你。有外力的协助和监督会帮你更有效地完成这一步骤。

【案例阅读】

职业目标

某同学英语本科毕业，但其在短短 1 年时间里换了 7 份工作；对大部分工作都有所抱怨；自己有很多想法，却总是患得患失；也不知道采取什么办法实现自己的理想。在他身上，集中体现了职业决策中一些有代表性的问题。譬如他认为，做文秘很无聊；做销售，太辛苦；想创业，有风险；学心理，过程又太漫长。总之，没有一份工作令他称心如意。

专家点评：

其实对大部分人来说，生涯发展决策中需要考虑的因素不止一个。所以，在生涯发展决策过程中，首先要做好定位，从自身出发。本案例中主人公的教育背景是英语本科，一般适合助理类型的工作，但这些特长并没有在其所选的生涯发展职业中体现出来。应综合考虑自己的兴趣、性格、能力、价值观来做好定位，然后综合考虑其他影响因素及可能出现的问题。这样制定好合理的职业目标后，再确认生涯发展目标中的行业、公司、从业状态、时间等其他要素，才不会频繁跳槽。

五、拟定生涯发展决策后应该围绕目标做什么

【案例阅读】

目标的智慧

1984 年，在东京国际马拉松邀请赛中，名不见经传的日本选手山田本一出人意料地夺得了世界冠军。当记者问他凭什么取得如此惊人的成绩时，他说了这么一句话："凭智慧战胜对手。"当时许多人都认为，这个偶然跑在前面的矮个子选手是故弄玄虚。马拉松是一项体力和耐力兼备的运动，只要身体素质好又有耐性就有望夺冠，爆发力和速度都在其次，说用智慧取胜，确实有点勉强。两年后，在意大利国际马拉松邀请赛上，山田本一又获得了冠军。有记者问他："上次在你的国家比赛，你获得了世界冠军，这一次远征米兰，又压倒所有的对手取得第一名。你能谈一谈经验吗？"山田本一性情木讷，不善言谈，回答记者的仍是上次那句让人摸不着头脑的话："用智慧战胜对手。"这回记者在报纸上没再挖苦他，只是对他所谓的智慧迷惑不解。十年后，这个谜团终于被解开了，山田本一在他的自传中这么说："每次比赛之前，我都要乘车把比赛的线路仔细看一遍，并把沿途比较醒目的标志画下来，比如第一个标志是银行，第二个标志是一棵大树，第三个标志是一座红房子，这样一直画到赛程的终点。比赛开始后，我就以百米冲刺的速度奋力向第一个目标冲去。等到达第一个目标，我又以同样的速度向第二个目标冲去。四十几公里的赛程，就被我分解成这么几个小目标轻松地跑完了。起初，我并不懂这样的道理，我把我的目标定在四十几公里处的终点线上，结果我跑到十几公里时就疲惫不堪了，我被前面那段遥远的路程给吓倒了。"山田本一说的不是假话，众多心理学实验也证明了山田本一所说的话是正确的。心理学家得出了这样的结论：当人们的行动有了明确目标，并能把自己的行动与目标不断地加以对照，进而清楚地知道自己的行进

速度和与目标之间的距离时，人们行动的动机就会得到维持和加强，就会自觉地克服一切困难，努力达到目标。

确实，要达到目标，就要像上楼梯一样，一步一个台阶，把大目标分解为多个易于达到的小目标，脚踏实地向前迈进。每前进一步，达到一个小目标，就会体验到"成功的喜悦"。这种"感觉"将推动我们充分调动自己的潜能去达到下一个目标。在生活中，之所以很多人做事会半途而废，往往不是因为难度较大，而是觉得距离成功太遥远或者自己想象难度太大。他们不是因失败而放弃，而是因心中无明确而具体的目标而倦怠乃至失败。如果我们懂得分解自己的目标，一步一个脚印地向前走，也许成功就在眼前。

(一)生涯发展目标分解

1. 生涯发展目标分解的概念

生涯发展目标分解是将总目标分解成一个个的分目标，把已确定的生涯发展目标从知识、能力、观念、心理等方面将其分解为有时间期限的长、中、短期分目标，直到将目标分解为某段确定的时间应该做什么，是将目标清晰化、具体化的过程，使目标具有可操作性。

2. 生涯发展目标分解的目的

帮助我们在美好理想和现实环境(自我、企业、行业、社会)之间建立起可以拾级而上的路径。将理想—职业目标—目标实现联系起来，有利于目标的实现。分目标是基础，让我们清楚地知道为达到职业目标都要做哪些事情。

目标要一直分解到你知道为实现目标今年应该干什么、今天应该干什么。要清楚每一步应该干什么(每学期应干什么)，否则目标永远只是一个美好的愿望。

3. 生涯发展目标分解的作用

通过目标分解，明确每一个阶段的目标，被一次又一次阶段性的(分目标)成功喜悦激励着，可以不断向新的分目标迈进。我们有时候失败了，并不是由于我们真的做不到(能力达不到)，而是因为觉得太疲惫而放弃了。

【案例阅读】

生涯发展目标分解实例

目标： 在今年6月前完成对教师职业的调研。

小目标：

星期三开始阅读《职业指导》一书。

每周阅读一章并且做每一个练习，在5月31日读完这本书。

6月上旬，我将制定如何选择3个适合我的工作的策略。

6月中旬，我将参加大学举办的求职讲座。

6月中旬，我将对3份工作进行调研，方法是在职业指导中心和图书馆进行阅读，寻找至少3个本地做这类工作的人谈一谈。

6月下旬，我将去3个本地做这类工作的人的工作地点去访问。

(二)职业目标的组合

职业目标的组合是处理不同目标间相互关系的有效方法，即指处理不同分目标间的相互关系，着眼于各分目标之间的因果、互补关系。

1. 时间上的组合

(1)并进：是指同时着手实现两个分目标，是具有长远眼光的表现，需要具备较强的时间管理能力和学习上的毅力。

(2)连续：是指分目标之间的前后联系，即实现一个分目标，再去实现下一个分目标。

2. 功能上的组合

生涯发展目标在功能上可以产生因果、互补关系。

(1)因果关系：有些分目标之间有非常明显的因果关系。例：学好英语(因)→英语四、六级能考出好成绩(果)。

(2)互补关系：有些分目标之间有非常明显的互补关系。例：管理人员希望在成为优秀部门经理的同时，得到 MBA 证书(相辅相成)；心理素质提高的同时，人际交往能力提高。

3. 全方位组合

全方位组合指个人事务、职业生涯和家庭生活的均衡发展、相互促进。制定规划要综合考虑三者。学业有成、职业生涯成功不等于家庭生活一定幸福，但可相互促进。常见的三方面愿望涉及以下内容。

(1)生涯发展方面。

_____有自豪感和成就感的职业；

_____有趣、喜爱的工作内容(兴趣)，满意的工作环境；

_____具有很强的责任心；

_____个人发展；

_____良好的同事关系。

(2)感情生活和家庭生活方面。

_____有好朋友；

_____恋爱，遇到生命中的伴侣；

_____生活在稳定的亲情关系中；

_____有可爱的孩子；

_____协调职业与家庭生活的要求；

_____家庭幸福。

(3)个人事务方面 (保证健康发展个人爱好)。

_____继续接受教育，不断学习；

_____有个人生活计划；

_____保留思考时间；

_____掌握生活常识和技能；

_____旅游；

_____继续锻炼；

____保证有空闲时间休息和娱乐；

____欣赏音乐、美术作品和文化作品；

____发展个人爱好如集邮、收藏等。

结论：完美的生涯发展规划并不把生活中的其他内容排除在外，而会在生活中建立不同目标间的协调关系。

(三)确定与实现职业目标范例

职业目标又可以分为长期目标、中期目标和短期目标。当我们把自己的中长期目标分解为一个个小的短期目标时，我们就有了具体的行动计划和步骤。这样做有助于个人对自己的职业生涯发展进行管理。

举例来说，如果现在你刚上大三，学的是中文，希望五年以后成为一名大公司的人力资源专业人士。那么，将这个目标倒推回来：四年后一定要跟一家大公司签上合约；两年后大学毕业时，应当获得一家公司人力资源部门的初级职位；一年后，应当争取进入一家公司的人力资源部门实习。这样，半年后就应当开始投递简历，寻求实习机会。因此，这一个学期，你就应该写好自己的简历，列出有可能向你提供相关信息的人际关系资源，并阅读一些与人力资源相关的书籍。

课后学习

1. 什么是生涯目标？生涯目标的拟定有哪些方法和准则？

2. 什么是决策？决策的流程和方法有哪些？生涯发展决策有哪些不同的类型？

3. 你对你的大学生活是如何规划的？你是怎么拟定毕业后的从业路线的？如何制定属于你的生涯发展目标？

4. 根据生涯发展路线如何进行科学的生涯发展决策，并进行目标的分解与组合？

推荐阅读

[1]　罗比特·D. 洛克. 把握你的职业发展方向[M]. 钟径兰，等译. 北京：中国轻工业出版社，2006.

[2]　沈之菲. 生涯心理辅导[M]. 上海：上海教育出版社，2000.

[3]　王宏，等. 直面就业[M]. 上海：上海交通大学出版社，2003.

[4]　曹振杰. 职业生涯设计与管理[M]. 北京：人民邮电出版社，2006.

[5]　章达友. 职业生涯规划与管理[M]. 厦门：厦门大学出版社，2005.

[6]　赵效. 青年职业规划[M]. 北京：经济管理出版社，2005.

第五章

生涯行动 ‹‹‹

多躁者必无沉毅之识，多畏者必无卓越之见，多欲者必无慷慨之节，多言者必无质实之心，多勇者必无文学之雅。

——曾国藩

本章要点

制订属于自己的生涯行动计划；树立践行自我成长计划的信念。学生可以在本章中学习简历的制作和面试的技巧，同时认识到生涯发展是一个变化的过程，需要践行者在实践中深入探索自我，不断调整职业规划，为生涯发展的转变做好充分的准备。

开篇案例

杨萌就读于一所普通本科院校，所学专业为市场营销专业。毕业时她去参加了一个大型招聘会，当看到许多公司都是招一两个人员时，她感到很失望。终于她发现了一家化妆品公司在销售、财务、文秘、宣传、后勤服务等方面都有职位招聘，她想这里一定机会很多，就挤到招聘人员跟前。招聘人员问她："你想应聘什么职位呀？"她连忙说："什么职位都行，只要你们给我机会，我一定会努力的！"招聘人员微笑着对她说："同学，你找什么工作无所谓，但我们招人却一定要找合适的。你喜欢什么？你擅长什么？你将来想成就什么？这些你自己应该很清楚吧？你们在大学也会有职业生涯规划辅导吧？"杨萌听了感觉很不好意思，但她却没能很清楚地说出她最适合的岗位。招聘人员看她很有诚意就准备帮她发现自己的特点，于是问："你说说在大学期间你做得最成功的事情是什么？最失败的事情是什么？成功与失败的原因是什么呢？"很可惜这次杨萌还是没有把握住机会，因为她自己觉得没有什么很成功的事情可说，而失败的事情她又不敢说。

很显然，在求职这条路上，杨萌没有做好生涯行动的准备，没有提前做好自我评估，制订生涯规划行动方案，也没有根据岗位要求做好相应的求职简历，更没有提前做好面试准备。在生涯行动中，求职的简历、面试的准备等都是我们成功就业的重要环节，你做好准备了吗？

问题导入

在上一章中，我们已经有了自己的行动目标，有了很好的开头，接下来我们要完成的任务是把这些目标逐一实现。制订一份可行度很高的行动方案，撰写一份合适的简历并将其精准投递，面试的问题该如何应对，遇到情绪问题和权益保障问题该如何解决，都将是我们在行动中面临的困难。

第一节　制订职业生涯规划的行动方案

一、职业生涯规划行动方案的含义与内容

(一)职业生涯规划行动方案的含义

职业生涯规划行动方案是指为了实现职业生涯目标而采取的各种行动与措施的安排。制订职业生涯规划行动方案要明确在生涯行动中应该做什么，个人资源和能力如何配置，也需要明确不能做什么。行动方案是一个系统，需要分层级、分阶段、分门类地进行综合考量。

具体而言，职业生涯规划行动方案包括以下四个方面。

(1)学习拓展方案：例如，在专业知识技能方面，计划采取哪些措施提高专业知识与技能；在可迁移技能方面，如何开发潜能、拓展技能；在自我管理技能方面，准备从哪几个方面入手提升个人综合素质。

(2)工作预备方案：为实现职业目标，在入职前，计划采取哪些措施积累相关的实践经验，或通过哪些努力实现个人在工作中的良好表现与工作业绩等。

(3)人际维护方案：如何构建与维护人际关系网络，为未来的职业发展寻找更广泛的支持与合作空间。

(4)工作家庭平衡方案：为平衡职业目标与生活目标、家庭目标等做出的种种努力。

(二)职业生涯规划行动方案的内容

行动方案的内容一般应包含子目标、时间安排、行动措施三个部分。

1. 子目标

子目标即每个阶段行动方案所要达到的目标。严格来讲，行动方案是承接目标的内容，但如果行动方案不纳入目标，就是只见树木不见森林，所以每个阶段的行动方案，一定要把目标放在首位。

2. 时间安排

与职业生涯目标相对应，行动也可按时间长短分为短期规划(一般为 3 年内)、中期规划(一般为 3～5 年)及长期规划(一般为 5～10 年)。

长期规划比较宽泛，只勾画大致轮廓，对长远未来的不确定性保持开放；中期规划较之于长期规划要具体一些，但一般也不要求太细致；短期规划则最具体、最细致，它基于当下已知现实做出实际安排，具有较强的可操作性。详细的内容请参考上一章中目标分解的方法。

3. 行动措施

行动措施包括为达到目标所采取的学习拓展、工作预备、人际维护、工作家庭平衡等方面的具体行动、需要动用的资源及方案要素间的协调方式与配合步骤等。大学是一个过渡阶段，大学四年的学涯发展规划是职业生涯短期规划的重点，可参照生涯九宫格，从学业、人际、职业准备、情感生活、身心健康等九个维度合理设计大学四年行动方案，为入职做准备。

随着生涯角色的增加，踏入职场后的行动方案中，行动维度的数量也在不断增加，如增加了工作与家庭的平衡、职场适应及职位晋升等维度。因此，入职后的行动方案比学习生涯阶段的行动方案内容上更加多元，并且更有针对性。

二、职业生涯规划行动方案的制订

制订职业生涯规划行动方案需要通过具体行动计划实现，行动计划需要与生涯的目标保持一致，如生涯目标有大学四年的去向目标，有在去向目标下制定的学业目标、生活成长目标和社会实践目标等内容。目标，也有以年度、学期、月、周、日为规划单位的阶段性目标。根据这些目标，分别定出四年、三年、两年、一年计划，一学期以及一月、一周、一日计划。计划制订好后，严格执行下去，让自己的大学生活始终在"有目标、有方案"的"可控、可测、可调"状态下进行。

1. 大学四年的行动计划

大学四年的行动计划是根据你的毕业去向总目标制订的行动方案，它可以按照年度为单位来制订。比如毕业去向是本科毕业后出国留学，那在学业上就要在高质量完成本专业要求的理论和实践课程基础上，特别加强留学要求的外语水平提升：第一学年先完成大学英语四级考试；第二学年开始准备 GRE、TOEFL 或者雅思考试；第三学年完成这些考试；第四学年具体联系相关学校。为了联系一所好学校，从第一学年开始，就要努力学习以确保每门功课成绩都排在前列，还要尽可能地参加社会实践和公益活动；要广泛汲取国外历史人文知识，了解国外的文化和风土人情；要锻炼和培养自己的交际和沟通能力。大学四年的行动计划表示例见表 5-1。

表 5-1　大学四年的行动计划表示例

实施时间		学业方面		成长方面		实践方面	
		目标	方案	目标	方案	目标	方案
第一学年	上学期						
	下学期						
第二学年	上学期						
	下学期						
第三学年	上学期						
	下学期						
第四学年	上学期						
	下学期						

2. 年度(或学期)行动计划

年度(或学期)行动计划是为了完成年度任务而制订的配套实施方案。比如第一年要通过英语四级考试，那每月要完成多少备考内容，或者在考前三个月内分配时间、规划学习进度，完成单词准备、语法提升及阅读听说能力提高等，考前一个月进行模拟考试和考试技巧的培训等。年度(或学期)行动计划表示例见表 5-2。

表 5-2 年度(或学期)行动计划表示例

实施时间	学业方面		成长方面		实践方面	
	目标	方案	目标	方案	目标	方案
1 月						
2 月						
3 月						
4 月						
5 月						
6 月						
12 月						

3. 月度行动计划

月度行动计划围绕月度目标来制订,它应以每周为单位来制订,如计划本月完成 3 000 个单词的学习,那前两周每周安排 1 000 个单词的学习,后两周每周安排 500 个单词的学习等。这些计划包括要做的工作、应完成的任务、质和量方面的要求等。月度行动计划表示例见表 5-3。

表 5-3 月度行动计划表示例

实施时间	学业方面		成长方面		实践方面	
	目标	方案	目标	方案	目标	方案
第 1 周						
第 2 周						
第 3 周						
第 4 周						

4. 周行动计划

周行动计划围绕周目标来制订,但应以每天的行动方案为单位来制订。还是以英语学习为例,比如一周要完成 1 000 个单词的学习,那每天至少要完成 150~200 个单词的积累。周行动计划表示例见表 5-4。

表 5-4 周行动计划表示例

实施时间	学业方面		成长方面		实践方面	
	目标	方案	目标	方案	目标	方案
星期一						
星期二						
星期三						
星期四						
星期五						
星期六						
星期日						

5. 日行动计划

日行动计划是计划中最细小的单位，它围绕每天的目标来制订，一般计划到每小时的工作安排，非常具体。比如，每天安排早上 6:00—7:00、晚上 9:00—10:00 学习英语等。每天晚上进行当日总结并考虑明天的计划。一日行动计划表示例见表 5-5。

表 5-5 一日行动计划表示例

实施时间	学业方面		成长方面		实践方面	
	目标	方案	目标	方案	目标	方案
6:00—7:00						
7:00—8:00						
8:00—9:00						
⋮						
21:00—22:00						
22:00—23:00						

三、职业生涯规划行动方案的监督及反馈

为了保证自己的行动与努力的目标一致，需要最大限度地根据所确定的职业生涯发展规划约束自己的行为。然而在实际情况中，大学生的生活也可能出现许多意外干扰他们的计划，这时就需要践行者们加倍地珍惜时间，把耽误的时间补回来。更实际的建议是践行者们在制订具体方案时，要留有一定的机动时间去处理那些特殊事件。这里提出几项措施，帮助大学生更好地实施、强化或修正自己的职业生涯规划行动方案。

(1)保证经常回顾构想和行动计划，保持积极的心态并主动努力。有些人有计划，但总是不将计划放在心上，缺乏时间观念，把过多的时间和精力浪费在不相干的事务上，导致与生涯发展机遇擦肩而过。

(2)如果自己的理想蓝图发生变化，职业生涯构想和行动计划也要做出相应的变动，而目标和策略也应随之改变。计划毕竟是计划，往往需要和现实结合起来，实施动态管理，否则，缺乏灵活性，也会导致计划执行过于僵硬甚至最终落空。

(3)利用一切可以利用的时间与空间，深化行动计划和方案在脑海中的印象。为了避免自己忘记重要的学习目标和时间表，最好将这些内容放在自己经常能看得见的地方，如写在日历上、存入电脑或贴在床头等可经常看见的地方，时常提醒自己。

(4)当做出一个对学习和生活极其重要的决定时，请考虑一下职业生涯规划方案和行动计划，并确保正在仔细考虑的决策与自己的本意相符。有的情况下，一些诱因使你能获得短期收获，但从长期考虑却会有损失。比如，很多大学生在面对毕业后是考研还是就业的问题时犹豫不决，这时就应拿出自己的计划好好看一下，明确自己的本意和设想，从而避免出现随大流的盲目行为。

(5)与亲朋好友讨论自己的职业生涯构想和行动计划，并询问实现该构想和计划的途径。向亲朋好友公开自己的职业生涯规划，他们往往能督促自己的行动。如果计划只有自己知道，往往在遇到困难时容易退步，而且心理上没有压力。反之，如果事先将自己的设想告诉家人和朋友，一方面，可以利用集体的智慧与策略，帮助自己设计最优的方案；另一方面，可以

对自己进行约束，提升责任感及激励力量。

（6）保证在固定的时间检查自己的学习进度。过程监督十分重要，监督可以发现职业生涯规划中存在的问题，可以考察计划的落实情况，可以有针对性地提出解决方案。如果感到生活过于忙乱，那就意味着目标不合理，需要进行调整。适时适当地调高目标，可以使自己的目标难度更合理，使成就水平更高。如果感到自己的生活节奏很慢、效率很低，没有实现原职业生涯规划的目标，就要考虑自己的目标水平是否足够高。当然，条件允许的情况下可以找一个共同进步的伙伴，互相监督，共同进步。

（7）要有毅力，抵得住诱惑。在绚烂丰富的大学生活中，同学们选择的生活方式必然会有所不同，坚定自己的信念，对自己诚实显得尤为重要。当短期目标和小计划没有实现时，同学们应及时反思、调整。千里之堤溃于蚁穴，勿让小小的怠慢拖垮整个方案计划。

【课堂活动】

根据下面的提示，为自己制定一个短期目标和月度行动计划。

（1）你希望在本学期期末实现什么样的目标？

（2）要实现这一目标，你需要完成哪些事情？

①＿＿＿＿＿＿＿＿＿＿＿＿＿＿＿＿＿＿＿＿＿＿＿＿＿＿＿＿＿＿＿

②＿＿＿＿＿＿＿＿＿＿＿＿＿＿＿＿＿＿＿＿＿＿＿＿＿＿＿＿＿＿＿

③＿＿＿＿＿＿＿＿＿＿＿＿＿＿＿＿＿＿＿＿＿＿＿＿＿＿＿＿＿＿＿

（3）这些事情计划什么时候完成？请制订月度行动计划帮助你实现这个短期目标。

四、职业生涯规划书的撰写

职业生涯规划书是大学生职业生涯发展计划的具体描述，是大学生职业生涯规划过程中思考和总结的书面呈现。

（一）职业生涯规划书写作的原则

1. 清晰性原则

职业生涯规划书中一定要有清晰、明确的职业目标，要围绕这个职业目标制定可以实行的行动。各阶段的线路划分与安排一定要具体可行，有时间限制和量化的数据。

2. 挑战性原则

职业生涯规划书所设定的生涯目标要在充分考虑自身情况和目标达成度的基础上具有一定的挑战性，这样在执行规划时需要付出一定的努力，能够激励个人实现职业能力的提升，目标达成后也能获得较大的成就感。

3. 可行性原则

职业生涯规划书的撰写要有事实依据，要根据个人特点、组织和社会发展需要来写作，不能不着边际，脱离现实情况。

（二）职业生涯规划书的基本内容

职业生涯规划书一般由标题、前言、正文构成。

1．标题

作为文书，标题是必不可少的，它用来表明文书的性质，甚至起到引人注目的作用。例如，可以直接写"大学生/×××职业生涯规划书"；或者融入个人感情，如"当梦想照进现实"；或者概括个人职业生涯规划的特点，如将一份定位于服装租赁行业的创业规划书命名为"五彩霓裳饰人生"。后两种情况可以在引标题或副标题中注明"×××职业生涯规划书。

2．前言

前言主要概括说明规划人目前的基本情况，规划的原因、依据、目的和方法等。

3．正文

正文分为三个部分：一是对于职业环境和自我的认知，二是职业生涯规划目标分解与具体措施，三是评估结果和调整方案。

(1)职业环境和自我的认知。

对自我的认知是职业生涯规划的基础，在这一部分，需要运用到自我探索时分析出的结果，将个人的兴趣、性格、能力和价值观等因素结合起来进行分析。分析时可采用标准测量工具，也可以主观陈述，但前者更具科学性。分析的内容要力求详尽，重点突出，实事求是。

外部职业环境的分析需要具体分析哪些因素(例如，社会发展、政治与经济环境、国家政策、就业形势、社会需求、行业发展前景等宏观因素)对自身职业的发展有利或不利，分析其可能带来的机遇和挑战，以及可能对自身职业生涯发展造成的障碍。分析外部职业环境时还可以结合具体岗位的工作职责、工作内容、任职资格、工作条件等微观因素进行阐述和分析。

需要注意的是，要对从自我认知和环境分析中所得的大量信息进行简要提炼，转化为科学准确、有逻辑性的阐述，要为后续职业生涯规划决策提供有力支撑，而不是简单罗列信息。

(2)职业生涯规划目标分解与具体措施。

职业生涯规划目标的制定要与其实施措施和进程有较强的契合度。要根据前面的分析结果，找出自身与实际职业需求之间的差距，并有针对性地制订具体的方案来缩小差距，从而说明实现各个阶段目标的方法与时限。

(3)评估结果和调整方案。

在职业生涯规划书中需要设定一个科学客观的参考标准来评估目标实现的效果、职业生涯成果的实现程度等。若在职业生涯发展的过程中发现目标难以实现或者出现偏差，需要重新评估职业生涯规划，并根据具体情况对其进行修正，纠正规划目标与现实情况之间的偏差，使之更加行之有效，或者有备选方案，有备无患。

【拓展学习】

东流逝水，叶落纷纷，荏苒的时光就这样悄悄地、慢慢地消逝了，你将迎来新的工作、新的挑战，你需要认真地为此写一份职业生涯规划书。详见教材附录K《职业生涯规划手册：开启规划之门》，希望同学们精心整理、撰写。

第二节　打造职业化简历

一、求职前的准备

（一）知识和能力结构的认知与评价

"人贵有自知之明"。在求职之前，应试者至少应该从以下几个角度进行自我评判，发现自己的优势和不足、兴趣与潜能、职业适应性等关系重大的个人特征。

1. 自我认知——知识结构的优劣分析

知识结构，是指一个人所掌握的各类知识相互影响而形成的知识框架及各类知识的比重，包括自然科学和社会科学、普通知识和特殊知识、基础知识和专业知识、传统知识和现代知识的比重。这里的"比重"，不仅指数量关系，也指质量关系。

在开始求职行动前，应试者必须分析自己的知识结构，找出自己占优势的知识领域及处于劣势的知识领域，这样才能发挥优势、弥补不足。分析知识结构至少对自己有两方面的作用：一是根据自己的知识结构，选择适宜的职业。例如，如果自己在计算机软件方面有渊博的知识，却对管理学一窍不通，最好还是去搞科研开发，而不要去竞争管理者的职位。如果自己的文字功底很差，就不要去竞争文秘这样的职位。二是针对应聘职位所需的知识结构，尽快弥补不足，使自己的现有知识结构得到改变以适应职位的要求。例如，决定去应聘劳动局工资处的某一职位，但对工资管理知之甚少，就必须通过看书或向别人请教等方法尽快学习一些基础的实用工资管理知识，避免在面试过程中出现一问三不知的尴尬局面。

2. 自我评价——能力结构的倾向分析

一个人所具备的能力类型及各种能力的有机组合就是他的能力结构。能力的类型多种多样，包括记忆能力、理解能力、分析能力、综合能力、口头表达能力、文字表达能力、推理能力、机械工作能力、环境适应能力、反应能力与应变能力、人际关系能力、组织管理能力、想象力、创新能力、判断能力，等等。从不同角度或不同层面，可以划分不同的能力类型。每个人所具备的能力结构是不同的，即使具有同一种能力，能力的大小也会有差别。

在开始求职行动前，对自己的能力结构进行判断分析是必要的，不同的职业、不同的职位需要不同的能力结构。对自己的能力扬长避短是事业成功的有利条件。那么，如何来分析和评价自己的能力结构呢？我们在第二章中已经从理论和量表的角度为大家分析过了，同学们可以在实际的求职行动中进一步检验对自己的测评。除了凭自己的直觉和同别人比较来判断，可以借助能力倾向测验来判断，能力倾向测验相对比较客观。进行能力倾向测验，一是可判断一个人具有什么样的能力优势，即所谓的诊断功能；二是测定在所从事的工作中，成功和适应的可能性及发展潜能，即所谓的预测功能。

3. 自我测试——个性心理特征分析

个性是决定每个人心理和行为的普遍性和差异性的那些特征和倾向的较稳定的有机组

合。个性心理特征主要包括气质和性格两个方面。气质是与个人神经过程的特性相联系的行为特征。气质类型一般划分为多血质（活泼型）、胆汁质（兴奋型）、黏液质（安静型）、抑郁质（抑制型）四种。这四种类型为典型的气质类型，属于这些类型的人极少，多数人为中间气质型，即以某一类型气质为主，结合另一类型气质的一些行为特征。人们的气质存在着相当大的差异，对自己的气质类型做出评判，选择适于自己的工作，对每个人都是十分必要的。性格是个人对现实的稳定态度和习惯性的行为方式。与气质相比，人们的性格差异更是多样而复杂的。本书第二章第二节中已经做过详细论述。

（二）心理准备

应届生在求职时都会有些紧张和慌乱，所以开始求职行动前要学会调整自己的心态，克服紧张情绪，要充满信心，才能将自己最好的一面展现给用人单位。

尤其是接受面试的时候，应试者是一个接受提问与考查，同时又要自我表现的角色。这种角色往往让应试者出现两种极端倾向，或者因过于拘谨而表现不足，或者因表现过分而卖弄做作。这两种倾向都会影响面试成绩。因此，应试者在面试前一定要调整好自己的心态，对于面试有心理偏差的人，要做好心理调适。

1. 完美心理

完美主义又可分为：绝对的完美主义和相对的完美主义。绝对的完美主义者是永远的自我否定者，因为他永远达不到他为自己所定的任何一个目标；绝对的完美主义者意味着不知轻重、不分主次，他会强迫自己在每一个细节上做着过分的不必要的停留。相对的完美主义者只是希望别人把他看成一个无可挑剔的人。他认为，如果在日常工作中被老板发现了不完美之处，自己就会坐失良机。于是，他平时不轻易讲话，开会时坐在后排，尽可能不引人注意，唯恐被他人发现自己的缺点。

在面试前，完美主义者最愿做的是自己给自己制造数不清的想象中的心理压力；面试中，完美主义者会尽量地掩饰、遮盖自己的不足之处，然而却忽略了面试的根本目的——全面而准确地展现自己的优点。心理学研究指出，一个人的缺点必然是越抹越黑，一个人的优点则是越擦越亮。悦纳自己的优缺点和实际情况，可以为求职行动去除一些不必要的慌乱。

2. 恐惧心理

恐惧心理的表现形式有以下几种形式：第一，一见陌生人便脸红、紧张，说不出话，感到浑身不自在，这便是陌生恐惧。第二，当应试者去某单位应聘，恰巧办公室有许多人时，应试者会发觉众人的目光都投向自己，便会感到紧张、不自在。因为对方是一群人，而自己是单独一个人，自然会产生一种群体恐惧。这时就应该这样想："我是来应聘的，而我各方面的能力水平都不错，正是他们理想的人选。"第三，当应试者去某单位应聘时，尤其当面交流过程中，主持人是高级领导，则往往会被他们的显赫名声吓倒，一见面就会莫名其妙地紧张和不安，这就是高位恐惧。遇到这类情况，应试者应及时调整心态：对方地位高、名声大，但他们不是神，地位和头衔不过像一个人的衣帽罢了，从人格上说，人人都是平等的。应聘的是创造价值，并不是所谓高位人的施舍。可以从以下几个方面消除面试时的恐惧。

（1）选择大方、舒适、得体的服装。穿着整洁大方，尽量减少环境中的不适应因素，有助于应试者增强自信心，更容易与对方建立起平等关系。

（2）正视自己的紧张，并悦纳自己的状态。接受紧张情绪才能有效地缓解情绪，刻意地回避反而容易适得其反。

（3）利用微表情与对方进行细节交流。应试者在与面试官会面时，很可能会被对方的气势压倒，这时最好鼓起勇气，用亲切、有神的目光与对方交流，这样也有助于消除紧张情绪。

（4）寻找对方的弱点，缓解心理压力。如果感到心理有压力，面试时不妨仔细观察对方的仪容、服装及谈吐等，借以发现对方的缺点，这时就会产生一种放松感，不自觉地增强自己的勇气，建立起与对方平等的新关系，这样就会自如多了。

（5）深呼吸，帮助自己缓解紧张，保持冷静。与陌生人第一次会面，特别是在关系应聘成败的面试时，心里胆怯、情绪紧张是可以理解的。适当深呼吸，可以调节紧张情绪。另外，把拳头握紧、放松，反复几次，也有助于情绪的稳定。

3. 自卑心理

自卑感较强的人往往多愁善感、自惭形秽，觉得自己一无是处，各方面都不如别人。为了不使自己的自尊心受到伤害，往往自我封闭，不愿同别人进行较多的接触和交往。他们多是性格内向、勤于反思而又敏感多疑的人。他们的自尊心很强，但不懂得如何积极地获取自尊，而是采取消极退避的方式以保护自尊。自卑感较强的人一般都无法顺利地通过面试这一关。他们会较多地注意别人对自己的评价。当他们发现自己的某些缺点，特别是在求职面试过程中受到挫折后，为了维护自尊心，他们就会在面试中采取退避三舍的态度，表现出一种自卑的倾向，会产生不知所措的惊慌。有的人会出现脸红、低头、干笑、出冷汗等，有的人还会出现喉头颤抖、发音吐字不清，甚至嗓子突然失声、全身发软等现象。应试者这些缺乏自信的表现，往往会让面试官认为应试者缺乏生气、能力低下、适应性差，从而导致面试失败。

如果在求职面试过程中感到信心不足，在日常交往活动中不妨试着从以下几方面来强化自己的自信心，为成功面试做准备。

（1）在陌生人面前，自己不了解对方，但对方也不了解自己，要充分意识到自己的有利条件，不可妄自菲薄。

（2）保持与对方谈话时的沉默间隔，不要急不可待。这样会使自己有更多的思考时间，也使对方感到自己是一个充满自信的人。

（3）如果对方的音量超过自己，自己可以突然把声音变轻，这种音量差会给对方造成心理压力，使对方更想细心地听自己说。

（4）盯住对方的眼睛讲话。如果对方回避自己的目光，说明自己比他坚强。

（5）时刻提醒自己：人各有长短，都存在着有求于人和被人所求的可能，不能因为有求于人就感到自己低人一头，也不能因为被人所求而趾高气扬。

4. 焦虑心理

有焦虑心理的人很容易面试怯场。面试怯场是指在面试时应聘者心情过分紧张，导致感觉的敏锐性下降，知识、技能的回忆受阻，注意力集中不起来，影响自己原有能力的发挥。从现象上看，焦虑往往是不适应、担心、害怕的结果。在不同的场合下，怯场的原因是不一样的。求职者的面试焦虑心理可能是由以下原因形成的。

（1）评价能力。如果求职者把面试视为关系自己终身前途的奋力一搏，认为一旦失败，什么前途、理想、荣誉、幸福都将付诸东流，那么面试时的焦虑程度一定很高。其实，这种认识评价是不全面的。

（2）成熟程度。由于求职者已踏入人生"十字路口"，能充分意识到面试成绩对求职的影响，因此，焦虑水平显著升高。成熟程度体现出生理成熟对个体焦虑水平的影响。

（3）应试技能。训练有素的求职者，知识储备较多，在考场上就会得心应手、处之泰然，能分清轻重缓急，井然有序地回答问题。而平时缺乏训练，没有很好地掌握基本应试技能的人，在面试临场时极易产生慌乱现象，表现出更为紧张的状态。

在这里，提供几种克服紧张的方法。

（1）努力形成考前的良好竞技状态，保证必要的运动、休息、文化娱乐时间。

（2）要做好充分的准备工作。预计到自己临场可能很紧张，应事先请有关老师或同学充当"面试官"，举办模拟面试，找出可能存在的问题与不足，增强自己克服紧张的自信心。另外，面试的时候，提早到场，可以在场外安静地休息、放松自己。

（3）应反复告诫自己，不要把一次面试的得失看得太重要，应该明白自己紧张，竞争对手也不轻松，也有可能出差错，甚至可能不如自己。在同等条件下，克服了紧张，大方、镇定、从容地回答每个提问，就会取得胜利。即使面试失败、"榜上无名"，但"脚下有路"。

（4）掌握正确的应试方法，熟悉不同题型的要求和回答技巧。不要急着回答问题。面试官问完问题后，求职者可以考虑五至十秒钟后再回答。在回答时，要注意语速不可太快，太快容易使思维与表达脱节，快了也容易表达不清。一旦意识到这些情况，会更紧张，结果导致面试难以取得应有的效果。面试时切记，讲话一定要不紧不慢、逻辑严密、条理清楚、让人信服。

（5）倘若在面试过程中怯场，最好是转移注意力。可以数数，可以背英语字母表，也可以深呼吸，这些转移注意力的方法，都可以缓解已出现的怯场现象。

人与人之间的认知很大程度上来自第一印象，简历就是求职者给用人单位的第一印象，是大学生向用人单位推销自己的"个人广告"。简历写得越合适，与岗位的匹配度越高，获得进一步交流的机会的概率就越大。在个人简历中，大学生要充分展现自己的职业能力，争取获得公司的面试邀请。

二、简历的基本要素

对于应届生来说，无论是中文简历还是英文简历，都应该包括个人最基本的信息与申请职位相关的信息，即以下要素。

（1）个人信息（Personal Information）；

（2）求职意向（Job Objective）；

（3）教育背景（Education Academic Background）；

（4）工作或者实习经历（Professional Experience）；

（5）社会实践（Social Practice）；

（6）奖励情况（Honors and Awards）；

（7）语言、软件等实用技能（Language and Software Skills）；

（8）其他个人信息（Other Information）。

简历的各个要素间存在着一定的逻辑关系和前后顺序，建议按照以上内容及顺序来撰写简历。但这些内容和顺序并不是一成不变的，可以结合自己的个人情况和特点，调整相关内容的顺序，并不是所有要素都必须涉及。例如，大学生在撰写简历时最常遇见的情况就是，工作或者实习经历和社会实践这两个要素并不是完全能够区别开来或者同时都具备。因此，有时候可以考虑合并成相关内容至其中一个要素板块中去，这就要根据具体情况而定。

简历的各个要素前后顺序调整的一个基本原则就是——重要的、能突出个人优势或者与职位要求关联度较高的技能等内容要体现在前面，不重要的内容体现在后面，甚至可以从简历中删除。

一般而言，我们将简历上所有的内容总结为三大模块：基础信息、个人经历、附加信息。

（一）基础信息

1. 简单的个人信息

简单的个人信息包含姓名、性别、学历、出生年月、联系方式、婚姻状况等。不过，建议根据岗位需求的不同，有针对性地填写关键信息。比如说工程师的岗位，就不需要写身高的具体信息，但是如果行政岗位的招聘信息里有明确的身高要求，那就需要在简历中体现相关信息。

2. 个人照片

简历中若要体现个人照片，建议放置标准的证件照。证件照的底色可以采用米白色、浅灰色、浅蓝色，不建议选择大红底、深蓝底的证件照。至于证件照的着装要求是否一定需要职业装，需根据所应聘的岗位来判定。如果应聘的岗位是律师、银行、财会之类等企业文化氛围比较商务或比较严肃的行业或公司，建议选择职业装。

3. 教育信息

教育信息主要指大学生大学阶段至就业前所获得的最高学历阶段之间的教育经历，主要包括教育时间、毕业院校、所学专业、获得学位等。例如：

××××年××月××大学××专业学士

填写教育背景信息时建议采用时间倒序的形式，把所获得的最高学历写在最前面。

教育信息栏目还可以体现一下在校学习的主修课程，尤其要体现与求职意向关联度较高的课程。另外，为了强调自身的专业学习能力，可以将专业排名和成绩绩点体现在教育信息栏目。

如果在校期间有获得与专业学习、学科竞赛相关联的荣誉，如奖学金、学科竞赛等，也可以选取2~3个关键的、含金量较高的荣誉体现在教育信息栏目。

（二）个人经历

个人经历是简历的核心部分，是反映大学生实践能力和岗位适应能力的主要内容，也是用人单位招聘时最关注的部分。

1. 挖掘个人经历

在撰写个人经历之前，需要认真仔细地回顾个人的教育经历、工作经历、社团经历，细致地分析经历中个人觉得具有成就感的事件,甚至是一些不起眼的小事,比如组织班级聚会、帮助同学打印材料、完成翻转课堂的汇报、兼职活动等。将所挖掘出来的个人经历先使用较为详细的语言展开描述,发现经历中所体现的个人职业能力。比如负责社团招募和酒店兼职的个人经历,展开详细描述示例如下。

负责社团招募:某次社团招募新生的活动中,通过积极收集学弟学妹信息,并且深入沟通了解对方的需求,针对性地介绍加入社团的优点,为社团招募到 50 名新生(比前一年招募人数增长 50%),锻炼了我的沟通能力,也锻炼了我的接待能力。

酒店兼职:参与酒店活动接待,根据活动现场实际情况,结合客户反馈,并积极与客户沟通交流,提高客户满意度,并得到公司的书面表扬。酒店兼职活动,锻炼了我的接待能力与沟通能力,让我认识到好的接待应该基于对客户的了解与沟通,积极满足客户的合理需求。

2. STAR 法则

个人经历的撰写不仅仅是简单列举做了什么事情,而是需要通过对经历的描述来体现个人职业能力,所以要用精练的语言体现经历中执行任务时所采取的具体行动。

对比下面 A、B 两则关于行政助理工作的实习经历描述,会发现 A 的表述方式让观者能获得的关于个人职业能力大小的信息较为匮乏,B 的描述方式相对来说内容较为详细和丰满,充分体现了个人在某段经历中的职业能力。

A:接待拜访的客户。

B:负责重要客户的来访接待,做好访客信息登记,跟进潜在客户合作的后续需求。

此外,在个人经历结果的描述上,尽可能用量化的数据来体现获得成果的大小。比较下面 C、D 两则个人经历结果的描述,会发现量化的表述方式精准地体现了个人职业能力的高低。用人单位在筛选简历的时候,有足够的数据支撑来判断求职者是否符合本单位的用人标准。

C:收集并分析数据,撰写相关报告。曾主管 ISO 9000 认证。

D:收集并分析每日运营数据 800～1 000 条,抽取 KPI(用户需求处理率等)加以分析并汇报,在 9 个月内使企业完全达到了 ISO 9000 认证的标准。

个人经历的撰写建议采用 STAR 法则来展开。在撰写社会实践、校园经历、工作经历时遵循 STAR 法则,可以有效地体现个人实践能力。

S(Situation)代表背景情况,在描述个人经历时首先要写清楚事情是在什么样的情况下发生的,简要描述一下背景情况及面临的问题与难点。

T(Task)代表目标任务,在该部分要简要描述在一段经历中,承担的任务和目标是什么。

A(Action)代表采取的行动,该部分需要较为详细地呈现为了实现目标和任务,个人所采取的具体行动和解决方案。

R(Result)代表获得的结果,需简要概括在一段经历中,通过个人努力所获得的结果或者收获的职业技能。

举个例子:大学话剧比赛获得冠军。

S:2016 年年初,学院要求每个系出一部话剧作品参加院比赛,我们院共有 12 个系。

T:熟悉比赛规则、挑选成员、改编剧本、掌握话剧技巧及夺得冠军。

A:我负责改编剧本,并且根据成员特点分配好角色,连续两周每晚组织排练 1 小时。

在排练中不断优化剧情及调整表演细节，并做好资料撰写等后勤工作。

R：最后我们获得了广东省话剧二等奖。这次活动不仅锻炼了我的抗压力与执行力，更让我体会到，作为一名合格的组织者，善于发挥组员的特长相当重要。

（三）附加信息

附加信息是简历中锦上添花的部分，主要包括技能证书、兴趣爱好与自我评价。附加信息不是简历的重点内容，却可以从侧面体现应聘者的能力。

1. 技能证书

技能证书即个人所具备的语言、计算机、专业技能的等级或资格证。应尽可能体现与求职意向关联度较高的技能证书，尤其是一些对专业技能要求较高的岗位。同一技能证书的不同等级，只体现最高级别即可。例如，求职意向岗位是程序员，在技能证书部分只体现导游证、普通话等级证书、驾驶证这类关联性不强的内容，无法较好地体现个人技术能力的系统性。而在程序员这样专业技术要求比较高的岗位应聘中，如果只出现计算机一级这类比较基础的技能证书，则会降低用人单位对应聘者能力的信任度。

2. 兴趣爱好

兴趣爱好反映了自己的习惯和行为关注点等方面的信息，可以在自己诸多的兴趣爱好中挑选一两个与求职意向岗位相匹配的兴趣爱好进行简单说明，直接相关的最好，没有直接相关的，可以选择突出个人自我管理技能的。比如应聘的是电竞行业的工作，在兴趣爱好部分就可以简要描述一下游戏经验、对于各种游戏的看法等。

3. 自我评价

自我评价是求职者对自己的认知，一般是概括自己的突出优势、工作态度或者职业价值观等。绝大部分自我评价的写作都会犯语言表达较笼统且主观的错误，千篇一律，缺乏客观事实的证明。对比以下 A、B 两则自我评价的描述，建议采用 B 的自我评价表述方式，它用"论点+论据"的表达形式完成自我评价的写作。

A：本人热爱学习，能够吃苦耐劳，善于待人接物。

B：热爱学习：历年考试名列年级前 10 名，获得优秀毕业生称号。

吃苦耐劳：在校期间通过课外兼职赚取生活费，累计获得××元；每天坚持跑步，4 年期间累计跑步里程达到××公里。

三、简历书写的常见误区

1. 重设计，轻内容

有些人会被一些简历模板所误导，一味地追求视觉效果，导致简历中所提供的信息量严重不足，无法说明自己是否适合这份工作。如果简历不能传达用人单位所需的信息，再好看也和废纸无异。所以，简历最重要的还是内容，而不是设计。建议大学生在书写简历之前，根据自己的个人情况和求职意向，选择 2～3 份简历模板进行比对，挑选出最适合自己的，不要过于追求设计感而忽略了简历内容。

2. 内容占比不合理

优秀简历的阅读体验好，内容与求职意向匹配度高。我们需要把更多的篇幅放在工作、实习、项目、校园经验上面，尽可能将它们呈现在简历中较为醒目的位置，占用的篇幅应比个人信息、自我评价、技能证书等要素大一些。

3. 没有量化数据，全是形容词

量化数据能够较为精确地表明个人的职业能力水平。现代化的企业都追求数字化管理，用数据体现工作成果。所以在个人经历的描述中，如果只用形容词来体现成果，缺乏数据支撑，就没有说服力。

4. 夸大性描述

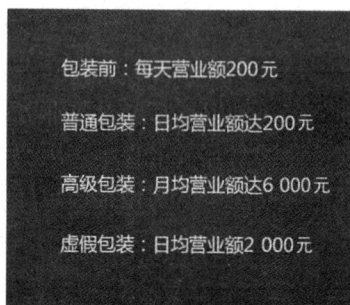

图 5-1 夸大性描述举例示意图

为了最大限度地在简历中突出个人优势，常常会用专业的词汇和数据对简历语言进行"包装"和"修饰"，但绝不是满嘴胡诌。夸大性描述举例示意图，如图 5-1 所示。

"每天"的词汇表达较为口语化，专业化的表达词汇为"日均"。所以普通包装仅仅修饰了专业化的词汇，对于营业额未进行夸大性描述。高级包装是将"日均"修饰成了"月均"，营业额数据相对应进行了修正，由"200"变成"6 000"。虽然这两种表述方式本质内容是一样的，但营业额数据由百位数变成千位数，无形之中进行了夸大性描述。但如果将日均营业额从"200"修饰成"2 000"，这就属于简历信息造假，是一种不道德的行为。

5. 海投简历

一份简历投递多个岗位，也是许多人存在的误区，因为不同企业的业务不一样，岗位要求的侧重点也不一样。所以在投递简历时，切记不要海投简历，而是需要根据求职意向对简历进行针对性修改。

【拓展学习】

简历造假能逃过 HR 的法眼吗？

简历是求职过程中非常重要的材料，有的同学为了简历尽可能符合用人单位的招聘要求，企图进行简历造假，简历造假真的能逃过 HR 的法眼吗？详见教材配套微课视频 5-1《简历造假能逃过 HR 的法眼吗？》，欢迎同学们扫码观看。

四、撰写简历前的准备

1. 确定目标公司和岗位

每一款产品都有它的目标客户，一份优秀的简历，也要有其针对的岗位，能够满足相应的岗位需求，才能获得用人单位的青睐，提高进入招聘下一个环节的概率。

在撰写简历之前，先要明确个人的职业目标，想去什么样的公司，做什么样的岗位。只有知道了自己想要做什么，才能有针对性地撰写简历，写出符合岗位要求的简历。如图 5-2 所示为简历制作前自我定位示意图。

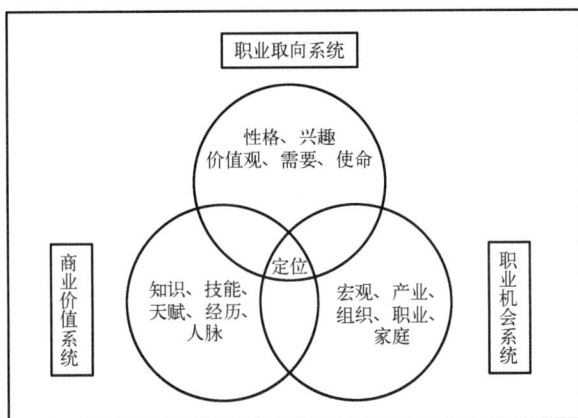

图 5-2　简历制作前自我定位示意图

2. 分析岗位需求，拆解岗位需求（Job Description）

写销售文案的时候，为了满足用户不同的需求，经常会找来一些用户了解他们的实际需求。通过一线的调研，我们就可以知道用户到底需要什么，我们能给他提供什么方案，让他的需求更好地得到满足。这个方法同样适用于简历写作，即在撰写简历之前，先分析用人单位的需求。

如图 5-3 所示，这是一则保险公司的社群运营的招聘岗位信息。针对岗位要求的第一条："制定社群运营整体策略,依据业务目标和计划,制定和拆解运营工作目标,对销售目标负责",举例说明如何进行岗位需求的拆解分析。

保险直营业务部招聘
社群运营
25k～40k/上海/经验 3～5 年/本科及以上/全职
职位诱惑：
晋升机会多，弹性工时，扁平化管理
职位描述：
1. 制定社群运营整体策略，依据业务目标和计划，制定和拆解运营工作目标，对销售目标负责；
2. 优化社群运营策略及流程规范，推动社群良性发展；
3. 策划、推进社群主题活动，提升社群用户黏性及活跃度；
4. 制订各类平台活动、平台政策的宣导及咨询解释方案；
5. 分析社群客户数据，收集并反馈客户需求，与各部门同事协作提升用户体验。
任职资格：
1. 本科及以上学历，3～5 年以上相关工作经验；
2. 有微信、微博、QQ 群运营经验；积极的学习能力和敏锐的客户需求嗅觉；
3. 有良好的沟通能力、有用户运营和团队管理能力优先考虑；
4. 能适应高强度的工作节奏。

图 5-3　招聘岗位信息

从对职位描述的第一条进行拆解分析可知，该岗位需要具备：

(1)沟通交流能力：社群需要与客户进行互动，所以需要具备一定的沟通交流能力；

(2)文案写作能力：需要制定社区运营策略，同时在社群运作的时候，需要配合销售文案完成相应销售目标，所以必须具备文案写作能力；

（3）成功案例：要对销售目标负责，所以需要体现个人的销售能力和销售成果，如果过往有运营社群或者销售的成功案例，就可以成为例证，体现个人运营能力和销售能力。

综上，如果要应聘该公司社群运营岗位，在个人简历中就须结合社群运营的工作经历来重点突出沟通交流能力、文案写作能力，否则将适得其反。

3．拉近和目标岗位的距离

一般企业在评估人才的时候，都会看能力与岗位的匹配程度，最终决定是否录用。相比于具备高能力，用人单位更看重匹配度较高的应聘者。因此，在制作简历的过程中，拆解分析完岗位需求后，要尽可能突出个人具有对应岗位需求的能力，在个人简历中重点突出匹配度较高的内容，拉近与目标岗位之间的距离。岗位匹配示意图如图5-4所示。

五、简历的设计

在设计简历版式时，要以"10秒内能看到重要信息"为设计目标。特别是大公司的招聘人员，每次可能会收到几百份简历，每一份简历被阅读的时间，都是以秒来计算的，以便能够提高简历筛选的效率。如果要让个人简历在筛选环节脱颖而出，简历的版面设计就要让招聘人员在10秒内尽可能看到更多的内容。

人的常规阅读习惯是"先从左至右，然后从上至下"，如图5-5所示。如果仔细观察还会发现：当人的视线向下移动的时候，往往更容易看到的是右边的内容。

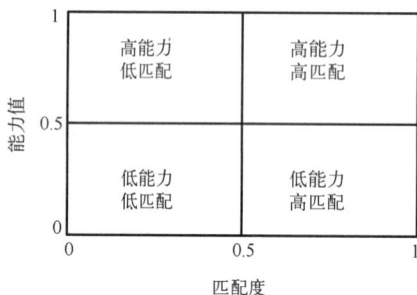

图5-4　岗位匹配示意图

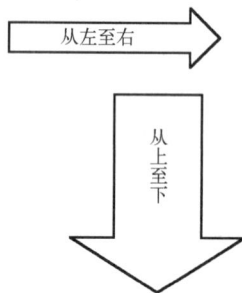

图5-5　视线顺序示意图

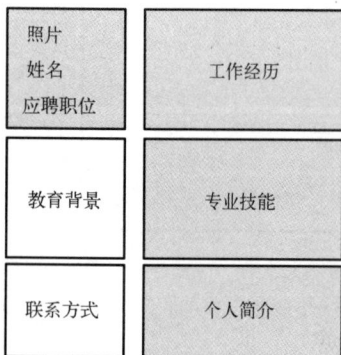

图5-6　推荐简历排版

所以，我们在阅读整个版面的时候是以一种"倒L"形的顺序阅读。所以要按照这种顺序，把信息按重要程度递减去配置在这条路线上。理论上可以让招聘人员在最短的时间内发现最重要的内容。推荐简历排版如图5-6所示。

六、简历格式的要求

（一）简历的规格、版式

无论简历内容多丰富，如果没有使用好的规格和版式，也会造成简历最大效用的丧失，因为用人单位更希望看到的是疏密有致、主次分明的简历。所以在制作简历时，除了要思考简历的内容如何写，还要特别留意简历的规格和版式。

（二）简历的篇幅

简历的篇幅最好控制在一页纸以内。如果简历内容实在无法精简压缩至一页，那么务必保证将第二页扩展至三分之二以上。同时，要注意将最相关、最能体现你优势的信息放在第一页。

（三）字体和字号

在简历中，小标题和题头部分的姓名可以用黑体，而正文部分一般采用宋体字。尽量避免在一份简历中使用多种字体，少用斜体和下画线，在必要的时候可以适当地采用粗体字进行突出与强调，但不宜使用过多粗体字，否则就没有突出强调的作用。简历上的姓名一般用大号字，通常为二号字。教育背景、工作或实习经历等每项要素的标题可以用五号黑体字来强调，正文通常使用五号字。简历写完后要注意检查所有的简历要素的字体是否协调一致。

（四）留白

虽然说简历以一页纸为最佳，但切记不要将简历内容安排得太满太密，让简历看上去密密麻麻的。适当地设置页边距留白，这样才能让面试官在浏览简历时舒适一些，不至于太吃力。

（五）整齐

在描述工作实习经历、社会实践经历等具体内容时，最好使用项目符号来对齐，注意使用统一的项目符号。每个项目题目最好用灰色条纹打底，既能突出显示，又能起到分隔的作用。

（六）用纸及打印

一般打印简历，建议使用克数较重的纸张，尺寸为 A4。要注意尽量少用复印的简历，不要选择彩色打印，不要选择喷墨打印，要用激光打印。

（七）排版和格式

就和考完试需要检查一下答题内容一样，在进行简历投递之前，也需要再三检查一下你所表达的信息，避免出现错别字，核验基础信息是否正确、简历语言是否准确精练、行间距是否一致，确保没有排版和格式上的细节问题后再进行投递。

另外，简历的格式建议采用 PDF 进行储存和发送，避免文件出现乱码的现象。

【课堂活动】

简历挑错游戏

为了让大家检验一下自己对简历水平的评审能力，请你在 10 分钟之内从同学的初版简历中挑出 13 个失误之处。这个练习为了让大家检验一下自己对简历的评审能力，帮助参与者明确简历要素，提高简历制作水平。要明白写完简历并非大功告成，简历完成后要仔细、不断地进行修改和修正，因为有错别字或语法错误的简历，通常是最容易被刷下来的。

阶段 1：

每个参与者从给定简历中挑出 13 个失误之处，时间为 5 分钟。

阶段 2：

每个参与者和同伴讨论他们的选择，时间为 10 分钟。

阶段 3：

组织者结合简历要素及制作要求进行讲解，时间为 10 分钟。

总结：

如果你不能在规定时间里将错误全部挑出来，表明你的写作能力有待提高，你自己在写作简历中恐怕也会犯同样甚至更多的错误。有经验的招聘经理能在 5 分钟之内就挑出所有错误。如果把你的简历和一个与你背景相似的人的简历放在一起，谁的错误更多便一目了然，正规公司对你的取舍也将不言而喻。

七、其他求职材料

（一）求职信

求职信是求职者写给用人单位的信，属于商业信函，要求规范与专业，足以吸引用人单位的目光。求职信的目的是引起用人单位的兴趣，让对方了解自己、相信自己、录用自己。

有效的求职信其实只要认真地说明以下 3 个问题就可以。

(1)求职意愿。

(2)集中说明自己与职位相匹配的优势及工作经历等。

(3)对岗位的期待和进一步交流的意向，也就是争取面试的机会。

写求职信的时候，要有正在和某个人说话的感觉。求职信中所呈现出的你应该热情洋溢、彬彬有礼、不卑不亢，使对方产生"此人值得一见"的效果。

1．求职信的内容结构

求职信与商业信函的结构是一致的，同样以称谓及问候起头，然后是正文，再以结束语、落款和撰写日期告终。正文部分的内容通常也可以从四方面入手：开头部分、简要的自我介绍、联系方式和结尾部分。求职信的正文中，首先应介绍求职者的身份和写信目的，其次写出自己的优势或长处，并写清楚电话预约面试的可能时间范围，或表明希望迅速得到回音，最后在结尾处感谢对方阅读并考虑应聘请求。一封标准的求职信的正文应当包括以下内容。

① 列举写信的理由，包括从何处得悉招聘信息，申请的目的和应聘的原因，以及自己希望申请的职位等，让招聘人员对求职者的意图一目了然。

② 自我介绍，说明自己为什么适合申请的职位。注意要提出自己能为未来雇主做些什么，而不是他们能为求职者本人做些什么，以此打动招聘人。

③ 简明突出优势，即说明为什么自己比别人更适合这个位置。

④ 强调与申请职位相关的经历，包括培训、实践、技能和成就等。用事实和表现证明自己的优势。

⑤ 提出进一步行动的请求。在结尾段落中，求职者可以建议如何进一步联络，留下可以随时联系到自己的电话或地址。同时，对阅读者表示感谢。招聘人员每天要阅读大量的简历，一句关切的问候会给人留下很深的印象。

2. 求职信的撰写规则

一封效果良好的求职信首先必须有完整的内容结构。其次撰写人还要掌握一定的写作规则，以免走入误区，收到反效果。一般来说，求职信的撰写规则主要有以下几条。

(1) 量体裁衣，量身定做。面对不同的招聘单位和具体职位，求职信在内容侧重点上有所不同，必须有很明确的针对性。求职信不能像简历那样"千篇一律"，否则很容易被有经验的招聘人员识破并弃置一旁。

(2) 突出主题，引人入胜。求职信一般只有几秒钟的时间吸引招聘者继续看下去。在求职信中要重点突出求职者的背景材料中与未来雇主最有关系的内容。通常招聘人员对与自身企业有关的信息最为敏感，因此要把自己与企业或职位之间最重要的信息表达清楚。

(3) 言简意赅，避免冗长。求职信最好不要超过一页，字数以"在正常邮件界面的阅读情况下，不拖动滚条就可以看完正文"为参考，除非招聘人员索要进一步的详细信息；而且内容要短小精悍，避免空泛和啰唆。因为招聘人员的工作量很大，时间宝贵，求职信过长会使其工作效率大大降低。

(4) 语句通顺，文字规范。一封好的求职信不仅能体现求职者清晰的思路和良好的表达能力，还能考察出其性格特征和职业化程度。所以，一定要注意精雕细琢信中的措辞和语言，切忌有错字、别字、病句及文理欠通顺的现象发生。

(5) 实事求是，切忌吹嘘。从求职信中看到的不只是一个人的经历，还有品格。诚实是招聘单位对新员工最基本的要求。有的求职信没有任何豪言壮语，也没有使用任何华丽的词汇，却使人读来觉得亲切、自然、实实在在。

(6) 表达准确，定位清晰。在求职信正式发送之前，先给身边的人看一下。这也是求职信撰写中的一个重要技巧，目的是避免歧义的产生，让求职信能更好地、更准确地传达出求职者所要传达的信息。

(7) 规避模板，凸显个性。大多数应届生找工作时都是在招聘网站上注册账号，根据网站提供的模板填充内容，然后在网站上浏览到合适的公司及职位，发送简历。但是在求职的过程中，最需要做的事情就是引起 HR 的注意，主动争取机会，而不是很幸运地被 HR 从无数千篇一律的简历中选出来。所以一旦有公司可以通过邮箱投递简历，你的机会就来了。在 HR 邮箱中的几千份简历里，与众多的"此邮件来自××招聘网"的简历区别开来，就是你努力的目标。

(二)简历附件

这是指简历中所列的各种奖励、证书等凭证，是要告诉对方所列事项有凭有据。这个时候你就要准备好学习成绩单、英语成绩、计算机能力、荣誉、奖学金、职业资格、社会实践证明等各种材料原件及复印件。当然，并不是所有的简历都必须附上厚厚的一摞资料，而是要在明确企业及职位要求的基础上，有选择地附上相关资料。注意不要用压缩包的形式发送简历附件，让招聘人员易记易查找、节省时间也能加深印象。

(三)推荐表

推荐表一般是由学校为需要的应届毕业生所准备的推荐资料，能够比较客观、真实地说明情况。一般企业也会仔细查看这份资料，一些大企业在正式录用时还会让你提交推荐表的原件。

八、简历的投递

能否获得面试机会,除了受简历质量的影响,简历投递的方式方法对求职成功也有不小的影响。简历投递的途径主要有现场投递和网络投递。

(一)现场投递

一般企业不会接受求职者的上门拜访,现场投递最常见的方式就是人才招聘会。简历投递前要仔细检查各项信息的完整性,不要忘了贴照片、附上相关证明资料等。

现场投递时还应注意,不要盲目乱投简历,不管企业招不招应届生,放下简历就走。大部分人事主管会对在招聘会上收集到的简历,当时就做一个简单的区分,区分哪些是要尽快约见的、哪些是予以考虑的、哪些是不予考虑的。投递完简历要争取和现场的招聘人员做一个简单交流,留下一个好印象,这样才更有可能争取到面试的机会。

(二)网络投递

网络投递也是最常见的投递方法之一,可以从知名的大型招聘网上投递,可以上专场网络招聘会,还可以直接向用人单位的网站或邮箱投递。网络投递的门槛较低,岗位竞争者不受地域限制,因此竞争也比较激烈,想要在众多的网投简历中脱颖而出,是非常有技巧的。

第一,要有的放矢。首先仔细浏览招聘单位的简介、招聘职位的要求、信息发布的时间、有效期等。掌握了这些真实的情况后,再结合自己的实情决定是否投递简历。用人单位发布招聘信息的第一时间是投递的最佳时间。

第二,不要向同一家单位申请多个职位。招聘主管不会因为你申请了多个职位而认为你什么都能干,相反,会认为你没有目标只是盲目地乱投简历。

第三,按招聘单位的要求投递简历。有的单位对简历格式、附件都作了特别的要求,如果没有按招聘单位的要求去做,简历再精彩也会被直接删除而错过机会。

第四,电子邮件的主题要醒目。如果企业招聘有应聘格式要求,请按照要求来撰写标题。如果没有特殊要求,一般情况下可写"应聘职位+姓名+1~2个亮点",千万不要空着。同时注意添加重要信息。若招聘启事上有写"希望尽快到岗,急聘"等字眼,请在求职邮件标题写明"随时到岗"。

很多人力资源部门会要求实习简历以"学校—专业—年级—名字—到岗时间—工作时间"这样的方式命名。学校:最直接的筛选依据。注意在这里不需要写出学校的全称,写出大家都明白的缩写即可。专业:专业主要是为了筛选对口情况。年级:主要用来判断是否熟练、判断是否需要留用。一般大二比大一的同学好用,大三比大二的同学好用。到岗时间:一般实习信息会在前任实习快结束、表现不好、任务很多的时候放出来,因此要求到岗时间越快越好。工作时间:越多越好,越久越好。

第五,把简历存在各大招聘网站上。凡是使用网络招聘的单位,都会主动到网站上搜索所需的人才。当他们需要学你这个专业的应届毕业生时,他们就能搜到你的简历并主动跟你联系。

第六,做好投递记录。很多人投递简历像天女散花一样,当有一家公司通知面试时,却半天也想不起来是哪家公司。这会让招聘单位觉得你不重视这个机会,对你的印象会大打折扣。建议做一个投递信息的记录,以免张冠李戴对不上号。

第七，发送邮件的最佳时机。用人单位每天会收到大量的简历，通常邮件系统会按照接收时间对邮件进行排序，最新的邮件会显示在前列。选择恰当的时间可以使自己的简历更容易被用人单位关注。

推荐选择两个时间段：一是上午 8—9 点之前，二是下午 1—2 点。如果你在这个时间段发送邮件，那么等到上午 9 点、下午 2 点人力资源部门开始工作时，你的邮件就会排在上面，被 HR 看到和打开的概率较高。当然，在一周中最不建议在周五下午或者周末发邮件，还是同样的道理，这个时间点发送容易被众多简历淹没。

第八，一份检查清单。用邮件投递简历只是一件小事，但如果你想要避免低级错误，这里有一份清单可以给你做检查参考。

发送简历前的检查清单：

- 收件人地址是否正确?
- 邮件主题是否与简历、附件命名一致?
- 求职信是否根据岗位进行了调整?
- 求职信中是否有错别字?
- 求职信中对招聘单位的称呼是否正确?
- 求职信是否有落款?
- 附件是否已添加?
- 发件人是否为自己的姓名?

【课堂活动】

求职简历分析

下面是一位大学生的求职简历，试分析其优缺点。

求职意向

期望工作地区：长沙

期望月薪：不显示当前月薪范围

目前状况：目前暂无跳槽打算

期望工作性质：兼职

期望从事职业：其他

期望从事行业：其他

工作经历

2018.11 至今湖南省歌舞剧院(2 年)

其他工作描述：湖南省歌舞剧院男高音独唱演员，毕业于星海音乐学院声歌系音乐表演美声唱法专业，毕业后在意大利师从科莫音乐学院教授 Patrizia Patelmo 学习美声唱法，现在湖南省歌舞剧院从事音乐剧及演唱表演。

2019.09　湘明国际旅游节

2019.03　国家艺术基金音乐剧《袁隆平》——湖南大剧院巡演

2019.11　2019 届长沙北山山歌旅游节

2018.12　2018 年湖南新春音乐会

教育经历

2011.09—2015.07　　星海音乐学院音乐表演本科

分析要点如下。

(1)必要信息(如姓名、联系方式等)是否完整?

(2)求职意向是否明确?

(3)教育背景是否完整?

(4)职业技能(如英语、计算机、专业技能)是否符合岗位要求?

【拓展阅读】

能让招聘专员多看两分钟的简历

1. 什么是优秀简历

优秀简历的标准仁者见仁,但有一点不可否认,那就是优秀简历能抓住招聘专员的眼球,让招聘专员花尽可能多的时间停留在这份简历上。那么,什么内容是招聘专员在最初的 10 秒内最想看的?

毫无疑问,那就是工作经验,对于应届生来说,就是实习经历和社团经历。简历中还要学会用"关键词、数字、结果"来描述经历,让实习和社团经历有血有肉地丰满起来。比如在报社实习,你可以用一段话写出你在实习中发了多少稿、稿件的社会价值在哪里等。当你描述了这段实习经历之后,你简历的含金量将成倍增长。

2. 招聘专员是怎样筛选简历的

简历的内容大体分为两部分,客观内容主要有个人信息、教育经历、工作经历、个人成绩 4 个方面;主观内容主要有应聘者对自己的描述。一般来说,面试官的考查重点放在客观内容上,面试官会仔细寻找与成就有关的内容。"在工作经历与个人成绩方面,描述要有条理、符合逻辑。如一份简历在描述自己的工作经历时,列举了一些著名单位和一些高级岗位,而他所应聘的却是一个普通岗位。如果招聘专员觉得简历中有虚假成分,一般会将应聘者淘汰掉。"

3. 不应只拥有一份简历模板

企业需要你具备什么素质,在你的简历中就应当体现这些素质,并将对方不需要的删除在简历之外。"人岗匹配"原则提醒我们,进入职场不应该只拥有一份简历模板。

一般而言,外企只需要简单的个人信息即可。简历中最重要的项目是应聘者过去的经历能否说明其具备一定的素质和能力,并判断其个性特征是否符合企业文化,这要求应聘者用详细的文字或数字化的语言描述在实习中的具体工作及成果。而国企较为看重的因素有专业课程和成绩、学术活动、研究生师从的导师、与申请职位相关度很强的实习经历、是否为学生干部等。

4. 教你几招

(1)不抄袭求职信。把自己的优势、特点融入其中,撰写出属于自己的独一无二的求职信。

(2)采用倒叙方式。建议最好采用倒叙方式来写,直接从最近的时间入手。

(3)增加创造力。可以用演示文稿、网页等个性化手段来彰显自己的创新能力、工作能力等。

(4)引用别人的评价。适当引用别人对你的评价来写"自我评价",既客观真实又能引起共鸣和注意。

(5) 不必附加证书。避免在第一轮递简历时就附加很多证书的现象。千万不要这样做，也无须这样做。

（资料来源：作者根据网上资料整理.）

第三节　认识面试

一、面试的含义

(一)面试的概念

面试是一种通过精心设计，以交流和观察为主要手段，以了解应聘者素质及相关信息为目的的测试方式。在面试过程中，招聘者可以根据应聘者当场对所提问题的回答，考查他运用专业知识分析问题的熟练程度、求职动机、个人修养、实践经验、思维的敏捷性、语言表达能力等；通过对其面试过程中的行为特征的观察和分析，考查应聘者的外表、气质、风度、情绪的稳定性，对应聘职位的态度，以及在外界压力下的应变能力。招聘者可以通过连续发问，弄清应聘者在回答中表达不清的问题，从而提高考查的深度和清晰度，并减少应聘者通过欺骗、作弊等不正当手段得分的可能性。所以，面试是挑选录用中不可或缺的重要测评方法。

尽管如此，至今人们对面试的确切定义众说纷纭。有人认为，面试就是谈谈话、见见面而已；有人认为，面试就是口试，口试就是面试官与应试者交谈，应试者口头答询问题的考试形式；有人认为，面试是通过外部行为(语言的与非语言的)的观察与评价，来实现对人员内在心理素质进行测评的目的；有人认为，面试就是面谈加口试，是面试官通过与应试者直接见面，边提问边观察分析与评价应试者的仪表气质、言谈举止、体质精力及与其相关的素质能力，权衡应试者是否与职位要求相适应的考试方式。事实上，这些说法都或多或少有些偏差，因为面试与一般的谈话的确是不一样的。

(二)面试与谈话的区别

(1) 面试与谈话有着本质上的不同。第一，如果把面试定义为面对面的交谈，那么面试就无法与一般性的日常交谈区别开来，没有反映出面试的素质测评特点；第二，如果把面试定义为口试，虽然反映了面试是一种以口头语言交流为中介的考试，但没有反映出面试观察和推理判断的特点；第三，面试中招聘者起主导作用，应聘者起主体作用，而谈话中双方的地位是平等的；第四，大多数面试中的问题是预先设定的，而谈话的内容比较多样化，随机性很强；第五，面试的主要目的是甄选员工，详细地说就是应聘者能否担任某职务，与其他应聘者相比这个人如何。而谈话更强调双方的情感沟通。

(2) "在特定场景下"是面试的主要特征，这一特征与日常的观察、考察有很大的区别。日常生活中人与人之间也经常会面对面地观察与交谈，但那是在自然场景下进行的。

(3) "精心设计"使面试与一般性的交谈、面谈、谈话区别开来。面谈与交谈，强调的只是面对面的直接接触与情感沟通的效果，并非经过精心设计。

(4) "面对面的观察、交谈等双向沟通方式"，不但突出了面试"问、听、察、析、判"

的综合性特点，而且使面试与一般的口试、笔试、操作演示、背景调查等人员素质测评的形式区别开来。口试强调的只是口头语言的测评方式及特点，而面试还包括对非口头语言行为的综合分析、推理与判断。由此可见，面试是一种在特定场景下，经过精心设计，通过面试官与应试者双方面对面的观察、交谈等双向沟通方式，了解应试者素质特征、能力状况及求职动机等的人员筛选方式。

二、面试的特征

(一)面试具有内容灵活性的特征

面试是一种很灵活的测评方法，面试的方式和内容具有较大的变通性。一方面，由于不同的职位对人有不同的要求，面试可以根据不同职位的特点，灵活地采用不同的方式去考察应试者。另一方面，尽管面试的问题可以是事先设计好的，但在面试实施中并不是对所有应试者都一定要按同样的内容来进行的(严格的结构化面试除外)。面试官可以针对应试者的具体情况，根据所获得的信息是否足够来决定面试问题的多少。如果应试者的回答已经充分地显示了某方面的信息，那么面试过程可以缩短；而如果应试者的回答不足以显示某方面的信息，或者面试官觉得对应试者的有关情况还把握不清，那么就可以多追问应试者一些相关的问题。这样，面试的时间就可长可短，不过一般不会少于 20 分钟，也不会多于一个小时。

(二)面试过程具有双向沟通性

面试是面试官和应试者之间的一种双向沟通过程。在面试过程中，应试者并不是完全处于被动状态。面试官可以通过观察和谈话来评价应试者，应试者也可以通过面试官的行为来判断面试官的价值判断标准、态度偏好、对自己面试表现的满意度等，来调节自己在面试中的行为表现。同时，应试者也可借此机会了解自己应聘的单位、职位情况等，以此决定自己是否可以接受这一工作等。所以面试不仅是面试官对应试者的一种考查，也是主客体之间的一种沟通、情感交流和能力的较量。面试官应通过面试，从应试者身上获取尽可能多的有价值的信息。应试者也应抓住面试机会，获取那些关于应聘单位及职位、自己关心的信息。

(三)面试以谈话和观察为主要手段

谈话是面试过程中的一项非常重要的手段。在面试过程中，面试官向应试者提出各种问题，应试者对这些问题进行回答，如此面试官就可以直接地、有针对性地了解应试者各方面的情况或素质，同时对于驾驭面试进程、营造良好的面试氛围，都有重要影响。观察是面试过程中的另一个主要手段。在面试中，要求面试官善于观察应试者的非语言行为，进而推断其深层心理。非语言行为的观察，主要是面部表情和身体语言的观察。通过观察与分析，判断应试者的自信心、反应力、思维的敏捷性、性格特征、情绪、态度等素质特征。除面部表情外，身体、四肢等在信息交流过程中也发挥着重要作用。比如手势，它具有说明、强调、解释或指出某一问题、插入谈话等作用，是很难与口头语言分开的。在面试过程中，听觉的运用也十分重要，根据应试者谈话的语音、语速、腔调等来判断应试者的性格特征等。

(四)面试考核对象的个别性

面试的形式有单独面试和集体面试。在集体面试中多位应试者可以同时位于考场之中，但面试官不是同时向所有的应试者发问，而是逐个提问逐个测评。即使在面试中引入辩论、讨论，评委们也是逐个观察应试者表现的。面试的问题一般要因人而异，测评的内容应侧重个别特征，同时进行会相互干扰。

（五）面试时间的非同一性

面试与笔试的一个显著区别在于，面试不是在同一时间展开，而是逐个地进行。笔试是不论报考人数多少，不受地域的限制，均可在同一时间进行。因为笔试的内容具有统一性，且侧重于知识考查，考查内容具体，答案客观标准，主观随意性较小，面试则不同。首先，面试是因人而异的，面试官提出问题，应试者针对提问进行回答，考查内容不像笔试那么单一，既要考查应试者的专业知识、工作能力和实践经验，又要考查其仪表、反应力、应变力等，因此只能因人而异、逐个进行。其次，面试一般由用人部门主持，各部门、各岗位的工作性质、工作内容和任职资格条件等不同，面试差异大，无法在同一时间进行。最后，每一位应试者的面试时间，不做强制规定，而应视其面试表现而定。

（六）面试交流的直接互动性

与笔试、心理测验等人员甄选方式不同，面试中应试者的语言及行为表现与面试官的评判是直接相连的，中间没有任何中介形式。面试官与应试者的接触、交谈、观察也是相互的，是面对面进行的。主客体之间的信息交流与反馈也是相互作用的。而笔试、心理测验中，一般对命题人、评分人严加保密，不让应试者知道。面试的这种直接性提升了面试官与应试者间相互沟通的效果与面试的真实性。

（七）面试评价标准的主观性

面试与有明确客观标准的笔试不同，面试的评价标准往往带有较强的主观性。面试官的评价往往容易受到个人主观印象、情感、知识、经验等许多因素的影响，往往会使不同的面试官对同一位应试者的评价存在差异，而且可能各有各的评价依据。所以，面试评价的主观性是面试的一大弱点。另外，由于人的素质评价是一项十分复杂的工作，面试官可以把自己长期积累的经验运用到面试评价中。在这个意义上，面试的这种主观性有其独特价值。

▶▶ 三、面试的作用

（一）可以考查到笔试人员甄选手段难以考查到的内容

笔试是以文字为媒介，考查一个人的知识水平、素质能力，但很多素质特征很难通过文字表现出来，比如一个人的仪表风度、口才、反应的敏捷性等。有些素质特征虽然可以通过文字形式来表达，但因为应试者的掩饰或其他原因没能表达，就应通过面试来考查。例如，对某些隐情，应试者往往不愿表露。对这些不愿表露的东西，在文字性的笔试、问卷等测试中，应试者可以做到天衣无缝，但在面对面、眼对眼的面试中，就很难隐瞒了，因为我们的身体不容易撒谎。

（二）可以综合考查应试者的知识、能力、工作经验及其他素质特征

面试是面试官和应试者之间的一种双向沟通活动，但面试的主动权还是控制在面试官手里。面试测评时面试官"要专即专，要广即广，要深即深，要浅即浅"，具有很强的弹性和

灵活性。笔试和心理测验等在这方面均不如面试。

(三)可以弥补笔试的不足,并有效地甄别出高分低能者和冒名顶替者

有人在笔试过程中没有发挥好,如果仅以笔试成绩作为录用依据,那么这些人就没有机会被录用了。但如果再辅之以面试形式,就给了这些人再次表现的机会。有些人虽然笔试成绩不算很高,但在面试中对答如流,表现极佳,显示出了很大的发展潜力,从而成为理想人选。此外,笔试还存在一定局限性,难免有高分低能者甚至冒名顶替者。有些人笔试成绩很高,但面试时却言语木讷,对所提问题的回答观点幼稚,没有深度;有的则只能背书本知识,分析问题和解决问题的能力很差。

(四)面试可以测评应试者的多方面素质

从理论上讲,面试只要精心设计,时间充足,手段得当,可以准确地测评出应试者的任何素质。如果说心理测验中的许多问卷是测评应试者的智力、心理、品德等的有效手段,那么把这些心理测验中的问题以口头问答的形式表现出来,往往会收到与笔试不同的效果。如果在面试中引入无领导小组讨论、角色扮演、管理游戏、工作演示的方法等情景模拟的人员甄选手段,还可考查应试者的实际工作能力、组织能力、领导能力等。总之,通过面试也可获取应试者的大量信息。

四、面试的类型

在校园招聘中,企业采用的面试形式越来越丰富,面试流程也越来越复杂,其目的是提高面试筛选的准确度和效率,降低招聘成本等。对于应届生来说,有必要了解企业招聘的面试形式和面试流程,结合自身的实际情况做好面试准备,以便在面试中灵活应对,展现出良好的状态,博得面试人员的青睐。

按照面试的开展形式及手段、面试的内容、面试考核的重点等,企业在校园招聘中采用的常见面试类型及其主要特征如表5-6所示。

表5-6 面试类型及其主要特征

面试类型	主要特征
电话面试	面试人员通过电话对应聘者进行提问的面试。一般发生在笔试之后,是在面对面的面试之前经常采用的面试手段,针对某些特定问题进一步了解情况
视频面试	面试人员与应聘者利用连通了互联网的电脑,通过摄像头和耳麦,运用语音、视频、文字的即时沟通交流进行招聘面试
结构化面试	面试人员通过设计面试所涉及的内容、试题、评分标准、评分方法、分数等对应聘者进行系统的结构化的面试。其主要目的是评估应聘者工作能力的高低及是否能胜任该岗位工作
无领导小组面试	无领导小组面试是一种测评技术,其采用情景模拟的方式对应聘者进行集体面试。它通过给一组应聘者一个与工作相关的问题,让应聘者进行一定时间的讨论。在这个过程中,多个应聘者需要合作完成某个项目,可能是实际商业环境下的有见地的案例讨论,也可能是集体游戏
情景模拟面试	面试人员设置一定的模拟场景,要求被应聘者扮演某一角色并进入角色情景中,去处理各种事务及各种问题和矛盾

（一）电话面试

多数企业在从简历中筛选出合适的应聘者之后，在正式面对面的面试之前，通常会由人力资源部人员采用打电话的方式进行首轮面试，从而事先了解应聘者的实际情况。电话面试的时间一般控制在 10～30 分钟。其主要目的是核实应聘者的相关背景、语言表达能力。一般通过常规问题的询问，或者让应聘者自我介绍，并根据简历对应聘者的教育及工作经历进行核实，来判断应聘者是否有招聘职位所要求的素质能力，并根据电话面试的结果判断是否给予进一步面试的机会。应聘者面对电话面试时应注意以下事项。

1. 保持冷静，化解紧张

在接到面试电话时，你或许正在上课，或许正在搭乘地铁，在这种没有任何准备的情况下，你首先不能慌张，应尽快冷静下来，然后用非常积极友好的声音告诉人力资源部人员："××先生/小组，非常感谢您打电话过来。如果您不介意的话，能否 5 分钟之后再打给我？我这里手机信号不太好，我换个安静的地方。或者能否告诉我您的电话，我 5 分钟之内给您回拨过去。"

一般情况下，人力资源部人员都会同意几分钟后再打过来，这样你就可以在较短的时间内做一些准备。如果你确实不太方便接电话，那一定要问清楚人力资源部人员的电话，以便稍后再回拨给人力资源部人员，确认电话面试事宜。在电话面试过程中，感到紧张是很自然的，但是要试着让自己慢慢放松。由于人力资源部人员在电话中只能通过声音来判断你的表达能力，所以你一定要控制好自己的心理和情绪，这样在说话时才不会乱了方寸。

2. 注意语速，适时沟通

在电话面试中，声音很重要，不要过于平淡、机械地背诵你已准备好的内容。在回答问题时语速不要太快，音量可以适当地放大，因为一般电话里面的声音是比较小的。发音吐字要清晰，表述要尽量简洁、直截了当。

如果没有听清楚问题或者没有理解问题的话，那么正确的做法是有礼貌地请人力资源部人员复述一遍问题，不要不懂装懂，以免造成答非所问。

3. 记录下重要信息

如果条件允许，你应该在电话面试过程中准备好笔和纸，一边听人力资源部人员的说明和提问，一边记下重要的信息，包括：公司名称、人力资源部人员的姓名、面试问题的要点及进一步的面试安排等。

4. 打电话的必要礼节

在整个面试过程中，我们都要注意一些打电话的礼节，这些也可能是人力资源部人员考核的细节。接电话的时候应该先说"你好"，不能只是"喂"。在电话面试过程中，要对人力资源部人员表示尊重及对其工作的感谢。最后在结束电话面试前，一定要记得感谢人力资源部人员，以显示你的职业修养，同时也要确保人力资源部人员有你正确的联系方式，以便有进一步面试的机会时能联系到你。

5. 把握向人力资源部人员提问的机会

人力资源部人员在电话面试的最后阶段，可能会给你提问的机会和时间，这个时候一定要把握好最后的自我展示机会。你可以事先准备一些有质量的问题。如果事先没有准备，那么你可以询问人力资源部人员什么时候能得到进一步的通知。

（二）视频面试

参加视频面试，要提前安装好摄像头和耳麦等相关设备，并检查电脑、网络、摄像头、耳麦、灯光等设备的使用情况，以保证视频面试按时、正常进行。

因为视频面试不能看到应聘者更多的姿态、动作，因此应聘者的发型、服饰等给面试人员留下的印象更深刻，要尽量做到干净整洁、朴实大方、和谐得体，符合大学生身份，给面试人员一个良好的印象。调整好摄像头，把自己最具风采的一面展示给面试人员。

由于视频招聘更多的是通过聊天来展示自己，因此要特别注意语言表达，要注意口齿清晰，表达有条理。视频过程中有可能出现没有听清或者视频突然断掉的情况，要非常有礼貌地解释清楚，其实这个时候你的反应也许就会成为面试人员的判断依据。

视频面试过程中的一颦一笑、一举一动都有可能成为面试人员判断的依据，所以应聘者不要有过多的小动作。在面试过程中，眼睛要直视面试人员，目光游移不定会影响面试人员对你的判断。

（三）半结构化面试类型及应对

这种形式的面试一般被应用在第一轮中，它的作用往往是将素质较低或明显不符合本岗位需求的应聘者淘汰出去。

面试开始之前，一般都要求同学们进行自我介绍。自我介绍在面试过程中会留给面试人员第一印象，其重要性不言而喻。自我介绍一般是 1～2 分钟，这是让你在众多应聘者当中在第一分钟就凸显出来的机会。之前已经准备好的有价值的、与众不同的经历或者特长，务必要说出来。面试人员也希望知道你的个人经历及个人特点是否符合你未来工作的需要。

这一类的面试都会倾向于围绕同学们的简历和申请表来进行，所以简历必须是真实的，而且要对简历上所涉及的所有事情都做到心中有数。如果过程中出现小的差错，可以不用太过介意，要坚持下去，体现出自己良好的素质。在应对这种形式的面试过程中，同学们要表现出对所申请职位的热情和浓厚的兴趣，态度太过平淡会让面试人员觉得同学们对这个职位不太在意。另外，在证明自己拥有某项能力的时候，最佳的方式就是用实例来佐证，而不是空泛地强调自己多么优秀。为了表现你的专业素养，还可以在交流的过程中适当地使用一些本领域的专业术语。

面试结束时，面试人员往往会问"你有没有什么想问的问题"。这个时候千万不要放松，如果你提不出一些有实质意义的问题，面试人员会觉得你对这份工作不是十分重视或思考得不多。因此可以在面试前就准备 3～4 个问题，主题围绕工作性质、工作内容或者面试人员之前提及的内容都是比较合适的。一定要记住，你提问不是为了难倒面试人员，也不是告诉他你有多聪明，而是告诉他你对这份工作很渴望，已经思考了不少，同时希望了解更多。这个时候，你的目标是"双赢"，那么一个既能让面试人员对你有好感，也很愿意回答的问题，是最合适的。

（四）无领导小组面试

这是一种集体面试的测评技术，它通过给一组应聘者一个与工作相关的问题，让应聘者们进行一定时间的讨论，来检测应聘者的组织协调能力、口头表达能力、辩论能力、说服能力、情绪稳定性、处理人际关系的技巧是否达到拟任岗位的要求。

无领导小组面试是指让应聘者共同完成面试的过程。面试的流程大致分为介绍、陈述和讨论、辩论。与"一对一""多对一"的传统面试形式相比，无领导小组面试更能全方位地考察应聘者的领导力、团队协作能力、语言逻辑能力、个性品质等，从而评估应聘者的综合素质及技能。

无领导小组面试中，主考官的评价标准为：发言次数多少，发言的主动性如何，是否提出新的见解和方案，是否敢于发表不同的意见，支持或肯定别人的意见，坚持自己正确的意见，是否善于消除紧张气氛，说服别人，调解争议，把众人的意见引向一致，调动发言的积极性，能否倾听和尊重别人的意见，语言表达、分析、概括和归纳能力如何，反应、应变能力怎么样等。

1．无领导小组面试的模式

(1)自由讨论式。往往是 5～10 人参加，分为自由发言和讨论两部分。自由发言中各应聘者在规定时间内对主考官所给定的题目发表自己的见解。在讨论中，应聘者要和其他人进行交流，很像辩论赛中的"自由辩论"，最后给出小组的结论。

(2)团队协作式。几位参加面试的应聘者会被要求按照特定角色或干脆在没有任何附加提示的情况下去完成某项任务，任务可能是就某个问题提出解决方案，也可能是做一个游戏，如搭积木、拼图等。众主考官坐于离应聘者一定距离的地方，不参加提问或讨论，通过观察、倾听为应聘者进行评分。应聘者自由讨论主考官给定的讨论题目，这一题目一般取自拟任岗位的职务需要，或是现实生活中的热点问题，具有很强的岗位特殊性、情景逼真性和典型性及可操作性。

2．无领导小组面试的应对技巧

(1)发言积极、主动。

面试开始后，积极亮出自己的观点，不仅可以给主考官留下较深的印象，而且有可能引导和左右其他应聘者的思想和见解，将他们的注意力吸引到自己的思想观点上来，从而争取充当小组中的领导角色。自己的观点表述完以后，还应认真听取别人的意见和看法，以弥补自己发言的不足，从而使自己的应答内容更趋完善。

(2)把握说服对方的机会。

不要在对方情绪激动的时候力图使其改变观点。因为在情绪激动时，情感多于理智，逼迫对方反而可能使其更加坚持原有的观点，做出过火的行为。

(3)言辞要真诚可信。

能够设身处地站在对方立场上考虑问题，理解对方的观点，在此基础上，找出彼此的共同点，引导对方接受自己的观点。整个过程中要态度诚恳，以更深入的分析、更充分的证据来说服对方。要抓住问题的实质，言简意赅，论辩中要多摆事实、讲道理。

(4)婉拒对方的提议。

当对方提出一种观点而你不赞成时，可先肯定对方的说法，再转折一下，最后予以否定。肯定是手段，转折和否定是目的。先予肯定，可使对方在轻松的心理感受中继续接收信息。柔和地叙述反对意见，对方较易接受。

（5）"后发制人"。

在面试开始后，不急于表述自己的看法，而是仔细倾听别人的发言，从中捕捉某些对于自己有用的信息，通过取人之长来补己之短。待自己的应答思路及内容都成熟以后，再精心地予以阐述，最终达到基于他人而又高于他人的目的。

（五）常规面试与情景模拟面试

1. 常规面试

所谓常规面试，就是我们日常见到的主考官和应聘者面对面以问答形式为主的面试。在这种面试条件下，主考官处于积极主动的位置，应聘者一般是被动应答的姿态。主考官根据应聘者对问题的回答及应聘者的仪表仪态、身体语言，以及在面试过程中的情绪反应等对应聘者的综合素质状况作出评价。主考官提出问题后，应聘者根据主考官的提问做出回答，以展示自己的综合素质。

2. 情景模拟面试

情景模拟面试是面试形式发展的新趋势。在情景模拟面试中，突破了常规面试即主考官和应聘者一问一答的模式，引入了无领导小组讨论、公文处理、角色扮演、演讲、答辩、案例分析等人员甄选中的情景模拟方法。在这种面试形式下，面试的具体方法灵活多样，面试的模拟性、逼真性强，应聘者的才华能得到更充分、更全面的展现，主考官对应聘者的素质也能做出更全面、更深入、更准确的评价。在情景模拟面试中，应聘者应落落大方、自然和谐地进入情境，去除不安和焦灼的心理，只有这样才能展现最佳效果。情景模拟面试，是设置一定的模拟场景，要求应聘者扮演某一角色并进入角色情景中去处理各种事务；主考官通过对应聘者在情景中所表现出来的行为，进行观察和记录，以测评其素质潜能，看其是否能适应或胜任工作。

情景模拟面试的实质是考查同学们的性格倾向和价值观是否和招聘企业的文化一致。主考官基于应聘者对以往事件的描述及回答，来评价应聘者的基本素质和推测应聘者在今后工作中的表现。

情景模拟面试主要有以下形式。

（1）工作活动模拟。一是上下级对话形式。主考官是上级，应聘者为下级，模拟接待基层工作人员的情景，或向上级领导汇报或请示工作。这种面试一般采用主考官与应聘者对话，其余以主考官观察打分的方式进行。二是布置工作的面试。要求应聘者在看完一份文件或会议纪要后，以特定的身份结合部门实际，对工作进行分工安排。

（2）角色扮演法。事先向应聘者提供一定的背景情况和特定角色说明，面试时要求应聘者以特定角色身份完成一定的活动或任务，例如接待来访、主持会议、汇报工作等。

（3）现场作业法。提供给应聘者一定的数据和资料，在规定的时间内，要求应聘者编制计划、设计图表、起草公文和计算结果等。

为了能够从众多的应聘者中脱颖而出，在情景面试中，同学们需要注意以下几点。

（1）沉着应对：情景模拟面试的内容一般都可在现实生活中找到原型或样板，两者之间存在高度的相似性。不同的是情景模拟面试有明确的时间限制及主考官的参与，气氛比平时更为紧张。在情景模拟面试中，应聘者心理与情绪的调节与控制是非常重要的。为了准确地感知模拟情景中的事物及其本质，提出切实可行的解决办法，应聘者一定要使自己的情绪保持稳定，沉着地去应对挑战。

（2）大胆创新：情景模拟法以考查应聘者的全面素质为目的，它所考察的内容不仅包括简单的能力资格与素质条件，而且包括创新等复杂的能力与素质。同学们在情景模拟面试中，不能仅限于简单地演示平日工作中的方法手段，而应对事务进行灵活处理，以平时的经验为基础，根据模拟情景中的条件和线索进行大胆创新，探索解决问题的新思路与新方法。这种突破常规的做法和勇气，往往会给主考官留下深刻的印象。

（3）循规操作：情景模拟面试中，有一些内容的应答是不容许应聘者创新的，如公文处理及机关事务处理，其处理原则及程序都有明确规定，应聘者只能循规操作，而不可自作聪明地擅自更改某些规则。

（六）一次性面试与分阶段面试

1. 一次性面试

一次性面试，即指用人单位对应试者的面试集中于一次进行。在一次性面试中，主考官的阵容一般都比较"强大"，通常由用人单位人事部门负责人、业务部门负责人及人事测评专家组成。在一次性面试情况下，应试者是否能面试过关，甚至是否被最终录用，就取决于这一次面试表现。所以面对这类面试，应试者必须集中所长，认真准备，全力以赴。

2. 分阶段面试

分阶段面试又可分为按序面试和分步面试两种。

（1）按序面试。一般分为初试、复试与综合评定三步。初试一般由用人单位的人事部门主持，将明显不符合条件者予以淘汰。初试合格者则进入复试。复试一般由用人部门主管主持，以考查应试者的专业知识和业务技能为主，衡量应试者对拟任岗位是否合适。复试结束后再由人事部门会同用人部门综合评定每位应试者的成绩，确定最终合格人选。

（2）分步面试。一般是由用人单位的主管领导、处（科）长以及一般工作人员组成面试小组，按照小组成员的层次，由低到高，依次对应试者进行面试。面试的内容依层次各有侧重，低层一般以考查专业及业务知识为主，中层以考查能力为主，高层则实施全面考查与最终把关。实行逐层淘汰筛选。应试者要对各层面试的要求做到心中有数，力争在每个层次均留下好印象。在低层次面试时，不可轻视、麻痹大意，而在面对高层次面试时，也不必过度紧张。

（七）其他形式面试

1. 引导式面试

引导式面试，主要由主考官向应试者征询某些意见、需求或获得一些较为肯定的回答。如涉及薪金、福利、待遇和工作安排等问题宜采用此类方法面试。引导式面试的特点在于就"特定"的问题要求做"特定"的回答，主要通过应试者回答问题的水平来测试其反应能力、智力水平与综合素质。

2. 非引导式面试

与引导式面试相反的是非引导式面试。在非引导式面试中，主考官所提的问题是开放式的，内涵丰富，涉及面较广泛。主考官提问后，应试者可以充分发挥，尽量说出自己的意见看法或评论。它没有"特定"的回答方式，也没有"特定"的答案。同引导式面试相比，在非引导式面试中，应试者可畅所欲言，因此主考官可以取得较丰富的信息，有利于做出较为客观的评价。

【拓展学习】

无领导小组面试的题目是脑洞题？

无领导小组面试在企业面试类型中所占的比例越来越高，甚至有些省份的公务员面试也由常规的结构化面试改成了无领导小组面试。有同学觉得无领导小组面试的题目令人摸不着头脑，是脑洞题。详见教材配套微课视频 5-2《无领导小组面试的题目是脑洞题？》，欢迎同学们扫码观看。

五、面试的内容

了解面试官在面试中到底要测试什么，可以有意识地提前做好相关准备。面试的考核要素一般有以下几项。

(一)所具备的基本素质

1. 仪表举止

这是指应试者的衣着举止、精神状态、风度气质等。研究表明，仪表端庄、衣着整洁、举止文明的人，一般做事有规律，注意自我约束，责任心强。应试者应该注意着装得体，举止文雅大方，表情丰富，回答问题要认真、诚实。

2. 专业知识

了解应试者掌握专业知识的深度和广度，其专业知识是否符合所要录用职位的要求，作为对专业知识笔试的补充。面试对专业知识的考查更具灵活性和深度，所提问题也更接近空缺岗位对专业知识的需求。

3. 工作实践经验

一般根据查阅应试者的个人简历或求职登记表的结果，提出相关问题，查询应试者相关的背景及过去工作的情况，以补充、证实其所具有的实践经验。通过对其工作经历与实践经验的了解，还可以考查应试者的责任感、主动性、思维能力、口头表达能力及遇事的理智状况等。

4. 道德品行

主要在于考察应试者的责任感是否强烈，能否令人信任地完成工作，考虑问题是否偏激，情绪是否稳定，对于要求较高的业务能否适应。应试者回答时应该突出自己的自信心、坚强的意志、强烈的责任感。

5. 求职动机

了解应试者为何希望来应聘单位工作，对哪类工作最感兴趣，在工作中追求什么，判断应聘单位所能提供的职位、工作条件等能否满足其工作要求和期望。

6．自我控制能力与情绪稳定性

自我控制能力在工作中极为重要。一方面，在遇到上级批评指责、工作有压力或是个人利益受到冲击时，自我控制能力强的人能够克制、容忍、理智地对待，不致因情绪波动而影响工作；另一方面，自我控制能力强的人工作时有耐心和韧劲。

7．工作态度

一是了解应试者过去学习、工作的态度；二是了解其对应征职位的态度。在学习或工作中态度不认真的人，在新的工作岗位也很难做到勤勤恳恳、认真负责。

8．上进心、进取心

上进心、进取心强烈的人，能努力把现有的工作做好，且不安于现状，工作中常有创新。上进心不强的人，一般都安于现状，无所事事，不求有功，但求能敷衍了事，因此对什么事都不热心。

9．业余兴趣与爱好

通过了解应试者休闲时爱好哪些运动，喜欢阅读哪些书籍及喜欢什么样的电视节目，有什么样的嗜好等，可以了解应试者的兴趣与爱好，这对录用后的工作安排多有好处。

此外，面试时主考官还会向应试者介绍本单位及拟聘职位的情况与要求，讨论有关工薪、福利等应试者关心的问题，并回答应试者可能要问到的其他一些问题等。

(二)具备的相关能力

1．语言表达能力

用人单位一般观察应试者能否将要向对方表达的内容有条理地、完整准确地转达给对方；引例、用语是否确切；发音是否准确，语气是否柔和；说话时的姿势、表情是否得体；面试中应试者是否能够将自己的思想、观点、意见或建议顺畅地用语言表达出来。考查的具体内容包括：表达的逻辑性、准确性、感染力、音质、音色、音量、音调等。

2．综合分析能力

面试中，应试者是否能对主考官所提出的问题，通过分析抓住本质，并且说理透彻、分析全面、条理清晰？

3．思考判断能力

用人单位一般观察应试者能否准确、迅速地判断面临的状况，能否恰当地处理突发事件，能否迅速地回答对方的问题，且答案简练、贴切。

4．反应能力与应变能力

用人单位主要观察应试者对主考官所提的问题理解是否准确，回答是否迅速，对于突发问题的反应是否恰当。

5．学习能力

所谓学习能力是指理解并接受新事物、新观念的能力。担任任何职位都必须具有良好的学习能力，因为世界每时每刻都在发生变化，不断有大量的新事物、新观念涌现出来。要使自己跟上时代发展的步伐，必须及时地接受并理解与自己所任职位有关的新事物和新观念，只有这样才可能不断提高自己的工作能力，有创造性地完成职位规定的各项工作。

用人单位首先要看应试者是否具有掌握和学习新知识、新技能的强烈愿望和兴趣，只有这样，一个人才能在学习新知识、新技能时有巨大的推动力；其次要看应试者是否掌握一些基本的学习技能、技巧和方法，只有具有良好的学习方法，才能在短时间内掌握尽可能多的新知识、新技能。

6. 人际沟通能力

在面试中，主考官通过询问应试者经常参与哪些社团活动，喜欢与哪种类型的人打交道，在各种社交场合所扮演的角色，可以了解其人际交往倾向和与人相处的能力。

7. 实践操作能力

很多企业在面试时，除了看重应试者的一些学习能力，工作实践经验也是企业非常重视的。特别是招聘技术型和技能型人才时，用人单位主要考察特定岗位的专业技能和实践操作能力。大学生在校时，除了重视专业实习，还要多利用课余的时间通过兼职、假期实习等方式培养一些实践操作的能力，丰富社会阅历的同时积累一些工作经历，提升面试成功率。

8. 职位需要的特殊能力

不同的行业、职位对应试者有不同的特殊能力要求。例如，对新闻记者的考察，会看求职者是否具备这几个方面的特殊能力。

(1)下笔迅速而字迹清楚；

(2)身处嘈杂场所而不乱文思；

(3)善于记述问答式的文字；

(4)有推定力，能迅速推定新闻之真相。

六、面试的五个阶段

面试主要分两大类：一类是没有预先计划、"自然发展"的；另一类是有周详程序的。

较低职位的面试时间一般都在半个小时以内。应试者预先了解面试的过程，不但信心倍增，还可以避免因不知下一步对方会问哪一类问题而惶恐焦虑。没有预先计划的面试即"自然发展"的，面试官看应试者的反应和表现来发问。如果是由多个面试官主持，则面试官有可能询问任何事项。通常是面试官比较有经验，或该机构习惯如此；有时由人事经理或领导主持面试，也会选择这种方式。应对"自然发展"式的面试时，应试者只能尽量保持镇定的情绪及随机应变的态度。有周详计划的面试通常分为五个阶段，要参加的公务员招考及大公司招聘的面试一般都是有周详计划的面试。这种面试主要分为以下五个阶段。

(一)热身阶段

面试可能是面试官与应试者初次见面，所以面试的开始通常围绕一般性社交话题，问题多为友善、客套、比较随便的，目的在于打破隔膜，使应试者消除紧张等。此部分通常只有主席发言，介绍其他面试官姓名身份，然后开始发问，最普通的话题可能如下。

(1)招聘单位所在地是否比较难找？（如果此处地址在较偏远处。）

(2)应试者是否不打算继续升学，开始工作？

(3)应试者的父母从事什么行业？

应对这类礼貌性的问题应简洁有礼，要了解这只是面试官在正题前的应酬语，他们不可能对应试者乘坐何种交通工具来到这里面试感兴趣，故此，没有必要长篇大论回答这些问题。同时应试者要注意，不能因为面试官态度友善客气而过分随便。

面试的最终目的是让面试官评估应试者是否适合待聘工作，不管怎样，总不是社交聚会，态度不要过分轻松，给人一种轻易夸大的感觉。要谨记：这虽然是开场白，但亦是应试者给面试官的第一印象。

(二)查明背景资料阶段

这阶段的问题主要围绕应试者所填报的各项资料。要对这一阶段的问题应对得很好的话，面试前就需要充分准备。

首先要清楚记得自己提供了什么样的资料。如果面试时所提供的资料与简历上截然不同的话，后果将非常严重。对没有虚构资料的应试者来说，这种情况应该不会出现。但准备一份简历的副本，面试前重温一遍是必要的。这样，当问及简历里提到的资料时，便可以随时解释或补充。这阶段的问题往往是简短而直接的，但倘若事前未做好准备，便可能变成枯燥的资料提供，使交谈无法进行下去。而且有不少问题看上去似乎简单，但实际上不容易应对。

刚刚踏出校门的求职大学生尤其要特别留意这方面的问题。以下常见的问题便不容易应对。

(1)请用三分钟时间做自我介绍。
(2)可否简略介绍你的家庭人员？
(3)为什么你的数学(或语文)成绩不够理想？
(4)你曾经去过的地方，哪些最令你难忘？
(5)你为什么时常更换职业？
(6)你有什么课余活动？
(7)在简历表中，你提到喜欢阅读，可否介绍一两本你欣赏的书籍/杂志？

如果对这些看似简单的问题没有充分的心理准备的话，应试者可能会不知所措，可能会做出较为幼稚的回答。比方说自我介绍这一项，若事前没有准备，只能重复一遍已列于履历表中的基本资料。实际上这是一个非常利于突出自己的机会，如应对得体，可尽量突出自己的个性、兴趣、志气、课余活动及工作经验等。

(三)进入正题阶段

这阶段问题主要表现在应试者对应聘单位的业务范围、岗位结构、工作方针、发展方向、政策，以及对所申请职位的认识(如工作性质、内容及职业范围)等。目的在于判断应试者对这个职业的兴趣及诚意。

这个阶段出现的问题，通常预先都猜得到，可以及早准备。以下是一些常见的例子。

(1)你有没有看过我们单位出版的年报？你对我们去年的业绩有什么意见？
(2)你对这个行业的看法如何？
(3)照你看，我们单位最大的劲敌是谁？
(4)你能否简略说明我们单位的业务范围？

(5)你认为我们应该致力于发展什么系列的产品？你是否认为这些产品在市场上仍有竞争力？

(6)你为什么对我们这家机构有特别的兴趣？（或）你为什么希望加入我们机构做事？

(7)你对我们现在空缺的职位了解有多深？

(8)你认为什么人才适合担任这份工作，应具备哪些资历及条件？

(9)依你的看法，这职位最主要的责任是什么？

(10)如果我们决定聘用你，你会对我们的机构有什么贡献？

这些问题如果想要回答好，需要多下功夫去准备。确定应试者对机构及职位的兴趣是大多数雇主关心的问题。如果谁在面试时对这部分问题应对不当，被面试官考虑录用的可能性便会大打折扣。

（四）评审应试者是否适合

这个阶段是整个面试过程中的高潮顶峰，具有决定性的影响力。面试官一般从以下几个方面评判应试者是否适合。

(1)应试者的学历/资历。

(2)应试者是否具备所需的技巧/知识等？

(3)应试者是否有同一行业的工作经验？

(4)应试者的个性是否适合工作需要？

(5)应试者过去的工作表现及推荐者的评语。

这个阶段问题所涉范围广、不容易预料，且不同面试官亦因其阅历、背景不同自有一套评选的方法，挑选适合自己心意的申请人。

这部分的问题虽然不容易猜测，但仍可将之大致归为以下几方面：应试者要说明为什么自己适合某个职位；假设性的问题；一般时事性的问题；与兴趣和活动相关的问题。

（五）讨论聘用条件

这个问题在初次面试时不会出现，但也有面试官喜欢预先了解应试者对这方面的期望。所以应试者要察言观色，评估自己被录用的概率究竟有多大。倘若面试官根本没有录用意图，而应试者却对薪资斤斤计较，抓住福利的问题争辩下去，是不理智的做法。但如果已经到了最后的面试，面试官亦明显地表现出很有兴趣，而应试者却口口声声说薪资多少没关系，会令人感到应试者缺乏诚意，或者过分天真，反会弄巧成拙。应预先了解本行业的薪资状况，被问及时，最好按市场同类职位的薪金提一个范围，这样比较灵活。如果对工作颇感兴趣，待遇稍低也可以接受。或者应试者可以将自己现在职位的薪金提供给面试官作为参考，这样面试官便对应试者的期望有心理准备。

【拓展学习】

面试中常见的错误行为

在面试官的眼中，有哪些常见的错误面试行为表现呢？详见教材配套微课视频5-3《面试中常见的错误行为》，欢迎同学们扫码观看。

第四节 掌握面试与基本职场礼仪

▶▶ 一、面试前的准备

面试过程中还是比较注重个性评价的。例如，支配性、合作性、独立性、灵活性、自信心、责任感、自制力等都可能成为被考查的对象。一般来说，个性没有绝对的优劣之分，所以在应试过程中不要过于掩饰自己，要表现出真正的自我。但是，当明确知道应聘职务所要求的个性特征时，或当明确知道主考官所期望的个性特征时，应试者不妨做些掩饰，使自己表现得适于工作的需要和面试官的期望。

面试官通过面试来考核应聘者的素质、能力等要素。这些素质、能力等要素，对于应聘者来说，有些需要长期准备，因为这类素质及能力在短时间内是无法掌握或者提高的，其中包括基础知识及专业知识、英语口语能力、职业素养及技能、自我定位及职业生涯规划。

很多人认为，了解自己这一点很多余。实际上，我们很多人都不了解自己，尤其是简历里的自己。这里给大家的建议如下。

(1)重温一下简历内容，确保每段经历都能用简短的语言复述；

(2)带过的团队、做过的项目、组织过的活动，以 STAR 的形式准备好；

(3)每一段经历都应该准备实例和数据证明，这会给面试官留下深刻印象；

(4)准备几个感兴趣的问题，面试中如果没有获得解答，可以抛给面试官。

(一)准备面试着装

作为应试者，面试官对应试者的第一印象来自仪容打扮，第一印象对于面试十分重要。无论是应聘什么公司、什么职位，建议应试者在面试时选择职业正装(公司有特殊要求的除外)，这是比较简单而且安全的选择。穿着打扮要清爽，不要有过于浮夸的首饰和太有个性的服饰。

(二)了解公司及招聘职位、行业状况

通过各种渠道了解公司的方方面面，将有助于应试者在面试问答时做到心中有数、有的放矢。一般来说，不同行业的公司，应试者所需要了解的层面可能会有所不同。但总的来说，应试者最好要了解公司的历史、发展状况、主要业务、部门介绍、主要客户、产品品牌、企业文化、新闻动态、历年的招聘情况及笔试、面试等。

特别是公司人力资源部人员打电话通知面试时，很多海投简历的同学容易心虚，不敢多提问，有时候连公司名称都没有听清。因此我们接到面试通知时，必须确认以下诸项信息。

(1)面试时间、地点；

(2)公司名称、岗位名称；

(3)联系人信息(一旦迟到，得提前打电话道歉)；

(4)面试官是谁(人力资源部人员还是直线经理)；

(5)需要准备什么材料(一般逃不掉学历证明、身份证复印件等资料)；

(6)针对面试岗位，需要额外准备什么材料(如：做设计，是不是要带设计稿)。

之后我们要做的功课就是了解公司。这一部分有很多细节，不过还好，如今各位拥有太

多互联网工具可以帮助查询了。

(1)公司地点在哪里？交通是否方便？应试者需提前多久出发？

(2)公司类型如何？应试者应该如何着装？

(3)公司业务如何？上市了吗？财报如何？主要产品有哪些？

(4)公司在中国有多少分支机构？最近有什么新动向？

(5)公司所在行业有何新动向？发展趋势如何？

(6)公司的竞争对手有哪些？公司在行业内排名如何？

一方面，这些背景信息可以增进你对公司的了解，在你决定是否接受这份工作时帮上忙；另一方面，它们也可能让你体会到企业面临的困境及发展机会，让企业来寻找你这样的人才。

了解职位要求的意义在于不同的职位类型有不同的侧重要求。这些在招聘信息中可能会明确提及，应试者在面试前一定要自己研读，把握重点。这样做有两个好处：第一，面试时可以着重展现与职位要求相符的特长和优势，有的放矢，回答问题也更有效率；第二，在充分了解自己将要承担的工作后，才能确定是否适合自己。具体来说，职位说明中一般包含两部分内容：对应试者的需求和工作职责。应试者要结合招聘要求和具体工作职责，向面试官证明自己符合这些要求，能胜任这份工作。

对行业现状也要有所了解，诸如目前行业发展态势、行业领先的公司、未来发展趋势等，要有自己的见解，这样，在回答类似"你为什么选择这个行业"的问题时才能侃侃而谈，让面试官有理由相信你对职业发展和职业选择有深思熟虑的规划，而不是盲目随大流。

(三)复习职位要求的相关专业知识

对于一些技术性岗位的面试，除了要做好其他常规的面试准备，还应该针对可能问到的与专业知识相关的问题进行必要的复习和准备。虽然这类知识你可能已经在笔试阶段复习过，但是在面试前再复习、再巩固还是非常有必要的。

(四)准备面试问题及面试英语

多数情况下，面试都是以面试问答的形式来完成的，即面试官提问，你来回答。虽然在实际面试的时候不能背诵答案，但在面试前将面试官常问的问题列出来，逐一准备好自己的答案，通过这样的方式来梳理面试内容，是非常有效的。另外，对大多数同学来说，如果面试中要求用英文表达的话，最好能提前将这些问题的英文答案书写下来，这样可以使回答更有条理、更有逻辑。背诵面试问题答案，背诵自我介绍，背诵三遍以内可能还结巴，背诵十遍可能就能达到流利的水平，背诵二三十遍就能够顺畅自由地表达了。建议从两个方面来准备面试问题：一是根据自己的简历内容来预测面试官提什么问题；二是准备一些常见的行为面试问题，与公司职位相关的开放性问题等。以下是面试时常见的一些问题。

1. 如何进行自我介绍

问：请简要进行一下自我介绍。

回答这个问题时，应该针对所聘职位要求，重点突出，简要介绍自己。简要地描述自己的相关工作经历及一些特征，包括与人相处的能力和个人的性格特征。这样回答符合面试官的提问。因为面试时间通常很紧张，抓紧时间突出重点，有针对性地简要介绍非常必要。

2. 考察应聘动机

问：你为何应聘我单位？

应该从该职位的社会功能、本人的专业特长，特别是对该项工作的兴趣和热情等方面回答。这样回答容易得到面试官的认同，因为自己既有专业特长，又有工作兴趣和热情。这是很多单位必问的一个问题，应试者应认真做好充分准备。

3. 你对招聘单位的了解

问：你对我单位有什么了解？

较好的回答应该是："我做过一些调查，较详细地了解了贵单位的发展战略、奋斗目标、工作成就及工作作风等。"也可以适当地对公司的声誉、产品和发展情况加以赞美，还可提及应试者为了解公司所做的努力，然后说自己非常喜欢这个工作，而且自己的能力也非常适合并能胜任这个工作。这个问题的实质是在考查自己求职是否有诚意。前面的回答间接地表现为对所聘职位的渴求，给人"未进某某门，便是某某人"的感觉，容易引起面试官的关注和好感。

4. 你的专业优势及特长

问：欢迎你应聘××职位，你有何优点和特长吗？

要谈一下和该工作有关的工作经验。如果做过这类工作，说出地点，并以具体的实例来说明工作成绩，不要用空洞的词语。如果没做过这类工作，就应强调自己有完成该项工作的潜力和学习能力，尽可能地将自己具有的与这个工作有关的技能提出来。

5. 如何认识自己的缺点和不足

问：你有何缺点和不足？

这个问题是每位应试者都难以回答，而又必须回答的问题。一般的策略是说出一些表面上是缺点，但实际上却是优点的特征。例如可以这么说："我是一个完美主义者。我从不轻易放弃，以致有些固执。我喜欢独立工作，而不喜欢主管领导在我的工作中安排一切。"当面试官对应试者产生了兴趣和关注，问及这一问题时，应试者也可以从自己缺乏实践经验，而且在知识结构上还需要进一步充实完善等角度去谈。应做到"人贵有自知之明"，要正确认识自己的不足，有改进的愿望和行动。因此应试者在面试前要正确地认识自己，既要认真总结优点和长处，也要客观地认识自己的缺点和不足，并提出改进的措施。

6. 你的工作计划准备

问：如果我单位录用你，你打算怎样开展工作？

应试者可以有准备地说明做好某些工作的初步打算或详细计划。这样回答，表现出对某项工作的热情和追求这一职位的强烈愿望，容易得到面试官的赞同。请留意，这一点来自应试者事先的认真准备。因此，应试者在面试前要认真做好调查研究，事先认真准备，做到在面试时有的放矢地回答。

7. 你对单位的要求

问：如果我们录用你，你有何要求？

较好的回答应该是：自己目前没有家庭负担，希望公司给予更多的任务，在工作中不断提高自己的实践能力。这样回答问题非常容易得到用人单位的认同。如果回答"我家在外地，希望解决住处"，或希望有较好的工作条件，以便发挥自己的专业特长"，实事求是地提出自己的要求，这也无可厚非，但因为求职择业是一种"双向选择"的过程，应当满足双方的客观需要。

8. 你要求的薪酬水平

问：如果公司录用你，你希望月薪多少？

应试者的薪金待遇是"双向选择"中一个必不可少的话题。对于这一话题，下面两种回答都可以：一是希望公司按国家有关规定、公司或者市场同类公司的惯例发工资；二是具体工资多少不在意，只是希望公司以后能按工作成绩或工作效率合理发放工资。这说明应试者对于工资显然有所考虑，而且比较理智地回答了这一"难以启齿"的问题。其中第二种回答更具挑战性，既表达了干好这一工作的自信心，又表现出了维护自身权益的意识。

9. 如何评价同台竞聘者

问：你刚才参加了其他人的面试，请你简要评价一下前几位考生的表现。

这是一道难度较大的问题，如果一味夸奖别人很出色，都比自己强，是否意味着自己退出竞争呢？如果贬低别人，突出自己，会给人一种不善于处理人际关系、不能客观对待别人的感觉，求职者要表现出虚心的姿态，同时还要强调自身的积极态度和所具有的优势。可以回答："我认为他们都有很多长处值得我学习。例如第一位的材料准备得充分，第二位机智灵活，第三位……但我认为干好这项工作更重要的是自信和热诚……"

10. 如何面对失误

问：如果你的工作出现失误，给本公司造成经济损失，你认为该怎么办？

这是一个具有挑战性的问题。较好的回答可以说："我认为首要的问题是想方设法去弥补或挽回经济损失，其次才是责任问题。如果责任在我，我甘愿受罚。"这种态度是一种积极的主人翁的态度，不逃避责任，较为可取，先尽力挽回损失，表现出较强的责任心，然后理智地分清责任，各负其责。

(五)用 STAR 原则准备面试问题

1. 面试官为什么要应试者做自我介绍

"同学你好，请先做个自我介绍吧！"很多同学在面试一上来就被问到这个问题，而且几乎 95%的企业在每一轮面试中都会先问这个问题。那么面试官到底为什么要问这个看似没有"技术含量"的问题？

首先，招聘专员需要用一分钟甚至几秒钟的时间来快速提取你简历中的有效信息，并与目标岗位进行匹配。当他要安排你的面试的时候，他对你的印象真的只是停留在"此简历主人可以面试"，早已不记得你是谁了。不仅人力资源部人员，连同具体的面试官也是一个情况，因为大家经手的简历太多了。所以，面试的时候让你先做一个自我介绍，是他们需要一点时间再次从记忆深处找到你。

其次，每个人面对陌生的环境，都会或多或少有些紧张。面试官也可能一样，企图通过应试者的自我介绍打开彼此间的话匣子。面试官可以通过你的自我介绍，来考查你某些方面的能力。

(1)认真的能力。一个合格的面试者，应该熟知面试的整个流程，自然对职场面试有充分的准备，而自我介绍也一定练习过多遍。更有心者会巧妙设计自我介绍环节，让面试官耳目一新，从而为自己加分。

（2）表达的能力。面对陌生环境不害怕，还可以大大方方地把自己要说的话表达出来，说明有一定的心理素质。能写不一定会说，写是一回事，而说话流利、自信说明表达能力强。面试官可以通过这个来评定应试者是否符合当前招聘岗位的要求。

（3）逻辑思维能力。应试者说的话是否正确，上句与下句是否有关联，其实体现的就是逻辑思维的能力。因此，应试者在每一场面试前一定要努力准备好自我介绍的措辞，做到声音洪亮、充满自信，从而踏出成功录用的第一步。

通常在一个成熟的自我介绍后，面试官就已经对你适不适合这个岗位有了初步判断，随后不管是开放式问答还是专业技术提问，都是从你的自我介绍延伸开来的。

2. 自我介绍该如何做

礼貌问候+介绍"我是谁"。

简单介绍学习、工作经历。（一定要把亮点说出来！）

自身有什么优势？（最好是别人没有的。）

为什么能胜任这个岗位？

为什么对这个岗位有兴趣？

对未来工作的期待是什么？

这些公式性的要点提示，大家可以直接拿来做提纲。但是如果你想脱颖而出，靠的绝对不是大家都能搜到的这几个要点，一定要有能力把它消化成自己独特的"亮点"介绍。

首先，自我介绍要"埋伏笔"，要和面试官互动起来。这就需要我们在面试前认真思考自己的优势、仔细看岗位要求、大致了解公司业务等。这些方面都要做足功课，让相关信息融入你的自我介绍中。这样，当你有这几个点让面试官眼前一亮的时候，他一定会继续追问，而你又非常机智地做足了准备，那么后面的主动权就掌握在你手里了，面试的胜算就很大。

其次，自我介绍要"独一无二"，要有自己的特色。俗话说"好看的简历千篇一律，有趣的灵魂万里挑一"。要知道如今的面试不缺生搬硬套、东施效颦的模仿者。面试一天下来，面试官见的候选人都好像流水线上生产出来的"标准品"，当然没什么特色（尤其是工作经验不多的大学生，更是容易出现这种问题）。但越是这样，市场上就越缺能发掘和提炼出自己特点、能让面试官印象深刻的人。

通常来讲，如果你能进一个企业面试，那说明你的知识、技能是企业认可的，也说明你与所有进入该企业面试环节的候选人硬件条件是差不多的。而面试就是在这些候选人中间"优中选优"，要挖掘出候选人更多的与众不同之处和独特潜能。

因此，经过面试的过程，面试官要通过你的回答得出一些问题的结论：

（1）你的能力与岗位需求是否搭配？

（2）你和相同的应试者的差异在哪里？

（3）你的核心竞争力是什么？

如果这几个问题你给出的答案都掷地有声，那么排在候选人清单上的第一人也就非你莫属了。

因此，只有你在面试前想清楚这些问题，才能底气十足地向面试官证明，你就是他们想要的人，你具备其他候选人没有的优势。

3. 自我介绍的内容

(1)个人基本情况。个人基本情况通常包括：姓名、年龄、籍贯、政治面貌、是否已婚、大学专业、学校。这时我们需要把重点放在与公司需求匹配的信息上。如果信息匹配或有关联，那么我们就说；如果完全没关联，那就一句带过或者不说。

下面以容易混淆的几个点来进行说明。

政治面貌：大多情况下政治面貌不用特意体现，除非应聘政府机关、事业单位，而你又是党员，那可以说明。

是否已婚：用人单位会通过你是否已婚来判断你未来工作的稳定性。

学校：对母校的态度是可以反映应试者的人品和情商的。不管你毕业于哪所大学，评价客观、认知清晰很重要，这也能侧面证明你的学习能力。

籍贯：面试官对你是否能稳定工作的考量之一。如果你是本地人，或计划在本地长期发展，那不妨也提一下。

(2)工作经历情况。其实底层逻辑一样，那就是过去经历是否与目前应聘岗位相匹配或有关联。如果相匹配，那当然要说，这是证明你有能力胜任的直接证据。

对于应试者来说，如何有逻辑、有条理地把项目经历说出来，并且突出自己的贡献，就显得非常关键了。这时候，你可以用前面讲过的 STAR 原则，如图 5-7 所示。

STAR 原则是面试官最常使用的工具，多用于收集应试者与工作相关的信息和能力，可以更精准地预测应试者未来的工作表现。

运用 STAR 原则，你能在最短的时间内，以故事的形式，有逻辑、有条理地把事情反映给面试官，让面试官更好地了解你。

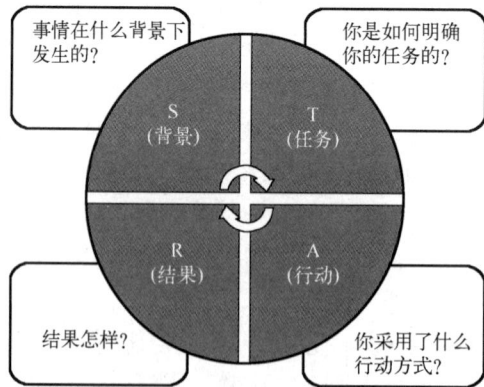

图 5-7　STAR 原则

以一个工作案例说明。

S：在上一家互联网教育公司中，业务增长遇到瓶颈，公司让我负责新业务(线上训练营)，帮助拓展业务。

T：我从零开始搭建出整个社群训练营框架，对班委进行培训，监督执行过程，解决突发状况。

A：训练营开始训练前，我需要招募班委并培训，让班委辅助训练营学员学习；训练营开始训练后，我要负责监督班委执行，邀请学员进群，给学员课前培训，布置听课作业等安排；训练营训练期间，我不断与学员沟通，并记录下需要优化的地方；训练营训练结束后，给表现优异的学员颁发荣誉证明。

R：通过我搭建的训练营体系，帮助公司服务超过 1.5 万名学员，带动 1 000 万元的业绩增长。

不管是自我介绍过程中，还是面对面试官有关项目经历的提问，只要你按照 STAR 原则的逻辑去组织语言，那么不仅能凸显你的作用，而且在逻辑和表达能力上，HR 也会给你大大的认可。

如果要想让运用 STAR 原则的效果更好，可以再多讲一点点，即 STAR-L，在依次介绍了 S-T-A-R 的情况后，向面试官多讲一点 L（Learning），也就是在做事过程中，学到了什么东西。

细分下来，L 还可以分为 RAP 几个维度。

R（Reflection，反思）：自己在行动和结果后对这件事是如何反思的？有什么感悟？

A（Application，应用）：自己这件事的成功经验有没有迁移到其他情境中去，改变自己的处事方法或者提升了自己的某种能力？

P（Prevention，预防）：比较适合事情结果不理想的情况，这时可以强调自己的所学，特别是如何避免在未来发生同类的事情。

STAR 原则本身就是一个很有逻辑的叙述过程，会让学生的陈述显得有条理，能让面试官准确地把握学生经历的事件，而加强部分的 RAP 组合则会更有利于学生的阐述：无论事情本身结果如何，都是有价值的，R 侧重于内心的收获，AP 侧重于外部世界，A 针对成功经验，P 针对教训。加入 L，会让学生的 STAR 原则更为完整，让考官意识到学生有较强的反思能力和学习能力，能帮助学生更好地通过面试。

》》 二、面试前的注意事项

（1）尽力设法找寻所欲谋求行业的资料，了解要面试单位的大致发展情况，以便达到知己知彼的地步。

（2）检查自己是否具有必备的条件。有些行业、职业在学历、能力、年龄、性别等方面都有一定的限制。事先查核自己的条件是否符合，不要有碰运气的念头，这是对己对人认真负责的态度，于己于人都有利。

（3）倘若获得面试的通知，而所谋求的工作需要某种特殊的知识或技能，在面试时，则极可能会被问到某一方面的问题，或要应试者当场做测验，以衡量应试者的知识或能力，如操作办公应用软件的能力等。遇到这种情形，应试者最好事先温习这方面的知识，练习有关的技能。

（4）对面试的场所和时间一定要了然于心，并在约定的时间 10 分钟前到达，切不可迟到。

（5）衣着要整洁得体，避免穿太亮或花色的衣服、紧身衣裤或牛仔装；女性穿着尤其要得体，化妆不宜太浓，切忌做出轻浮的举止。

（6）注意把指甲修剪整齐干净，头发梳洗干净整齐。鞋子擦亮、不沾泥沙。应避免穿过于时髦的鞋子。

(7)如果可能的话，应了解面试官或约谈者的姓名，并且要能正确地说出他们的姓氏。外国人的名字有时很不容易发准确，宜事先查出正确的发音，以免在面试官面前闹出笑话。

(8)若是依据广告前往的应试者，要检查所携带的资料文件等是否齐全。预先准备在面谈时回答有关招聘广告的问题，以及回答有关求职信或简历表的内容，做到对自己的资料倒背如流。

(9)携带文凭、推荐函等文件以便于面试官查阅，并留意把这些文件有条不紊地折叠起来，以免临场慌乱，给面试官造成不好的心理感觉。

(10)尽量避免和父母、朋友及其他亲戚同去面试，以免给面试官留下信心不足、缺乏独立行事的不良印象。

面试前的准备工作成功与否是面试成功的一个前提条件，但不是决定条件，所以准备充分固然为上策，但因为事情紧急，仓促上阵，靠临场发挥，有时也可能取胜。但是"不打无把握之仗"已成了军事指挥家共同的信念，所以优秀的求职者总是非常重视面试前的准备工作。可以说，好的面试准备工作已是面试取得成功的一半。

【课堂活动】

自我介绍训练

活动目的：

1. 了解自我介绍在面试中的重要性，做好充分准备。

2. 通过模拟训练，掌握自我介绍的技巧，提升面试自信心。

活动方式：

1. 请同学结合给出的招聘背景信息，分析自身优势。

2. 给学生5分钟整理发言思路。

3. 请同学上台进行面试自我介绍(有条件的话，可录像)。

4. 让其他同学给打分评价。

5. 老师点评总结。

6. 学生反思与改进练习。

(1)"我的故事'是否有趣'？"

(2)"我的故事令人信服吗？"

(3)"我还有什么需要补充的？"

(4)"如何使我的回答变得更好？"

建议思路：

面试的自我介绍，重点是要告诉面试官，你非常适合这个工作岗位，你具备什么样的个人特点、学历、培训经历、工作经历，因而能够满足企业的需要。

1. 首先报出自己的姓名和身份，让对方认识你。

2. 可以简单地介绍一下学历、工作经历等基本个人情况，让对方了解。接下来由这部分个人基本情况，自然地过渡到一两个自己学习或实习期间圆满完成的事件，以这一两个例子来形象地、明晰地说明自己的经验与能力，突出自己的优点。例如：在学校担任学生干部时成功组织的活动；如何投入社会实践中，利用自己的专长为社会公众服务；自己在专业上取得的重要成绩及出色的学术成就。

3. 要着重结合职业理想说明应聘这个职位的原因，让对方接受你。可以谈对应聘单位或职务的认识了解，说明选择这个单位或职务的强烈愿望；还可以谈如果被录用，将怎样尽职尽责地工作，并不断根据需要完善和发展自己。

注意事项：

1. 眼神——眼神要坚毅，要敢于与人直视，不要上下打量，不要翻白眼。
2. 笑容——微笑，让人感觉愉悦、自信而放松。
3. 声音——声音大而稳，语速中等。普通话要标准，吐字要清晰，忌用方言。
4. 情绪——避免情绪起伏波动，以免产生负面影响。
5. 开始与结束注意个人礼貌和基本修养。
6. 时间控制在2～3分钟为宜。

【自我介绍参考模板】

这仅仅是参考模板，具体还是要根据自身情况来写哦！

模板一：适用于实习生、应届毕业生　　面试岗位：婚庆策划（基本情况）

面试官您好，我是×××，2019届应届毕业生，来自×××学院的××××专业，今天我想面试的岗位是婚庆策划。我是在××招聘网上发现贵公司招聘信息的，首先再次感谢您能给予我这次面试机会。

（工作经历）在校期间，我曾担任系学生会副主席一职，负责处理系内活动举办、资料整理及师生沟通等学生服务工作。

（背景）我策划过最大型的活动是2019届毕业生晚会，而我也是本场晚会的总统筹之一。

（任务）我们的任务是让晚会顺利进行，给师兄师姐一个难忘的印象。

（行动）晚会前期，我主要负责组织各班级准备晚会节目及节目优化、筛选工作，并且策划晚会流程与当晚人员工作安排。晚会期间，我主要在银幕后台操控与处理突发等应急工作。

（结果）最后晚会圆满举行。该次活动，给我最大的感受是沟通本身是双向的过程，不仅仅是传达信息，更重要的是如何让对方也能准确、有效地接收信息。除此之外，我还举办过20多场大大小小的活动，包括游园会、志愿者活动、募捐活动、社区活动、运动会等。

（未来愿景）我具备一定的组织、沟通与协调能力，而这方面能力与贵公司婚庆策划的岗位比较匹配，我相信我有能力做好此工作，因此我希望贵公司能给我一个任职的机会。谢谢。

模板二：适用于非应届毕业生　　面试岗位：公众号内容运营（基本情况）

面试官您好，我是×××，2017届毕业生，今天我想面试的岗位是公众号内容运营。我是在××招聘网上发现贵公司招聘信息的，首先再次感谢您能给予我这次面试机会。

（工作经历）我的上一家公司是一家知识付费平台，我担任新媒体运营一职。我的主要工作内容是负责内容原创工作及管理矩阵公众号。

（背景）公司为了保证自身内容的竞争力，要求我每个月负责写至少10篇原创文章。

(任务)我的任务是不断输出高质量的内容。

(行动)我每天都需要通过公众号、知乎、微博等平台，阅读大量的情感类观点，留意最新热点事件，以及对资料进行整理、归纳、收藏，这样才能保持我对观点的敏感度，更好地把握用户痛点，创作出更好的内容。

(结果)虽然工作量很大，但效果却特别好。在过去一年内，我一共发布原创文章107篇，其中12篇获得10万以上阅读量，平均下来每篇文章阅读量6万以上，高于均值32%。这让我知道，输入、输出、实操是一个完整的闭环学习路径，更多的刻意练习才会让我写出更有价值的内容。

(未来愿景)过往的经验让我发现，我特别喜欢内容创作，通过文字的力量带给人正面反馈是特别有成就感的事情。我相信我有能力做好这份工作，希望贵公司能给我一个任职的机会。谢谢。

【让自我介绍成为一张名片】

自我介绍时的细节

❖ 贴标签

给自己贴个标签，找一个看似是缺点，其实是特点，仔细想想居然是优点的标签。

我给大家推荐几个：强迫症、细节控、拖延症杀手，爱反思总结；"网虫"，关注热点，总有自己的观点。这样的标签能够让人眼前一亮，迅速记住。

❖ 讲故事

你需要细节生动的故事，让这个标签有画面感，同时说明你具备什么工作经验。切忌说无关紧要的事。

❖ 注意细节

为了更加流利地表达，可以提前写好自我介绍的文稿，做好充足的准备，避免临时掉链子。

此外还需要把握以下几点：

首先，注意控制时间，一定不要超过规定时间。

其次，注意语速不能太快，这既是为了让面试官听得清楚，也是为了让自己有更多思考的空间。

最后，面试完毕后，别忘了在一句精练的总结后，道一声"谢谢。"

▶▶ 三、面试技巧

(一)面试者的语言技巧

面试中求职者的语言表达技巧无疑是重要的，它标志着求职者的成熟程度和综合素质。

(1)认真聆听，流利回答。面试官介绍情况时，要集中注意力，对其提出的问题要认真回答，语速平稳、条理清楚、言语流畅、重点突出、简洁合适。

(2)语气平和，语调恰当，音量适中。面试时要注意语言、语调、语气的正确运用。语气是指说话的口气，语调则是指语音的高低轻重配置。打招呼问候和自我介绍时最好多用平缓的陈述语气，音量的大小以每个面试官都能听清为准。

(3)注意听者的反应，及时调整。求职者面试不同于演讲，类似于一般的交谈，应关注面试官的反应。比如：面试官心不在焉，可能表示他对这段话没有兴趣，你得设法转移话题；面试官侧耳倾听，可能说明你的音量过小使对方难以听清；面试官皱眉、摆头，可能表示你的语言有不当之处。

(4)以说真话为前提。无论使用哪种小技巧，都要坚持以事实说话，少用虚词、感叹词之类。自吹自擂一般是很难逃过面试官的眼睛的。至于在说个人弱点时则要表现得坦然、乐观、自信。

(5)谈吐运用"3P原则"。记住"3P原则"：自信(Positive)、个性(Personal)、中肯(Pertinent)。回答要沉着，突出个性，强调自己的专业与能力，语气中肯，不要言过其实。

(二)面试者的行为技巧

面试，从面试者进入面试官视线内那一刻就已经开始了。被面试的不仅是面试者的语言，还有面试者的个人行为表现，而后者往往被面试者忽视。一项研究表明，个人行为表现给人的印象7%取决于说话内容，38%取决于说话方式，55%取决于肢体语言。所以，面试时一定要特别注意你与面试官的肢体语言的交流，自始至终保持大方得体、不卑不亢的言谈举止。

1. 眼观六路——眼神的交流

忌：万万不可目光呆滞地死盯着面试官看，这样会让面试官感到很不舒服。

宜：与对方保持目光交流，但目光要稍微有些移动；如果有多人在场，说话的时候也要注意和其他人的互动，以示尊重和平等。

2. 耳听八方——积极主动地倾听

忌：面无表情、呆滞木讷。

宜：在和对方交流时，要注意动作、眼神的互动，表示自己在听，而且是认真地听。

忌：不要打断对方的讲话，给予对方尊重；自己也不要喋喋不休，注意控制说话的欲望，言多必失，以免陷于被动。

宜：如果面试官在面试中多提问，说明他对面试者感兴趣，愿意介绍情况。

3. 举手投足——常犯的错误

忌：不断地折纸、转笔，或乱摸头发、胡子、耳朵等，这样会分散面试官的注意力；用手捂嘴说话则是一种紧张的表现。

宜：双手自然放置，心情放松。

4. 稳如泰山——只坐三分之二

忌：紧贴着椅背坐，全身瘫倒在椅背上；或是坐得太少，战战兢兢地只坐在椅边，这是一种极度紧张的表现。

宜：一般坐到座椅的三分之二为宜。坐下后身体要略向前倾，表现出对面试官的关注和重视。

【课堂活动】

驾驭面试常见问题

面试时，有些问题是面试官常常会提出的。针对这些问题，讨论一下应该如何应对。

(一)背景型问题

即关于学生的个人背景、家庭背景、学校背景等方面的问题。常见的问题如下。

1. 请你做一个自我介绍。

(1)面试官意图：考查自我管理能力、语言表达能力、逻辑思维能力。

(2)回答技巧：做出书面的准备，并认真反复背诵，达到流畅自如；回答的过程中要有条理，同时能够展现出自己的优点和优势及对目标职位的适应性。

一般人回答这个问题过于平常，只说姓名、年龄、爱好、工作经验，这些在简历上都有。其实企业最希望知道的是应聘者能否胜任工作，包括最强的技能、最深入研究的知识领域、个性中最积极的部分、做过的最成功的事、主要的成就等。这些都可以和学习无关，也可以和学习有关。但要突出积极的个性和做事的能力，说得合情合理，企业才会相信。企业很重视一个人是否有礼貌。应聘者要尊重面试官，在回答每个问题之后都说一句"谢谢"。企业喜欢有礼貌的应聘者。

2. 你觉得你最应该感激父母什么？

(1)面试官意图：考查应聘者的情感认知度，是否有感恩的心，是对应聘者品质的考查。

(2)回答技巧：一是感谢父母养育之恩，二是父母给了我们很多优秀的品质，如勤劳、朴实、善良。

3. 我听刚才的同学说你们的学校很差，是真的吗？

(1)面试官意图：考查评价能力和态度、人际关系处理能力。

(2)回答技巧：这是一个陷阱问题。不要让面试官觉得你是一个消极的和没有评价系统的人。面试官的逻辑是通过你对学校、企业、老师、领导、同学、同事等的评价判断你对事物的评价标准。这个问题只能从正面去回答，合理诚恳地给予评价，如即使是差的学校也有好学生。

(二)知识型问题

考察与应聘者的应聘岗位相关的基本知识，评价应聘者的知识再现和理解运用能力。常见的问题如下。

1. 请问你学过"××"课程吗？你认为这门课最重要的部分是什么？

(1)面试官意图：考查学习能力、结果导向和努力程度。

(2)回答技巧：实事求是，系统复习，专注结果。

2. 你怎么看待"思想道德修养"这门课。有人说思想道德修养是大学里最主要的一门课，你同意吗？

(1)面试官意图：考察应聘者如何看待智慧与道德的关系，如何看待职业道德。

(2)回答技巧：道德可以弥补智慧的缺陷，而智慧永远都无法弥补道德的缺陷。

(三)思维型问题

这类问题旨在考察应聘者的理解、分析、辨别、综合、评价和推断的能力。

1. 你认为一个人成功的标准是什么？

(1)面试官意图：考查逻辑思维能力和语言表达能力。

(2)回答技巧：可以引用名人名言来回答这类问题，简洁而有说服力。如"努力不一定成功，放弃一定失败"；"人生是一场旅途，不必在乎目的地，在乎的是沿途的风景和看风景的心情"。

2. 悟空、猪八戒、沙和尚，谁是好员工？

(1)面试官意图：考查情景思维能力和理解领悟能力。

(2)回答技巧：给自己5秒钟的时间去思考，然后结合情景去回答问题。他们谁是好员工，要看具体的岗位，比如说销售岗位，需要市场开拓，悟空就很有可能成为好员工，因为他有魄力，个人能力强；公关的工作，八戒可能就适合一些；做日常行政工作，沙和尚任劳任怨、默默无闻，能胜任。

这类问题本身没有正确答案，看你是否能够自圆其说。在回答问题的过程中，可以体现应聘者的思维深度以及推断和评价能力，所以对此类问题要有条理地回答。

(四)经验型问题

关于应聘者过去所做的事情的问题。这类问题对于应届毕业生而言是一个短板，工作经验缺乏，大学的实训课程可以弥补经验的不足，在制作简历的时候可以在履历表上把校内实训写得具体一些，引导面试官提问。

1. 你做过学生干部吗？请问学生干部的经历对你有什么影响？

(1)面试官意图：考查组织协调能力和总结能力。

(2)回答技巧：实事求是，做过学生干部和没有做过区别很大，没有做过，不要撒谎。学生干部的经历可以培养组织协调能力、沟通能力和团队管理能力。

2. 在××公司实习期间，你遇到的最大困难是什么？你是怎么克服的？

(1)面试官意图：考查岗位适应能力和知识应用能力。

(2)回答技巧：这类问题是以经验为基础的，看你对目标职位的熟悉程度。兼职要描述出典型的情景，并且总结出感受和体会。

(五)情境型问题

这类问题将应聘者置身于一个假设的情境之中，让应聘者设想一下，在这样的情境下应该怎么做，考查应聘者的应变能力和解决问题能力。问题经常以"假设""假如"开头。常见的问题如下。

1. 假设现在你被我公司录用了，你准备如何开展工作？

(1)面试官意图：考查应变能力、动手能力和执行力。

(2)回答技巧：回答这一类问题必须考虑情境，考虑到实际因素，切忌大谈空谈。要拿出具体的可行的计划，要学会团队工作。

2. 假设毕业后第一个月你收入1 500元，你准备怎么处理？

(1)面试官意图：考查应变能力和自我管理能力。

(2)回答技巧：这个问题的回答需要谨慎，切忌随心所欲。拿出600元，给自己的父母每人买一份礼物，比如说衣服或者保健品；拿出200元买学习资料；拿出300元租房子；拿出200元吃饭；拿出200元存起来以备后用。给父母买礼物说明很有孝心，百善孝为先；买学习资料说明能够不断提高完善自己，追求发展，有成就愿望；200元储蓄说明有长远计划。

(六)压力型问题

这类问题将应聘者置于一个充满压力的场景中,观察其反应,以对其情绪稳定性、应变能力进行考查。

1. 你被淘汰了,你有什么要说的?

(1)面试官意图:考查应变能力、态度和心理承受能力。

(2)回答技巧:遇到这样的问题不要热泪盈眶,……是面试官在考验你,回答出三点就可以。一是自己非常渴望得到这个职位,自己做了充分的准备,尽力了,无怨无悔;二是非常感谢公司能够提供这样一个机会,感谢面试官辛苦的劳动;三是表示自己会继续努力,一定会成功的!

2. 张三、李四,还有你,你觉得谁能胜出?

(1)面试官意图:考查评价能力和应变能力。

(2)回答技巧:遇到这样的问题不要急于说"我",要先发现张三、李四的优点,总结具体;自己不是最优秀的,却是最合适的,企业在招聘时寻找的往往是最合适的人才,说出自己是最合适的是自信的表现。

【课堂活动】

经典面试的回答套路

下面总结了 13 条经典面试的回答套路,让你在面试时有效地展示自己的才华,把握珍贵的求职机会!

1. 谈谈你的简历(自我介绍)。

可以根据以下三个步骤去回答问题,而且用不超过 3 分钟来阐述。

简单开场:包括基本的教育经历和一些基本信息,一到两句就可以了。为什么要进入这个行业?做过什么实习?参加过什么比赛?有过什么特殊的经历?

举一个最有代表性的例子来证明。"我曾经申请了×××公司,并在那里做了暑期的营销工作,帮助公司在一个月内取得了×××成果。所以,我想要做一些和市场营销方面更相关的事情,并且不断通过实践的学习来充实自己。"

"因此,我还申请了×××公司的市场部实习生岗位,主要进行了市场调研及推广相关的工作,协助公司完成新产品上线及推广,最终达到了×××的结果。通过实习,我发现这是最适合我的岗位,我也更想迎接新的挑战。"

2. 为什么选择我们公司?

通常是考查应聘者的职业生涯规划,以及对公司业务、所处行业的熟悉和了解程度。

很多应聘者的回答都流于表面:工资高、平台大、有发展。面试官不想听你是如何吹嘘他们公司的,而是想听你为什么想进这家公司,所以重点应该是你的个人经历和规划。

"首先,通过我的实习经历和对我的职业发展评估,我确定会在这个行业谋求长期的发展。在行业中,我通过查阅官网发现贵公司的管培生项目很吸引人。同时,我也和一些在贵公司工作的学长学姐深度交流过,不管是在业务上还是在对员工的培养上,贵公司都满足了我对未来雇主的所有期待。"

回答样本如下。

（1）"我选择来参加面试，是希望找到更好的发展机会。至于是否会选择贵公司的机会，还要看我们双方谈的情况，和这个岗位可以提供的条件。"

（2）"我对现在的工作很满意，之所以来参加面试，是想保持对招聘市场的了解，了解自己的市场价值。当然，如果贵公司提供的条件很有吸引力，我也会充分考虑。"

（3）"我想你比我更了解贵公司的吸引力，譬如品牌知名度、市场领导力、优越的待遇和对员工的人性化关怀，这些应该都有吸引大多数应聘者的魅力吧！我也一样。"

（4）"我很有信心胜任贵公司的这个岗位，不如由您来说说，贵公司有哪些优势，可以吸引我这样的应聘者？"

（5）"贵公司求贤若渴，而我在寻求更好的发展机会，如果这次面试，我们可以达成一致，相信这将是一个互利的合作关系。"

（6）"贵公司是行业翘楚，而我也是行业里顶尖的人才，才子佳人，岂不妙哉？"

（7）"贵公司有我想要的发展机会，而我有贵公司期望的工作能力，门当户对，才是最佳组合。"

3. 你个性上最大的缺点是什么？

应付这种表面上很负面的问题，你可以用正面的词语回答一个本质负面的问题。面试官就是想看你在遇到难题、挑战的时候，你的弱点是否会影响你完成工作任务。专注在某一个情景，着重讲述如何克服困难完成工作的。

"我的执行力不错，通常领导交代的任务我都能完成，冲 KPI 对我不是问题。但是正因为如此，我主动的深入思考就相对少了一些，更多是在行动上。如何站到更高的格局上去看待工作，如何思考战略布局，这类深度的钻研我还需要加强。"

4. 你对薪资的要求回答提示：如果你对薪酬的要求太低，那显然贬低了自己的能力；如果你对薪酬的要求太高，那又会显得你分量过重，公司受用不起。

回答样本一："我对工资没有硬性要求，我相信贵公司在处理我的问题上会妥善合理。我注重的是找对工作机会，所以只要条件公平，我不会计较太多。"

回答样本二：如果你必须自己说出具体数目，请不要说一个宽泛的范围，那样你将只能得到最低限度的数字。最好给出一个具体的数字，这就表明你已经对当今的人才市场做了调查，知道像自己这样学历的雇员有什么样的价值。

5. 你对加班的看法回答提示：实际上好多公司问这个问题，并不证明一定要加班，只是想测试你是否愿意为公司奉献。

回答样本："如果工作需要我会义不容辞加班。我现在单身，没有任何家庭负担，可以全身心地投入工作。但同时我也会提高工作效率，减少不必要的加班。"

6. 工作中难以和同事相处怎么办？

回答提示：

（1）"我会服从领导的指挥，配合同事的工作。"

（2）"我会从自身找原因，仔细分析是不是自己工作做得不好让领导不满意。"

（3）"还要看看是不是为人处世方面做得不好，如果是这样的话我会努力改正。"

（4）"如果我找不到原因，我会找机会跟他们沟通，请他们指出我的不足，有问题就及时改正。"

（5）"应该时刻以大局为重，即使在一段时间内，领导和同事对我不理解，我也会做好本职工作，虚心向他们学习。我相信，他们会看见我在努力，总有一天会对我微笑的。"

7. 你如何对待别人的批评？

回答提示：沉默是金，在大家情绪化的时候，不必说什么，否则情况更糟，不过我会接受建设性的批评。最后，我会等大家冷静下来再讨论，是人的问题还是流程的问题，并且进行改正和优化。

8. 怎样对待自己的失败？

回答提示：首先分析失败的原因，是能力问题还是工作态度问题。能力不够可以学，摆正心态去学习追赶前辈，态度问题就要反省自己，立即改正。我们大家生来都不是十全十美的，我相信我有第二个机会改正我的错误。

9. 你觉得这个工作有什么困难？

回答提示：①不宜直接说出具体的困难，否则可能令对方怀疑应聘者不行。②可以尝试迂回战术，说出应聘者对困难所持的态度——工作中出现一些困难是正常的，也是难免的，但是只要有专业的团队、良好的合作精神及事前做了周密而充分的准备，任何困难都是可以克服的。

10. 如果录用了你，你会怎么开始工作？

分析：这个问题的主要目的也是了解应聘者的工作能力和计划性、条理性。

回答提示：①如果应聘者对于应聘的职位缺乏足够的了解，最好不要直接说出自己开展工作的具体办法。②可以尝试采用迂回战术来回答，如："首先听取领导的指示和要求，然后就有关情况进行了解和熟悉，接下来制订一份近期的工作计划并报领导批准，最后根据计划开展工作。"

11. 你希望和什么样的上级共事？

回答提示：①通过应聘者对上级的"希望"可以判断出应聘者对自我要求的意识，这既是一个陷阱，又是一次机会。②最好回避对上级具体的希望，多谈对自己的要求。③作为刚步入社会的新人，我应该多要求自己尽快熟悉环境、适应环境，而不应该对环境提出什么要求，只要能发挥我的专长就可以了。

12. 除了本公司，你还应聘了哪些企业？

回答提示：很奇怪，这是相当多公司会问的问题，其用意是要概略知道应征者的求职志向，所以回答并非绝对是负面答案。就算不便说出公司名称，也应回答"销售同种产品的公司"。如果应聘的其他公司是不同业界，容易让人产生无法信任的感觉。

13. 你还有什么问题？

回答提示：企业的这个问题看上去可有可无，其实很关键，企业不喜欢说"没问题"的人，因为其很注重员工的个性和创新能力。企业不喜欢求职者问个人福利之类的问题。如果有人这样问："贵公司对新入公司的员工有没有什么培训项目？我可以参加吗？"或者说，"贵公司的晋升机制是什么样的？"企业将很欢迎，因为这体现出你对学习的热情和对公司的忠诚及你的上进心。

其实面试中的问题总结出来不过两种：性格问题和专业问题。

但是大部分人没有进行总结提炼成针对自己的专业精准的面试答案，所以每次面试前都很紧张，发挥不出正常的水平。其实只要能够通过硬性筛选的网申，面试是非常容易准备的。

（三）交谈的技巧

1. 交谈心态

作为应届毕业生初次参加招聘，如何摆正自己的心态，很大程度上关系着招聘的成败。

（1）展示真实的自己。面试时切忌伪装和掩饰，一定要展现自己的真实实力和真正的性格。有些毕业生在面试时故意把自己塑造一番，比如明明很内向，不善言谈，面试时却拼命表现得很外向、健谈。这样的结果既不自然，很难逃过有经验招聘者的眼睛，也不利于自身发展。即便是通过了面试，人力资源部门往往会根据面试时的表现安排适合的职位，这对个人的职业生涯可能是有害的。

（2）以平等的心态面对招聘者。面试时如果能够以平等的心态对待招聘者，就能够避免紧张情绪。特别是在回答案例分析问题时，一定要抱着"我是在和招聘者一起讨论这个问题"的心态，这样就可能做出很多精彩的论述。

（3）态度要坦诚。招聘者一般都认为做人优于做事。所以，面试时应聘者一定要诚实地回答问题。一位企业的人事主管说，以前曾经面试过一个女孩，面试时她说自己有男友，进入公司后又说没有男友。问她原因，她说曾在一些书里看到，如果说有男朋友就会给人稳重、有责任感的印象。实际上这样做非常不好，面试时的欺骗行为是不利于以后的发展的。

【课堂活动】

微笑训练

活动目的：帮助你寻找最佳微笑模式，寻找属于你自己的最佳选择，欣赏并掌握其感觉，以便日后运用。

活动说明如下。

1. 拇指法

双手四指轻握，两拇指伸出，呈倒八字形，以食指关节轻贴颧骨附近；两拇指肚向上，放于嘴角两端一厘米处，轻轻向斜上方拉动嘴唇两角；反复多次，观察寻求你满意的微笑感觉状态后，封存记忆。

或双手四指轻握，两只手背向外放于嘴唇下方；两拇指伸出，两拇指肚放在唇角处，做斜上方向内轻轻拉动的动作。反复几次，寻找满意位置。

2. 食指法

轻握双拳，两食指伸出呈倒八字形，放于嘴唇两角处，向斜上方轻轻拉动嘴角，寻找最佳位置。

或双手轻握，伸出食指；两拳相靠放于下巴下方，两食指放在嘴角两端，向斜上方轻轻推动。反复推动多次，直到找到满意位置为止。

3. 中指法

两中指伸出，其余四指自然收拢、半握；两中指肚放在嘴角两端，轻轻向斜上方拉动。反复多次，寻找自己美丽的微笑状态。

4. 小指法

两小指伸出，其余四指自然收拢、半握；两小指肚放在嘴角两端，轻轻拉动嘴角；反复该动作，直到找到满意的微笑状态为止。

5. 双指法

双手拇指、食指伸出，其余三指轻轻握拢；用两拇指顶在下巴下面；两食指内侧面放在嘴角处，向斜上方轻轻推动；反复多次，直到满意为止。

或双手拇指、食指伸出，其余三指握拢；将两食指按放在两眉上外端；两拇指放在嘴角处，向斜上方轻缓拉动。反复多次，直到满意后，定格欣赏，再留存记忆中。

操作要领如下。

(1)训练前的心态调适(清洁环境、注意欣赏镜中画面、播放背景音乐)。

(2)操作步骤(自我礼仪、开始操作、自我欣赏、放下双手)。

(3)重要提示(要专注欣赏、贵在坚持、天天对镜微笑)。

2. 交谈原则

应聘者与招聘者交谈应该把握以下"四个度"的原则。

(1)体现高度，在交谈中展示自己的水平。一方面是政治思想水平和强烈的敬业精神，另一方面是专业水平。对问题回答不能满足于"知其然"，还要答出"所以然"。

(2)增强信度，在交谈中展示自己的真诚。首先，态度要真诚，交谈不要心不在焉；其次，表达要准，少用"可能""也许""大概"等模棱两可的词语；最后，内容要实，尤其对于自己的优缺点要一分为二，实事求是。

(3)表现风度，在交谈中展示自己的气质。一方面要体现自身的外在美，另一方面要体现内在气质。言语是一个人内在气质、涵养的外在体现，要注意用自己的语言魅力展示自己。

(4)保持热度，在交谈中展示自己的热情。要注意做到：主动问候，精神饱满。

3. 答问技巧

(1)把握重点、条理清楚。一般情况下，回答问题要结论在先、议论在后，先将中心意思表达清楚，然后再做叙述。

(2)讲清原委，避免抽象。招聘者提问是想了解求职者的具体情况，切不可简单地仅以"是"或"否"作答，有的需要解释原因，有的需要说明程度。

(3)确认提问，切忌答非所问。面试中，招聘者有时提出的问题可能过大，以致应聘者不知从何答起，或求职者对问题的意思弄不明白是常有的事。"你问的是不是这样一个问题……"将问题复述一遍，确认其内容，才会有的放矢，不致南辕北辙、答非所问。

(4)听完问题以后适时沉默。保持最佳状态，好好思考该如何回答。

(5)冷静对待，宠辱不惊。招聘者中不乏刁钻古怪之人，可能故意"刁难"，令人难堪。这不是"不怀好意"，而是一种战术提问，让应聘者不明其意。故意提出不礼貌或令人难堪的问题，其意在于"重创"应聘者，考察应聘者的"适应性"和"应变性"。应聘者若反唇相讥、恶语相加，就大错特错了。

(6)要知之为知之，不知为不知。面试中常会遇到一些不熟悉、曾经熟悉现在忘了或根本不懂的问题。面临这种情况，回避问题是失策，牵强附会更是拙劣，诚恳坦率地承认自己的不足之处，反倒会赢得招聘者的信任和好感。

4. 发问技巧

面试时若招聘者问应聘者有没有问题，应聘者可以适当问一些问题，并且应该把提问的重点放在招聘者的需求及自己如何满足这些需求上。通过提问的方式进行自我推销是十分有效的，所提问题必须是紧扣工作任务、紧扣职责的。

应聘者可以询问诸如以下的问题：应聘职位所涉及的责任及所面临的挑战；在这一职位上应该取得怎样的成绩；该职位与所属部门的关系及部门与公司的关系；该职位具有代表性的工作任务是什么。当然，也要注意不要问一些通过事先了解能够获得的有关公司的信息，这会让人对应聘者是否明确面试目的表示怀疑。

5. 谈话技巧

(1)谈话应顺其自然。不要误解话题，不要过于固执，不要独占话题，不要插话，不要说奉承话，不要浪费口舌。

(2)留意对方反应。交谈中很重要的一点是把握谈话的气氛和时机，这就需要随时注意观察对方的反应。如果对方的眼神或表情显示对自己所谈及的某个话题已失去了兴趣，应该尽快找一两句话将话题收住。

(3)有良好的语言习惯。不仅是表达流利、用词得当，同样重要的还有说话方式。

(四)有效倾听的技巧

面试过程中，"倾听"对于招聘者和应聘者都是十分必要的，双方都力图准确把握对方的真实意图，获取尽可能多的信息。应聘者处于被试的地位，要时刻关注着招聘者的思维变化、谈话内容的要点、主题的转变，语音、语气、语调、节奏的变化等各种信号，准确进行分析判断，然后才能采取合理有效的应对措施，因此"听"清楚招聘者的每句话，是最为基础、最为根本的问题。面试中的"听"不是"听听"就算了，而是能够设身处地(站在对方的立场上)去"听"，或者"倾听"。这种倾听的要点是，先不要有什么成见或决定，应密切注意讲话人所要表达的内容及情绪。这样才能得到比较真实而完整的信息，作为判断和行动的依据。

1. 有效倾听的原则

不听清楚就回答，往往意味着粗心；答非所问，自己缺乏系统的思考，可能说了许多不该说的话，或没有说服力。"听"，并非简单地用耳朵就行了，必须同时用心去理解，积极地做出反应。听与交谈都是自我推荐的重要手段。

(1)要"耐心"。即使对一个自己知之甚多的普通话题，出于尊重也不能心不在焉。面试的目的在于让对方了解自己、信任自己、接受自己，而不是与对方比试高下，所以要尽量让对方把话讲完，不要不顾对方的想法而发挥一通。如果确实需要插话，应先征得对方同意，用商量的语气问一下 "请等一下，让我说一句"或"我提个问题好吗"。这样可以避免对方因此产生敌视或不耐烦之类的误解。

(2)要"专心"。求职者应全神贯注，始终保持精神饱满的状态，专心致志注视着对方，以表明对他的谈话感兴趣。在对方谈话过程中要不时地表示听懂或赞同。如果一时没有听懂对方的话或有疑问，不妨提出一些富有启发性或针对性的问题，这样不但会使思路更明确，对问题了解得更全面，而且对方在心理上会觉得应聘者听得很专心，对他的话很重视，从而会直接提高对应聘者的评价。

（3）要"细心"。也就是要具备足够的敏感性，善于从对方的话语中找出他没有表达出的意思。同时了解招聘者对自己的话是否真正理解了，对自己谈的内容是否感兴趣，作为调整自己谈话的根据。

2. 有效倾听的要求

（1）即使认为对方所讲的无关紧要或者错误，仍要从容而耐心地倾听。虽然不必表示对他所说的都赞同，但应在适当间歇中以点头或应声之类举动，表示自己的关注和兴趣。

（2）不仅要听对方所说的客观事实，更要留意他所表现的情绪。

（3）注意对方尽量避而不谈的有哪些方面，这些方面可能正是问题的关键所在。

（4）必要时，将对方所说的予以概括重述，以表示自己在注意听，也鼓励对方说下去。

（5）在谈话中，避免直接质疑和反驳，让对方畅所欲言。即使有问题，稍后再去查证。此时重要的是获知对方的真实想法。

（6）遇到对方讲述某些事情，确实想多知道一些情况时，不妨重复对方所说的要点，请他做进一步的解释和澄清。

（7）自己不要在情绪上过于激动，此时要尽量了解对方；如果赞同对方的观点，适当表示一下就可以了，关键是态度要诚恳，行为要表现得像是发自内心一样，不可过于张扬。如果反对对方的观点，应暂时予以保留。如果可能造成招聘者对自己的错误排斥，应找时机礼貌地予以解释或证明。

（8）注意找出信息的关键部分，关注中心问题，不要使思维迷乱；不要过早做出结论和判断；有条件的话，记录下重要的部分。

（9）倾听只针对信息，而不是针对传递信息的人；尽量忽视周围环境中让自己不舒服的东西；注意说话者的非语言信息。

（10）不要害怕听到困难而复杂的信息。面试录用的原则是择优，是一种相对水平的比较。对应聘者来说复杂困难的信息对别人来讲可能更为复杂困难。面对困难的时候，才是考验应聘者的时候，也是应聘者崭露头角的时候。一定要保持镇静和自信，尽自己的心力去想办法。

（11）要始终表现出对谈话者的尊重与信任，这是一条根本原则。对招聘者表现出尊重，是面试获得成功的必要条件，否则即使应聘者才高八斗、学富五车，恐怕也于事无补。应聘者对招聘者表现出信任，招聘者才能相信应试者的话，这是人际关系中的互动原理，任何单方面的要求都将遭到心理上的排斥。

四、应聘面试的礼仪

（一）严格守时

（1）不能迟到。迟到会影响自身的形象，而且大公司的面试往往每次都要安排很多人，如果应聘者迟到了一刻钟，很可能就与这个公司永远地失之交臂了。

（2）最好提前 10～15 分钟到，熟悉一下环境。如果路途较远，宁可早到 30 分钟，甚至 1 个小时。但早到后不宜提早进入办公室，最好不要提前 10 分钟以上出现在面谈地点，否则招聘者很可能因为手头的事情没有处理完，而感觉很不方便。

（3）把握进屋时机。进屋后，若发现招聘者正在填写上一个人的评估表，不要打扰，表现出理解与合作的态度。但也不要自作聪明，在招聘者不知晓的情况下，等在门外不进去，这是不对的。

(二)彬彬有礼

应聘者应同等对待招聘单位的人，不仅对招聘者，对秘书、对其他人也应待之有礼。这主要是一个人的修养问题，要有礼有节。

(三)大方得体

(1)就座要多客气？一定要注意只有当招聘者让应聘者落座的时候，应聘者才可入座。大方得体是很重要的。应该客随主便，恭敬不如从命。

(2)到底喝什么？进屋后，招聘者问应聘者喝什么或提出其他选择时，应聘者一定要明确地回答，这样会显得有主见。最忌讳的说法是："随便，您决定吧。"

(3)讨论约见时间。比如要约下一次见面的时间，避免两种极端的行为：一是太随和，说什么时间都行，这样会显得自己很无所事事；二是很快就说出一个时间，不加考虑。较得体的做法是：稍微想一下，然后建议一两个变通的时间，不要定死，而是供人选择，这样相互留有余地。

(四)形体语言

(1)肢体语言。检点自己的一言一行，因为这些都可能引起别人的注意。而对方的一举一动，虽然无言，却可能有意。要善于察言观色、明察秋毫，比如说，对时间的掌握或说话是不是太啰唆了。

(2)眼神的交流。应聘者的目光要注视着对方。但要注意不要目光呆滞地死盯着别人看，这样会使人感到很不舒服。

(3)做一个积极的倾听者。听对方说话时，要不时点头，表示自己听明白了，或正在注意听。同时也要不时面带微笑，当然也不宜笑得过度而导致面部肌肉僵硬。切记，一切都要顺其自然。

(4)手势。手势不要太多，太多会引人注意。中国人的手势往往特别多，而且几乎都一个模子。尤其是在讲英文的时候，习惯两只手不停地上下晃。另外，注意不要手舞足蹈，这样往往令人生厌。注意你的举手投足：手不要出声响。手上不要玩纸、笔，有人习惯这样做，但在正式场合不能这样，会显得很不严肃。手不要乱摸头发、胡子、耳朵，这样显得紧张，不留心交谈。不要用手捂嘴说话，这是一种紧张的表现。

(5)坐姿的学问。①身体稍向前倾。坐姿要略前倾，面试时，轻易不要靠着椅子背坐，也不要坐满椅面，但也不宜坐得太少，一般坐三分之二椅面较好。另外，女士要并拢双腿，否则在穿裙子的时候，会尤其显得难看。即使不穿裙子，也要把腿靠拢。②招聘者跷脚。如招聘者跷脚，应聘者千万不要觉得这是他对自己不礼貌，其实这是一种文化。这里可能有三种原因。一是招聘者挺累，想休息一下；二是他觉得招聘工作不太重要，因此很放松；三是对应聘者的心理考验，是想看看应聘者的表现。这时如果应聘者表现出不满，就会给人留下不好相处的印象。

(6)几点注意事项。①面试时应杜绝吃东西，如嚼口香糖或抽烟等。例如，有人为了自我感觉良好或为了显示自己的傲气，面试时嘴里还嚼着口香糖，这是很不礼貌的。②喝水最忌讳的有两点：一是喝水出声；二是若水放的位置不好，很容易洒。③打喷嚏。打喷嚏之前或之后一定要说"对不起"。

【拓展阅读】

有研究表明，个人对于他人所留下的印象，7%取决于用词，38%取决于音质，而55%取决于非语言交流。非语言交流包含很多方面，如诚实的态度、微笑的脸庞等。

1. 敲门

你会敲门吗？

到达面试公司之后，通常会受到前台或者行政部门员工的接待，将你引导到要进行面试的房间门口。如果门是关上的，敲门便成为成功面试的第一步。

那么，应该敲几下让人最舒服？最让面试官接受的答案是3下。敲门的声音一定要有力度，切忌过快或者过慢。不妨在家里先练习一下，让父母、朋友或是同学听听看，以大家都认为很舒服的力度和方式敲门。

三个敲门的要诀。

(1)手指的姿势。右手食指弯曲(左撇子的话就是左手)，其余手指握在手心，清晰、温和地敲下去。切忌用多个手指或是手背、手掌敲门，声音会很杂乱不好听。

(2)敲门的频率。据研究表明，间隔 0.3～0.5 秒敲三下是最好的敲门频率。过快的敲门频率会让面试官认为你是个轻佻的人，过慢的敲门方式让人感觉你很懒散。没有间隔地连续敲门会让人感觉你很匆忙；敲门少于三下，有傲慢的嫌疑；敲门四下以上，则容易让人厌烦。

(3)敲门的力度。用手腕控制手指的力度，只用一半的力道就好。太轻的敲门力度，面试官可能会听不到，即使听到，也会认为你的胆子太小或是过分谦卑之人；太重的敲门力度，则可能让面试官受到惊吓，认为你是一个野蛮的人。

2. 微笑

动人的微笑更容易找到工作。戴尔·卡耐基曾经说过：一个人脸上的表情比他身上的穿着更重要。辛迪·克劳馥也曾说："女人出门若忘了化妆，最好的补救方法就是亮出你的微笑。"不只女人，对于男人来说微笑同等重要。从一进入面试公司的大门起，脸上就应带上微笑。就算在面试过程中回答不上面试官的问题，也要保持镇定，报以歉疚的微笑。

两个必知的微笑要领。

(1)适当时候露出八颗牙齿。沃尔玛对员工微笑的标准是开启双唇，刚好露出八颗牙齿的程度。但面试全过程始终保持"八颗牙齿"的微笑不但会让你感觉很累，也可能让面试官感觉不舒服。在走进面试房间初次见到面试官时报以露出八颗牙齿的微笑就可以了。

(2)掌握微笑的时机。面试中一直保持笑脸有可能被看成紧张和缺乏自信的表现。想要让面试官感觉到愉悦，表现要自然，在该微笑的时候微笑就行了。

3. 行走

三个面试时行走的要诀。

(1)身体与行走的轨迹都应保持直线。走进面试房间及在房间中行走时，上身要挺直，收腹挺胸，背部、腰部、膝盖避免弯曲；头部端正，不要摇头晃脑、瞻前顾后，目光不斜视；脚尖向前，不要内八字或者外八字，每一步的距离适中、均匀，行走轨迹应是直线，不要忽左忽右。

(2)协调的重要性。手臂摆动幅度以 30° 为宜，千万不要因为紧张而出现同手同脚的状况。不要将手插在口袋里，不要把双手背在身后，不要低着头只看脚尖。

(3)行走要平稳。起步重心前倾，行走时重心落在前脚掌；不要摇晃肩膀；走路要有节奏感，适度的节奏感本身就给人以稳的感觉。女生禁忌大步流星，风风火火，缺乏稳重感；男生不要迈步过小，步履轻飘，缺乏力度。

4. 站姿

(1)方向。身体正对着面试官站立。

(2)目光。不摇头晃脑地东张西望，目光要保持平视或低于水平视线。

(3)肩部。收腹挺胸，双肩自然放松端平。

(4)双手。女生：双臂自然下垂，处于身体两侧，将双手自然叠放于小腹前，右手叠加在左手上，或双手自然垂放在裤子、裙子的中缝处。

男生：双臂自然下垂，处于身体两侧，右手轻握左手的腕部，左手握拳，放在小腹前，或者置放于身后。

(5)双脚。女生：两腿并拢，双脚呈"丁"字形站立，或并立站立。

男生：脚跟并拢，双脚呈"V"字形分开，两脚尖间距约一个拳头的宽度，或双脚平行分开，与肩同宽。

5. 问候

(1)主动问候。问候分为语言的和非语言的两类。进入面试房间后，主动向在座的面试官问候，如："早上好/下午好，我是×××。"同时上半身微微前倾 15° ～20° 鞠躬问候，脸面对面试官所坐的方向，面带微笑。

(2)寒暄有度。应聘者为了打开话题，有时候会选择寒暄作为面试的开始，寒暄不仅可以拉近你与面试官的距离，还可以帮助你缓解紧张的情绪。但同时也要掌握寒暄的分寸。适度的、有技巧的赞美面试官可能会得到额外的加分，露骨的赞美只会让多数面试官皱眉。

(3)不要主动握手。并不是每个面试官都喜欢应聘者主动伸出的手，如果面试官主动和你握手，你才应积极地回应，并且，握手的时间和力度以对方的为准。

6. 递交资料

(1)双手递出资料。面带微笑，眼睛直视对方，双手将简历等个人资料递出，拇指各执资料两端，其余手指托稳资料。

(2)确认方向的正确。确认所有资料文字正面朝上，且面向面试官的方向。

7. 坐姿

(1)头部。头部挺直，双目平视，下颌内收。

(2)上身。身体端正，双肩放松，胸收腹，上身微微前倾，勿倚靠座椅的背部。

(3)手的姿势。手自然放在双膝上或者椅子扶手上。移动双手时，确定手离开身体的距离不超过肘部的长度。

(4)腿的姿势。避免交叉双腿，在任何情况下都不要跷二郎腿。

女生：双腿靠紧并垂直于地面，也可以将双腿稍稍斜侧调整姿势。

男生：双腿可并拢，也可以分开，但分开间距不得超过双肩的宽度。

坐满椅面的三分之二。不要坐满椅面，一般以坐满椅面的三分之二为宜。这样既可以让你轻松应对考官的提问，也不至于让你过于轻松。

五、求职时的服饰礼仪

俗话说："人靠衣装，马靠鞍。"服饰能够反映出一个人的文化水平、修养和气质，它是一种重要的体态语言。许多用人单位的负责人认为，应聘时起决定作用的因素70%源于第一印象，应聘者的服饰对求职成功与否有重大的影响。一般在社交中的服饰、打扮应遵循"TPO"原则。所谓"TPO"原则，就是服饰应当符合Time(时间)、Place(地点)、Occasion(场合)的要求。

参加面试的服饰要求符合求职者的身份。面试时，合乎自身形象、得体的着装会给人以干净利落、有专业精神的印象，男生应显得干练大方，女生应显得庄重俏丽。

(一)总体原则

着装体现仪表美，应同时兼顾以下原则。

1. 整洁大方

整洁的衣着反映出一个人振奋、积极向上的精神状态，而褴褛、肮脏的服装，则是一个人颓废、消极、精神空虚的表现。因此，衣服要勤换、勤洗、熨烫平整，裤子要熨出裤线；衣扣、裤子的扣子要扣好，裤带要系好；穿中山装应扣好风纪扣；穿长袖衬衣时衣襟要塞在外裤内，袖口不要卷起，短袖衫不要塞在外裤内。文秘人员如果衣冠不整、不洁、不修边幅，不仅显得本人懒惰、猥琐、缺乏修养，也有损本单位的形象，在社交中可能会使对方产生不愉快、不信任的感觉，导致关系的疏远。

装饰必须端庄、大方，要让对方感到可亲、可信，乐于与你交往。在社交公关场合，应事先收拾打扮一下，把脸洗干净，头发梳理整齐。男士应刮胡子，女生还可化一点淡妆。一般来说，女生衣服色彩丰富，轮廓较优美，面料较讲究，显示出秀丽、文雅、贤淑、温和等气质。男生的衣服则要求线条简洁有力，色彩沉着，衣料挺括。

2. 整体和谐

服饰礼仪中所说的服饰，不完全是指我们日常生活中的衣服和装饰物，而主要是指在着装后构成的一种状态。它包括了它所表达的人的社会地位、民族习惯、风土人情及人的修养、趣味等因素。所以不能孤立地以衣物的好与坏来评价人在着装之后的美与丑恶，必须从整体综合的角度来考虑，各因素应和谐一致，做到适体、入时、从俗。

适体，就是追求服饰与人体比例的协调和谐。服饰是美化人体的艺术，服饰只有与人体相结合，使服饰的色彩、式样、比例等均适合人体本身的"高、矮、胖、瘦"，才能使服饰与人体融为有机统一的整体。因此，过肥或过紧的衣衫，过小或过大的裤腿，过高的"高跟鞋"及不得当的颜色搭配等，都会扭曲人的形体，影响人的形象。显然，这都是文秘人员在着装时要避免的。

入时，就是追求服饰和自然界的协调和谐。人与自然相适应，有春夏秋冬、风雨阴晴的不同服饰；根据四季的变化穿着衣物，不但符合时宜，而且可保证人体健康。一般来说，冬天衣服的质地应厚实一点，保暖性强一点，如毛呢料等，而春秋衣服的质地则应相应薄些。可以设想，在寒冷的天气穿着单薄而浑身颤抖，在炎热的天气穿着厚实而满头大汗，出现在交际场所的那种难堪模样。

从俗，就是追求服饰与社会生活环境、民情习俗的协调和谐。应努力使服饰体现出新时代的新风貌和特征，各民族的不同习俗和特色，各种场合的不同气氛和特点。

3. 展示个性

选择什么样的服饰，能够在很大程度上体现出穿着者的个性。在服饰整体统一要求中，追求个性美，可以说是现代生活的一大趋势。

个性特征原则要求着装适应自身形体、年龄、职业的特点，扬长避短，并在此基础上创造和保持自己独有的风格，即在不违反礼仪规范的前提下，在某些方面可体现与众不同的个性，切勿盲目追逐时髦。

(二)男生面试时的服饰礼仪

1. 西装

男生应在平时就准备好一两套得体的西装，不要到面试前才去匆匆购买，那样不容易选购到合身的西装。应注意选购整套的两件式西装，颜色应当以主流颜色为主，如灰色或深蓝色，这样在各种场合穿着都不会显得失态。在价钱档次上应符合学生身份，不要盲目攀比，乱花钱买高级名牌西服。因为用人单位看到求职者的衣着太过讲究，不符合学生身份，对求职者的第一印象也会打折扣。

2. 衬衫

以白色或浅色为主，这样较好配领带和西裤。平时也应该注意选购一些较合身的衬衫，面试前应熨烫平整，不能给人"皱巴巴"的感觉。崭新的衬衣穿上去会显得不自然，太抢眼，以至于削弱了面试官对求职者其他方面的注意。这里要提醒一点，面试时你所穿的西服、衬衫、裤子、皮鞋、袜子都不宜给人以崭新发亮的感觉，原因是面试官会认为你的服饰都是匆匆凑齐的，那么你的其他材料是不是也加入了过多人工雕琢的东西呢？而且太多从没穿过的东西从头到脚包裹在你的身上，一定有某些东西会让你觉得别扭，从而分散你的精力，影响你的面试表现。

3. 皮鞋

不要以为越贵越好，而要以舒适大方为度。皮鞋以黑色为宜，且面试前一天要擦亮。

4. 领带

男生参加面试一定要在衬衣外打领带，领带以真丝的为好，上面不能有油污，不能皱巴巴的。平时应准备好与西服颜色相衬的领带。

5. 袜子

袜子的颜色也有讲究，西装革履时的袜子必须是深灰色、蓝色、黑色等深色，这样在任何场合都不失礼。

6. 头发

尽量避免在面试前一天理发，以免看上去不够自然，最好在三天前理发。男生女生都应在面试前一天洗干净头发，避免头屑留在头发或衣服上。保持仪容整洁是取得用人单位良好第一印象的前提。

此外，男生要将胡须剃干净，并且在剃须的时候不要刮伤皮肤。指甲应在面试前一天剪整齐。

(三)女生面试时的服饰礼仪

1. 套装

每位女生应准备一两套较正规的套服，以备去不同单位面试之需。女式套服的花样可谓层出不穷，每个人可根据自己的喜好来选择，但原则是必须与上班族的身份相符。颜色鲜艳的服饰会使人显得活泼、有朝气，素色稳重的套装会使人显得大方干练。记住这个原则，针对不同背景的用人单位选择适合的套装。

2. 化妆

参加面试的女生可以适当地化点淡妆，包括涂口红，但不能浓妆艳抹，过于妖艳，不符合大学生的形象与身份。

3. 皮鞋

鞋跟不宜过高，过于前卫。夏日最好不要穿露出脚趾的凉鞋，更不宜将脚指甲涂抹成红色或其他颜色。丝袜以肉色为雅致。

4. 皮包

女生的包要能背的，与公文包有所区别。可以只拿公文包而不背背包，但不能把公文包里的文件全部塞在背包里而不带公文包。

5. 手表

面试时不宜佩戴过于花哨的手表，给人过于稚气的感觉。面试前应调准时间，以免迟到或闹笑话。

禁忌：男女生都不能在面试时穿 T 恤、牛仔裤、运动鞋，一副随随便便的样子，这大概率是不受面试官欢迎的。衣着打扮显示你的审美能力和分寸感，不要在服饰上给人错误的信号。

【拓展阅读】

常见笔试种类及技巧

一、常见笔试种类

(一)专业考试

这种考试主要是检验应聘者担任某一职务，是否能达到所要求的专业知识水平和相关的实际能力。如外资企业对应聘者要求考外语，司法部门录用干部要求考法律知识等。

(二)综合测试

主要测试应聘者的观察问题能力、综合归纳能力、思维反应能力、文字表达能力、智力水平、情商、心理能力等。

(三)技术测试

主要测试应聘者处理问题的速度和效果，检验对知识的运用程度和能力，如阅读一篇文章后写读后感等。

二、笔试技巧

要在笔试中取得好成绩，关键是平时多学习、多练习。然而，相对于学校的专业考试，招聘单位的笔试都有自己的特点，因此准备方式也要有差异。

(一)重在基础

笔试重点是常用的基础知识，不要把复习重点放在难点、怪题上，要把基础知识掌握好。

(二)重在运用

笔试测试重点是知识的实际运用，要在实际运用上下功夫。

(三)把面放宽

不要只钻研专业知识和技术。招聘单位的需求形形色色，在准备专业知识的同时，应该把面放宽，同时要准备能力测试、智商测试、情商测试方面的内容。

(四)提高修养

情商测试的考察内容概括起来就是"你是怎样一个人"，而不是考查你的情商知识。因此，平时就应该多提高自身修养，多参加团体活动。

(五)多实践，多总结

能力测试考查的是你的实际工作能力和知识运用能力，这不是只靠多做题就能解决的。平时应该多参加各种社会实践，多总结经验。

(六)笔试前进行简单的复习

复习已学过的知识是笔试准备的重要方式。一般来说，笔试都有大体的范围，可围绕这个范围翻阅一些有关的图书资料。有些课程内容，因学过时间已久，可能淡忘，经过简单的复习，有助于恢复记忆。

(七)保持良好的身心状态

临考前，一要适当减轻思想负担，二要保证充足的睡眠，三要适当参加一些文体活动，从而使高度紧张的大脑得到放松休息，以充沛的精力和良好的竞技状态去参加考试。

在参加笔试时主要应注意以下几点技巧。

第一，保持镇定。应聘笔试同高考不同，高考是"一锤定音"，而求职应聘考试则有多次机会，应抱着重在参与、全力以赴的态度应考。所谓东方不亮西方亮，最重要的是多参与、多总结。

第二，有备无患。提前熟悉考场环境，有利于消除应试的紧张心理。还应看看考场注意事项，尽量按要求做好。除携带必备的证件外，一些考试必备的文具(钢笔、橡皮等)也要准备齐全。考试前要有良好的睡眠，以保证考试时有充沛的精力和良好的竞技状态。

第三，科学答题。拿到试卷后，首先应通览一遍，了解题目的多少和难易程度，以便掌握答题顺序。先攻相对简单的题，后攻难题。这样就不会因为攻克难题而浪费太多时间，而没有时间做会答的题。遇到较大的综合题或论述题，则应先列出提纲，再逐条撰写。最后要尽量挤出时间对容易出错的地方进行复查，特别注意不要漏题，更不能跑题或出现错别字、语法不通、词不达意等错误。

第四，卷面整洁。应当注意卷面字迹要清晰。书写过于潦草，字迹难于辨认也会影响考试成绩。因为求职笔试不同于其他专业考试，有时招聘单位并不特别在意应聘者考分的小差距。认真的态度、细致的作风会增强被录用的可能性。

第五，恰当分配时间。不要死抠几道题，有时笔试出题量较大，其用意是一方面考查知识掌握程度，另外一方面考查应试能力。所以考生在浏览卷面后，要迅速回答较容易的题目，余下的时间再认真推敲其他题目。对于多模块测试，要注意时间分配，保证各个模块都有相当的时间作答。招聘笔试不是按总分计算成绩，而是按模块分别打分，综合评价。

六、面试结束后的工作

(一)自行测验面试成功率

面试是求职聘用的关键环节。在等待面试结果的时间里，心中的焦虑自不待言。不妨先来测试一下自己面试的成功率。

面试之后，回想一下自己的表现如何。回答下述 10 个问题，可以大致检测自己面试成功率有多大。方法：回答时用 1～10 分来代表应试者曾经做到的程度，每题最高分 10 分，共有 10 道题，总分 100 分，得分越高，说明成功的可能性越大。假如得分不理想，则说明需要不断提高自己的面试技巧。

(1)我是否曾尽可能地让自己的外表看起来舒服？

(2)面谈后我对这家公司的了解与先前的了解，相符合的程度是多少？

(3)我在面试时是否保持状态轻松并对自己控制自如？

(4)我在回答问题时，是否强调三件事：我的能力、我的意愿与我对工作的适应性？

(5)我是否一直都在专心聆听面试官说话？

(6)我是否能将问题引导到我想强调的重点上？

(7)我察言观色做得如何？

(8)面试官对我的回答是否有兴趣并积极参与？

(9)我是否把准备回答的内容加以修正，以配合面试官个人的调查？

(10)我是否将自己的能力和优点精确并正面地描述出来？

(二)分析求职成败相关因素

1. 求职成败主要受以下几种因素的影响

(1)个性和聪明才智在有的时候能弥补工作上所缺乏的经验。

(2)在面谈时表现出积极进取与坚定果断，对争取面试官的好感大有裨益。

(3)被原来的公司开除，并不妨碍你被现在的招聘公司录用。

(4)如果你夸大自己的能力，是瞒不了面试官的。

(5)就算表现过于自信，也比表现羞怯胆小有较大的被录取机会。

(6)在面谈时，对公司的情形一无所知，会对你造成不利的影响。

2. 影响面试结果的主要因素排序

下面是依重要性高低排名的各项影响面试结果的因素，因素排列越靠前，表示这一因素的重要性越高。

(1)你的个性，在面试时如何表现自己；

(2)你的经验；

(3)面试时，在这个新工作上你所表现出来的经验；

(4)你的背景和介绍人；

(5)你对公司和工作本身所表现出来的热诚；

(6)你的受教育与专长背景；

(7)你成长的潜力；

(8)你的协调性或人际关系；

(9)你学习新事物的聪明才智与意愿；

(10)你表现出来的苦干精神。

(三)面试结束工作未结束

1. 写一封感谢信

在面试后的两三天内，应聘者必须给某个具体的负责人写一封短信，感谢他为自己所花费的精力和时间，为自己提供的各种信息。这封信应该简短地谈到自己对公司的兴趣、自己有关的经历和自己可以成功地帮他们解决的问题。为了加深招聘人员的印象，增加求职成功的可能性，感谢信要简洁，最好不超过一页纸。感谢信的开头应提及自己的姓名、简单情况及面试的时间，并对招聘人员表示感谢。感谢信的中间部分要重申对公司、应聘职位的兴趣，增加一些对求职成功有用的新内容。感谢信的结尾可以表示对自己的信心，以及为公司的发展壮大做贡献的决心。

2. 不要过早打听结果

在一般情况下，每次面试结束后，招聘主管人员都要进行讨论和投票，然后送人事部门汇总，最后确定录用人选。这个阶段可能需要三五天的时间。应聘者在这段时间内，一定要耐心等候消息，不要过早打听面试结果。如果两星期之内没有接到任何回音，应聘者可以给面试官打一个电话，问他"是否已经做出决定了？"这个电话可以表达应聘者的兴趣和热情。应聘者还可以从面试官的口气中听出自己是否有希望。

3. 查询结果

一般来说，如果应聘者在面试两周后，或面试官许诺的时间到来时还没有收到对方的答复时，就应该写信或打电话给招聘单位，询问面试结果。如果自己落选了，应该虚心地向他人请教自己有哪些欠缺，以便今后改进。一般来说，能够得到这样的反馈并不容易。如果在打电话打听情况时觉察出自己有希望中选，但最后决定尚未作出，那就在一两个星期之后再打电话催问一下。

4. 收拾好心情，做好再冲刺的准备

应聘中不可能个个都是成功者，万一在竞争中失败了，千万不要气馁，这一次失败了，还有下一次，就业机会不止一个，关键是必须总结经验教训，找出失败的原因，并针对这些不足重新做准备，以谋求"东山再起"。如果同时向几家公司求职，在一次面试结束后，则要注意调整自己的心情，全身心投入下一家公司的面试。因为在接到聘用通知之前，面试结果还是个未知数，应聘者不应该放弃其他机会。

第五节　就业心理调适

一、大学生常见就业心理问题及表现

(一)自我认知问题：自卑与自负心理

自卑心理是主观上的自我怀疑、自我否定，最终导致在求职中对自己缺乏自信心和自尊心，过于低估自己的实力；面对就业机会优柔寡断，妄自菲薄，不敢努力尝试；在应聘过程中，面对用人单位的相关人员表现紧张、怯懦、拘谨，经常发挥失常；在求职失败后，遭遇挫折的经历又强化了消极的心理暗示，进一步加重了沮丧感和自卑感。

自负心理让人过高地估计个人能力，缺乏客观的自我分析和自我评价。有这种心理的人主要以学生干部或其他学习成绩优秀、个人能力突出或家庭条件优越的学生为主，他们过分高看自己的能力，不能发现自身的缺点和不足，期望值过高，好高骛远，自命不凡，在就业过程中脱离实际、眼高手低，导致设定的职业目标和现实产生了极大的差距。

(二)群体对照问题：从众与攀比心理

从众心理是由于个体受到来自外在群体的舆论或压力的影响，在思想观点和外在的行为上逐渐屈从于他人，以求与外在群体性的观点或行为保持一致性的社会心理现象。其主要表现在大学期间没有确定自己的就业目标，也没有规划自己的职业生涯，甚至对自己没有明确的社会职业定位；在择业时，一味地参照效仿他人，竞争热门职业岗位，盲目跟从，或听从亲友、同学的决定，缺乏主见；在与用人单位签订就业协议过程中不慎重，签订不平等合同或签订后毁约等。

一些大学生在就业竞争中，把同学作为自己就业的威胁，产生恐慌、愤怒情绪，甚至因周围同学的就业成功感到不平衡和不满、嫉妒。还有一些大学生面对当今市场人才体制中一些用人不公、专业不对口等客观现实问题，心理上产生不平衡。"这种不平衡心理使一些大学生产生在求职中与人攀比的心态，从而失去一些就业机会。有的甚至在这种不满和不平衡的心态影响下，引发一些违法违纪的不良行为和其他的反常生理行为。"例如，通过谣言中伤、说风凉话等冷暴力手段来获得心理上的平衡和补偿，使自己在情感上被孤立，也造成了人际关系的冷漠和紧张。

(三)就业观念问题：依赖与功利心理

依赖心理是指学生不主动地适应市场经济环境下竞争就业的要求，不积极把握就业机会，存在等、靠的依赖思想。在毕业生中，有相当多的大学生自立意识和竞争意识不强，不依靠自己的积极努力就业，只是一味消极地等待单位选择、学校推荐、亲友"安排"等来实现就业，甚至还出现靠父母养活自己的"啃老族"。这种被动等待的依赖心理，最终将导致他们在社会竞争中的被动和人生价值的迷失。

功利心理让大学生在市场经济环境中，因传统的价值观念遭受冲击，而在择业时出现严重的功利性倾向。"社会转型期，人们的生活方式、价值观念和思维方式都发生了巨大的转变，新的价值取向逐渐形成，而市场经济的效益原则深刻地影响了当代大学生的择业观，它体现在大学生择业问题上，就出现了就业心态多样化和就业观念多元化的趋势。"他们在择业时不结合社会需求和个人实际，在社会定位和价值取向上表现得自私、思想狭隘。

二、大学生就业心理问题调适策略

（一）社会就业环境打造

经济基础决定上层建筑，特定的经济条件下就会产生和促成相应的就业环境。随着我国社会经济体制的不断变革，就业制度也应进行对应的调整，以与社会经济体制相适应。"由于区域经济发展不均衡，就业竞争激烈程度不同，为缓解东部地区和大中城市日趋激烈的竞争，政府应该加大中西部地区和中小城市就业政策扶植力度。"政府的宏观性政策调整，是改善由于区域性发展不平衡而产生的局部就业压力过高的就业情况最为快速有效的方法。所以，要解决就业问题，就必须从就业制度上进行根源性调整。社会应调动一切可利用资源，尽可能多地提供工作岗位，并积极营造一个良好的、公平公正的就业环境，平等的就业环境可以消除学生的心理失衡状态；国家应积极行使政府职能，严格制定、执行和监督职业资格认证人才储备制度等各项促进社会就业的政策切实贯彻施行；对于未实现当年就业的大学毕业生，学校、家庭等社会各方应加强人文关怀，在给予理解的同时，找出其就业难的关键所在，解决就业问题，帮助他们顺利就业。

（二）学校就业心理培训指导

学生心理健康教育是学校教育的重要组成部分，是学生素质教育必不可少的一环。学校应"能够详尽地阐述校内的动力和影响，就是这些动力和影响使某些学生自以为是成功的，其行为也恰似成功者；它能详尽地阐述另一些人又是怎样自以为是失败者并像失败者那样去做的；它能够在具有决定意义的分析中提供一个干预机会，以便增加成功者，减少失败者"。学校给予就业心理咨询和心理辅导就是一种第三方干预，目的是增加就业成功的机会，减少由于个人原因导致的就业失败。这些理论性的指导能在一定程度上影响学生选择最正确的就业方式。

（三）家庭教育观念转变

在家庭教育管理过程中，家长爱的教育对于学生的成长有着巨大的影响和作用。"皮格马利翁效应"是一个著名的心理学现象，"它揭示了爱和期望对于人行为的巨大影响力，是广泛应用于学校管理中的著名心理效应"。它对于我们转变传统家庭教育观念、构建和谐家庭情感教育理念也同样具有重要的启示作用。家长的爱与期待，和谐、平等的家庭成员关系，良好温馨的家庭氛围，对于大学生就业起到不可忽视的软作用和情感支持。首先，要给予适当的关注，尤其不能对孩子溺爱，影响孩子的独立性和自主性。其次，要给予适当的期待，家长要尊重孩子的想法，根据学生个人的爱好和特长进行合理的发展定位，实现自我价值与社会价值的统一。不能给孩子设定过高的要求，过大的压力容易让孩子产生逆反心理；要淡化家长角色，不断拉近同学生之间的距离，加强交流和沟通，及时关注学生心理情感的变化，一旦发现问题及时进行疏导，排除不良就业情绪，帮助学生保持积极健康的就业心态，从而对大学生就业起到良好的促进作用。

(四)学生自我心理调节

1. 正确认识自我,端正就业心态

正确认识自我是大学生心理健康的重要组成部分。正确面对和把握自己的特点和优缺点,对自身的优点要善于发扬、继续保持,对自己的缺点要努力克服、扬长避短。只有客观地认识自己,才能结合自身兴趣和特点,对自己做出一个恰当的评估和客观的评价,才能更加理性、科学地选择职业;对自身当前存在的问题,不能有自卑心理,要树立起敢于挑战困难的自信心;不断探索专业知识的同时兼顾其他学科知识,不断开阔视野,也可以通过参加社会活动来提高自己的实践创新能力。对于自身优势,更不能有自负心理,要具备竞争意识,敢于竞争,敢于冒风险,以积极的心态去面对就业时可能会出现的困难。这就要求大学生在就业的过程中遇到挫折时,必须学会放下心理负担,反思自己的就业表现,总结失败原因和经验,及时完善和调整就业规划目标,始终保持积极向上、科学理性的就业心态。

2. 做好职业生涯规划,优化竞争状态

在逐渐完善自我认知、社会认知和职业认知的基础上,制定合理的就业目标和职业期望,在自我完善和发展过程中不断调整自我的社会定位,合理规划个人职业生涯;通过个性心理测试和就业心理训练,掌握自己的性格特点,积极地进行相关的心理训练,提高职业兴趣和心理素质,避免就业过程中由于个性带来的情绪波动造成的心理问题,影响顺利就业;还要通过就业培训来提升个人的职业能力与就业技巧,注重思想道德素质、专业技能素质和人文科学素质等素质能力的综合性发展和整体性提高,全面优化个人的竞争能力和心理状态,达到"1 + 1 > 2"的效果,消除"木桶效应"中阻碍学生就业和未来职业发展的素质短板。

3. 科学调适心理,保持健康心态

出现就业心理问题或负面情绪时,学生可以通过转移注意力、宣泄情感、放松情绪、倾诉交流等方法,调整、转化自己的不良情绪,改善自己的心理状态,以健康的心理和积极的情绪就业。

(1)注意转移法。在感觉到过度紧张或压抑时,可以转移自己的情感或注意力,让自己忽略当前的情况,心情得以放松。比如,在就业考试前听听音乐,观察一下周围的事物等来转移自己的注意力,消除紧张感;也可以在受到挫折或感觉到极大就业压力时,出去做做运动、散散步、逛逛街,让自己不要把心思放在挫折上而抑郁不振。

(2)情绪放松法。通过自然放松、呼吸放松、肌肉放松、想象放松改善不良情绪。例如,当感觉到焦虑、急迫时,可以通过做深呼吸、放空头脑等方法来放松身心,使自己的心理和身体进入一种空灵状态,减轻或者消除各种不良的身心反应。

(3)合理宣泄法。当产生郁闷、愤怒等躁动情绪时,可以寻找倾诉者,来倾诉你的不满或者委屈;可以与同学一起讨论自己的就业心得,获得情感慰藉和心灵的沟通;可以通过哭泣来释放压力;也可以通过打球、跑步等激烈运动来发泄这些情绪。

(4)心理暗示法。心理暗示是利用语言或非语言的手段,对自己施加影响,达到治疗目的。例如,在常见的位置粘贴励志标语,或对自己说"平常心""我能行""谦虚"等简短精练的话语,给自己积极的心理暗示,从而调节自己的情绪。

(5)自我激励法。自我激励法通过榜样事迹、名人名言，或者挖掘自己身上的成就事件来激励自己，要相信自己有能力解决暂时的困难和挫折。

【拓展学习】

"易燃易爆"，怎么办？

在求职就业过程中，毕业生面临着巨大的心理压力，容易像爆竹一样一点就着。如何缓解职场压力，处理职场心理情绪呢？详见教材配套微课视频 5-4《"易燃易爆"，怎么办？》，欢迎同学们扫码观看。

第六节 就业权益与保障

【案例阅读】

周维是某高校的应届毕业生，学习成绩较好，在校期间曾担任过学院的学生干部，这些优势帮助她在短期内就收到两家用人单位的签约通知。周维在两家用人单位之间再三考虑，最终选择了一家虽然福利待遇不是很好，但拥有较大发展空间的公司。双方经过协商签订了《就业协议书》，就以下 3 个事项进行了约定：(1)服务期限两年，试用期 3 个月；(2)试用期工资 3 500 元/月，试用期满工资 5 000 元/月；(3)违约金 8 000 元。

在签订《就业协议书》时，周维将协议书中要求自己填写的内容全部填写完毕，然后签字，学校盖章，再交给用人单位。几天后，周维拿到用人单位盖好章的协议书后发现工资栏多了一条"此工资为税前工资"。由于协议已经生效，又想到 8 000 元的违约金，周维只能忍气吞声。

周维到用人单位报到后，公司一直没有提签订劳动合同一事。在周维一再要求下公司人事主管说："劳动合同要试用期满以后再签。"但试用期满后公司仍没有与她签订劳动合同，并告知她："当初签订的《就业协议书》就是劳动合同，没必要重复签订。"不久，公司即以周维不能适应岗位要求为由将其辞退，并以没有签订劳动合同不存在劳动关系为由拒绝承担任何责任。此时，周维知道自己上了用人单位的当，便向劳动争议仲裁委员会提起仲裁。

启示：

《就业协议书》是毕业生还未到用人单位工作之前，用人单位与毕业生之间确立意向的协议。当毕业生正式进入用人单位工作之后，《就业协议书》便自动失效，毕业生应与用人单位及时签订劳动合同。

在上面的案例中，周维没有按程序签订《就业协议书》，导致《就业协议书》出现双方约定之外的事务。这一点如果申请仲裁，除非周维有很充分的证据，否则无法确认是用人单位擅自添加条件形成违约的。

当周维进入用人单位后，用人单位就劳动合同的签订说法，有 4 点与《劳动合同法》的规定相违背。

(1)《就业协议书》不等于劳动合同；

(2)劳动合同必须是劳动者开始工作时即签订，而不是试用期结束，劳动合同中可以约定试用期；

(3)即使没有签订劳动合同，但只要双方能提供劳动存在的证据，如工资条、考勤表等，

即事实劳动关系成立;

(4)用人单位不能单方面以劳动者不能适应岗位要求为由将其辞退。

大学毕业生是一个特殊的社会团体,在就业过程中受到相应的法律保障。法律保障主要有两个方面:一是《就业协议书》,二是劳动合同。

一、《就业协议书》的作用

《就业协议书》是为了明确毕业生、用人单位、学校三方在毕业生就业工作中的权利和义务,经协商签订的协议。在相当长的一段时间里,毕业生就业需要按《就业协议书》来办理。

2023年以前,学校依据《就业协议书》的内容发放就业报到证,转移学生档案。一般学校会要求学生在规定的日期(如每年6月底)上交《就业协议书》,学校再以《就业协议书》为依据邮寄学生档案。如果超过这一时限,学校会把学生的关系和档案一并派回原籍。从2023年起,教育部规定不再发放《全国普通高等学校本专科毕业生就业报到证》和《全国毕业研究生就业报到证》,取消就业报到证补办、改派手续,不再将就业报到证作为办理高校毕业生招聘录用、落户、档案接收转递等手续的必需材料。《就业协议书》成为毕业去向登记的重要材料之一。大多数企业在毕业生未取得毕业证书之前,依旧会选择《就业协议书》作为录用材料。毕业生一旦办理了《就业协议书》,则说明该公司或人事局决定接收你的档案,准备正式录用你。

【拓展学习】

毕业生档案哪里寻?

每年6—9月,各大高校会根据毕业生就业去向转寄档案。有些毕业生不注意跟踪自己的档案去向,等到要用时,不知道自己的毕业生档案被邮寄到哪里去了。想知道到哪里寻找毕业生档案,见教材配套微课视频5-5《毕业生档案哪里寻?》,欢迎同学们扫码观看。

二、《就业协议书》的法律性质

(一)合同的属性

《就业协议书》具有合同的属性,主要表现在三个方面:一是签订《就业协议书》的主体是毕业生(自然人)和用人单位(法人、其他组织),他们在签订《就业协议书》时的法律地位是平等的;二是《就业协议书》是双方意见的协商,任何一方都不能将自己的意志强加给另一方;三是《就业协议书》所涉及的权利义务均属于我国民事法律管辖的范围。

(二)不能取代"劳动合同"

虽然说《就业协议书》具有劳动合同的部分特征,但它不能等同于劳动合同,更不能取代劳动合同。《就业协议书》只是一份简单的文件,很多劳动合同应有的内容并没有包含在内,如工作岗位、工作条件、薪酬待遇等,因此,仅凭《就业协议书》,毕业生就业后的劳动权利无法得到保障。

值得注意的是,《就业协议书》是毕业生与用人单位确立劳动关系的前提,劳动合同是劳动者与用人单位确立劳动关系、明确双方权利和义务的重要法律依据。对于大学毕业生来说，两者相依相存，并不矛盾，它们合在一起构成了一道强大的大学生就业保护网。

【拓展阅读】

认识"Offer"

毕业生在应聘工作中，经常会听到一个词"Offer"，即"录用通知"。Offer 说明了毕业生的上班时间、薪水和福利等情况，是公司向候选人发出的一种工作邀请。Offer 一般在劳动者通过用人单位面试、用人单位决定录用后发出，劳动者必须在上面签字。劳动者一旦签字即表明接受了对方的录用意向，愿意到单位工作。这种形式在外企中比较常见。

Offer 是毕业生和用人单位达成的一个录用意向，并不涉及学校。所以，对于毕业生而言，除了与用人单位签署 Offer，还应和用人单位签订《就业协议书》，这样才能保证自己的合法权益。在北京、上海、厦门等对户口要求较严的城市，如果毕业生与用人单位之间只签署 Offer，不签订《就业协议书》，则会导致用人单位无法帮你落户或接收档案。当发生这种情况时，毕业生可在毕业前找一家单位挂靠户口和档案(如人才市场)，或者将户口和档案转回原籍。

三、劳动合同概述

(一)现行的《劳动合同法》由来

现行的《中华人民共和国劳动合同法》于 2007 年 6 月 29 日，由第十届全国人民代表大会常务委员会第二十八次会议审议通过，并根据 2012 年 12 月 28 日《全国人民代表大会常务委员会关于修改〈中华人民共和国劳动合同法〉的决定》修订。

为了更好地保护自身的合法权益，大学毕业生可在"中华人民共和国人力资源和社会保障部官方网站"学习现在施行的《中华人民共和国劳动合同法》(简称《劳动合同法》)的全部内容。

(二)有效劳动合同应具备的要素

劳动合同既具有合同的一般特征和相应的法律约束力，同时作为一种特殊的合同类型，又具有自己的特点。其特点主要包括以下几点。

1. 主体资格合法
指劳动者必须是年满 16 周岁、具备劳动权利能力和劳动行为能力的公民。未满 16 周岁的未成年人不能作为主体与用人单位签订劳动合同。用人单位的主体资格合法，指用人单位须经主管部门批准依法从事生产经营和其他相应的业务，享有法律赋予的用人资格或能力。

2. 合同内容合法
主要指劳动合同的内容不得违反法律、行政法规的强制性规定。如《劳动合同法》第二十六条第(三)款明确规定：违反法律、行政法规强制性规定的劳动合同无效或者部分无效。

3. 当事人意思表示真实

根据《劳动合同法》第二十六条第(一)款的规定,以欺诈、胁迫的手段或者乘人之危,使对方在违背真实意思的情况下订立或者变更劳动合同的劳动合同无效或者部分无效。

4. 合同订立的形式合法

《劳动合同法》第十条明确规定,建立劳动关系,应当订立书面劳动合同。对于以口头、录音、录像等形式订立的劳动合同,均无效(非全日制用工除外)。

(三)劳动合同的基本内容

1. 法定条款

法定条款,即法律规定劳动合同必须具备的条款,只有具备了这些条款的劳动合同才能依法成立。一般法定条款包含下面 7 个方面的内容。

(1)劳动合同的期限,一般分为固定期限、无固定期限和已完成一定的工作期限三种。

(2)工作内容,是指劳动者应为用人单位提供的劳动,包括工作岗位与工作任务和要求。

(3)劳动保护和劳动条件。劳动保护是指用人单位为了保障劳动者在劳动过程中的身体健康与生命安全,预防伤亡事故的发生,而采取的有效措施。劳动条件是指劳动者完成劳动任务的必要条件,用人单位在保证提供必要的劳动条件下,才能要求劳动者完成所给付的劳动任务。

(4)劳动报酬,它是指劳动者参加社会劳动,按约定标准,从用人方取得劳动收入。在劳动合同中要求明确规定工资标准或工资的计算办法、工资的支付方式、奖金、津贴的获得条件及标准。

(5)劳动纪律,它是指人们在共同劳动中必须遵守的规则和秩序。

(6)合同终止条件,即导致或引起合同关系消灭的原因,包括法定终止条件和约定终止条件两种。

(7)违反劳动合同的责任,它是指一方当事人违反劳动合同给对方当事人造成损失时,应承担的法律后果。

由于某些劳动合同自身的特殊性,立法特别要求,除一般法定必备条款,还必须规定一定的特有条款,例如外商投资企业劳动合同和私营企业劳动合同中,应包括工时和休假条款。

(资料来源:作者根据网上资料整理而来.)

2. 约定条款

约定条款,即劳动关系当事人或其代表约定劳动合同必须具备的条款。它是法定条款的必要补充。其具备与否,对劳动合同可否依法成立,在一定程度上有决定性意义。

我国《劳动合同法》规定,劳动合同除法定必备条款外,当事人还可以协商约定其他内容,通常有试用期条款、保密条款和禁止同业竞争条款等。但是,约定的补充条款不能与国家的法律法规相抵触,不能危害国家、组织或个人的利益。

▶▶ 四、劳动合同的签订

劳动合同的签订,指劳动者和用人单位经过互相选择和平等协商后,就劳动合同条款达成协议，从而确定劳动关系和明确双方相互的权利、义务的法律行为。

（一）劳动合同的订立原则

1. 合法

无论是合同的当事人、内容和形式，还是订立合同的程序，都必须符合有关法律法规和政策的要求。尤其需要强调的是，凡属于劳动合同有关的强制性法律规范和强制性劳动标准，都必须严格遵守。

2. 平等

指订立合同的双方当事人法律地位平等。毕业生应依据《劳动合同法》的规定，理直气壮地要求与用人单位签订劳动合同。在签订合同前，要仔细阅读合同条款，对于模棱两可的条款要坚持改写清楚，对于不合法的内容更要据理力争，以维护自己的合法权益。

【案例阅读】

劳动关系能不能解除

小李刚刚应聘到一家科技公司上班，当初公司正式录用小李时，与他签订了为期两年的劳动合同，并在合同中规定，试用期为两个月。可是，从上班的第一周开始，公司就找各种理由要求小李等员工经常加班，而且劳动强度非常大。为此，小李上班半个月后，就不想继续再干了。谁知，小李的辞职请求却被公司拒绝了。小李现在很迷茫，不知道公司这种强迫自己继续工作的行为是不是可以作为他解除劳动关系的理由，也不清楚如果劳动关系解除了，自己需不需要承担相应的法律责任。

根据《劳动合同法》第三十七条规定："劳动者提前三十日以书面形式通知用人单位，可以解除劳动合同。劳动者在试用期内提前三日通知用人单位，可以解除劳动合同。"虽然本案例的主人公小李与公司签订了劳动合同，但在试用期内发现用人单位工作不利于自己发展的，可以果断行使解除劳动合同的权利；并且，处于试用期的劳动者不必向用人单位说明任何原因和理由，只要提前3天通知用人单位即可。

3. 自愿

所谓自愿，指合同的订立，应完全出于双方当事人的意愿，任何一方都不得强迫对方接受其意志；除合同管理机关依法监督外，任何第三方都不得干涉合同的订立。

4. 协商一致

在订立合同过程中，合同订立与否及合同的具体内容，都只能在双方当事人经过平等协商方式，取得一致意见的基础上来确定。因而，只有双方当事人协商一致，合同才能成立。

（二）与毕业生关系密切的劳动合同签订事项

《劳动合同法》的颁布给毕业生带来了"利好"消息，但由于《劳动合同法》的内容多而全，下面仅列出几项与实际工作息息相关的注意事项。

1. 必须签订劳动合同

新《劳动合同法》关于劳动合同的签订有如下规定。

(1)用人单位自用工之日起超过一个月但不满一年未与劳动者订立书面劳动合同的，应当向劳动者每月支付2倍工资。

(2)用人单位自用工之日起超过一年未与劳动者订立书面劳动合同的，视为用人单位与劳动者已订立无固定期限劳动合同。一旦订立无固定期限的劳动合同，如果没有发生法律规定的可以解除劳动合同的情形，用人单位无法辞退劳动者，否则，要支付2倍的经济补偿金。

【拓展阅读】

事实劳动关系的成立

人力资源和社会保障部在2005年颁布的《关于确立劳动关系有关事项的通知》中指出，即使用人单位未与劳动者签订劳动合同，如劳动者有可参照的凭证，仍可将其认定为存在事实劳动关系，这些凭证主要有以下几种。

(1)工资支付凭证或记录(职工工资发放花名册)、缴纳各项社会保险费的记录。

(2)用人单位向劳动者发放的"工作证""服务证"等能够证明身份的证件。

(3)劳动者填写的用人单位招工招聘"登记表""报名表"等招用记录。

(4)考勤记录。

(5)其他劳动者的证言等。

《关于确立劳动关系有关事项的通知》还规定，若用人单位终止事实劳动关系也需要向劳动者支付相应的经济补偿金。

2. 个人隐私保护

为了保护劳动者的隐私，《劳动合同法》第八条规定："用人单位招用劳动者时，应当如实告知劳动者工作内容、工作条件、工作地点、职业危害、安全生产状况、劳动报酬，以及劳动者要求了解的其他情况；用人单位有权了解劳动者与劳动合同直接相关的基本情况，劳动者应当如实说明。"显然，该条规定指出，不属于"与劳动合同直接相关的基本情况"，用人单位无权过问，劳动者也有权拒绝回答。

3. 不得要求提供担保或收取财物

某些不正规的用人单位在招聘或录用过程中，为了谋取钱财，利用招聘向求职者收取招聘费、培训费、押金或服装费，要求必须扣押证件等行为。按照《劳动合同法》，这些行为都是被禁止的。

4. 同工同酬

《劳动合同法》第六十三条规定："被派遣劳动者享有与用工单位的劳动者同工同酬的权利。用工单位应当按照同工同酬原则，对被派遣劳动者与本单位同类岗位的劳动者实行相同的劳动报酬分配办法。用工单位无同类岗位劳动者的，参照用工单位所在地相同或者相近岗位劳动者的劳动报酬确定。劳务派遣单位与被派遣劳动者订立的劳动合同和与用工单位订立的劳务派遣协议，载明或者约定的向被派遣劳动者支付的劳动报酬应当符合前款规定。"同工同酬是指技术和劳动熟练程度相同的劳动者在从事同种工作时，不分性别、年龄、身份、民族、区域等差别，只要提供相同的劳动量，就应获得相同的劳动报酬。

在实际施行过程中，同工同酬作为一项分配原则也有其相对性：即使相同岗位的劳动者之间也有资历、能力、经验等方面的差异，因此劳动报酬只要大体相同就不违反同工同酬原则。

5. 关于试用期

试用期指用人单位和劳动者为相互了解和选择，在劳动合同中约定的不超过 6 个月的考察期。在劳动合同中约定试用期要遵守以下几点规定。

(1)劳动合同中的试用期应由用人单位和劳动者双方平等协商约定，不得由用人单位一方强行规定。

(2)试用期最长不得超过 6 个月。

(3)以完成一定工作任务为期限的劳动合同或者劳动合同期限不满 3 个月的，不得约定试用期。试用期包含在劳动合同期限内。劳动合同仅约定试用期的，试用期不成立，该期限为劳动合同期限。

(4)同一用人单位与同一劳动者只能约定一次试用期。

(5)试用期不得延长。

(6)试用期的工资不得低于本单位相同岗位最低档工资或者劳动合同约定工资的 80%，并不得低于用人单位所在地的最低工资标准。

6. 关于违约金

《劳动合同法》对违约金条款给予严格的限制，明确规定只有以下两种情形可以在劳动合同中约定违约金。

(1)在培训服务期中约定违约金。

用人单位为劳动者提供专项培训，对其进行专业技术培训的，可以与该劳动者订立协议，约定服务期。如果劳动者违反服务期约定，应当按照约定向用人单位支付违约金，但违约金数额不得超过用人单位提供的培训费用。

(2)在竞业限制中约定违约金。

用人单位与劳动者可在劳动合同中约定保守用人单位的商业秘密和与知识产权相关的保密事项，对负有保守商业秘密和知识产权义务的高级管理人员、高级技术人员和其他负有保密义务的人员，可以约定竞业限制，如劳动者违反竞业限制的约定，应当支付违约金。

提醒：竞业限制的约定不得违反法律法规的规定。在解除或者终止劳动合同后，受竞业限制的人员到与本单位生产或者经营同类产品、从事同类业务的有竞争关系的其他用人单位就业，或者自己开业生产经营同类产品、从事同类业务的竞业限制期限，不得超过两年。

7. 关于辞退

《劳动合同法》中关于用人单位辞退劳动者的情形分为 3 种类型：即时通知解除、预告通知解除和经济性裁员。下面分别介绍用人单位解除劳动合同的具体内容。

(1)用人单位可解除劳动合同的情况。《劳动合同法》第四十条规定，有下列情形之一的，用人单位提前三十日以书面形式通知劳动者本人或者额外支付劳动者一个月工资后，可以解除劳动合同。

① 劳动者患病或者非因公负伤，在规定的医疗期满后不能从事原工作，也无法从事由用人单位另行安排的工作的；

② 劳动者不能胜任工作，经过培训或者调整工作岗位，仍不能胜任工作的；

③ 劳动合同订立时所依据的客观情况发生重大变化，致使劳动合同无法履行，经用人单位与劳动者协商，未能就变更劳动合同内容达成协议的。

(2)用人单位不可解除劳动合同的情况，《劳动合同法》第四十二条规定，劳动者有下列情形之一的，用人单位不得依照本法第四十条、第四十一条的规定解除劳动合同。

① 从事接触职业病危害作业的劳动者未进行离岗前职业健康检查，或者疑似职业病病人在诊断或者医学观察期间的；

② 在本单位患职业病或者因工负伤并被确认丧失或者部分丧失劳动能力的；

③ 患病或者非因公负伤，在规定的医疗期内的；

④ 女职工在孕期、产期、哺乳期的；

⑤ 在本单位连续工作满 15 年，且距法定退休年龄不足 5 年的；

⑥ 法律、行政法规规定的其他情形。

(3)用人单位应支付经济补偿的情况。《劳动合同法》规定，有下列情形之一的，用人单位应当向劳动者支付经济补偿。

① 劳动者依照《劳动合同法》第三十八条规定解除劳动合同的；

② 用人单位依照《劳动合同法》第三十六条规定向劳动者提出解除劳动合同并与劳动者协商一致解除劳动合同的；

③ 用人单位依照《劳动合同法》第四十条规定解除劳动合同的；

④ 用人单位依照《劳动合同法》第四十一条第一项规定解除劳动合同的；

⑤ 除用人单位维持或者提高劳动合同约定条件续订劳动合同，劳动者不同意续订的情形外，用人单位依照《劳动合同法》第四十四条第一项规定终止固定期限劳动合同的；

⑥ 用人单位依照《劳动合同法》第四十四条第四项、第五项规定终止劳动合同的；

⑦ 法律、行政法规规定的其他情形。

总体来说，除了劳动者由于个人原因主动辞职，或个人不满足岗位需求、违法乱纪外，由于用人单位的情况，如经营不善倒闭、用人单位不按劳动法办事等原因解除劳动合同的，用人单位都应支付经济补偿。经济补偿的金额按劳动者在本单位工作的年限而定，主要有 3 种情况：(1)每满 1 年支付 1 个月工资的标准；(2)6 个月以上不满 1 年的，按 1 年计算；(3)不满 6 个月的，支付半个月工资的经济补偿。支付经济补偿的年限最高不超过 12 年。

【拓展阅读】

非全日制用工的法律规定

某些毕业生在就业时由于各种原因，考虑先兼职，以非全日制的形式到一个用人单位上班。在这种情况下应了解非全日制用工的相关法律规定，以保护自己的合法权益。

(1)非全日制劳动者在同一用人单位一般每日工作时间不超过 4 小时，每周工作时间累计不得超过24 小时。

(2)非全日制用工双方当事人不得约定试用期。

(3)非全日制用工小时计酬标准不得低于用人单位所在地人民政府规定的最低小时工资标准。

(4)非全日制用工劳动报酬结算支付周期最长不得超过15日。

(5)用人单位必须为劳动者缴纳工伤保险，否则发生工伤事故要承担相关责任。

课后学习

请你参考本模块相关内容，写一份完整的简历。HR 眼中优秀简历与普通简历的区别如表 5-7 所示。

表 5-7　优秀简历与普通简历的区别

项目	普通简历	优秀简历
校徽和校名	大部分有	无
标题	"简历"和"resume"	自己的名字
相片	大部分有	无
个人信息	全面。有的像人口普查表，有的则像征婚启事	简单。三行搞定最主要的信息，包括联系地址、电话、邮箱等
求职目标	大部分无	一般都有
教育背景	加上很多课程名和奖励情况	加少量相关课程名称，奖励单独进行介绍
工作经验	较多，是一堆事情的堆积，没有轻重之分，也未对其进行详细描述	有主次之分，最多不会超过3~4项。每份工作都有详细描述
获奖情况	一部分有，一部分没有。因罗列较多，没有归纳，没有分析	基本有。除了描述，还有对该奖项的归纳、分析和交代
个人特长	罗列较多，没有突出自己的独特之处；自己不太会的也列上了	选择性很强，不会随便写。够一定水准了才写上去
页数	2 页甚至更多	1 页
性格特点、爱好	描述具体，而且很多	选择性地添加、描述
低级错误	挺多的，包括拼写、语法、时态、字体不一致、大小不统一等	极少
真实度	常常会造假	不造假，只是艺术性地放大，具体形式可参考课程中提供的优秀简历样例
精确度	较低	较高，多用数字性语言
纸张	纸张过轻、不统一；五颜六色	白色纸张、80g 以上，比较讲究
文字	不规范，大小、字体不统一	规范，统一大小，统一字体
排版	很差，不讲究	一丝不苟，十分讲究
打印	不整齐；彩色、喷墨打印	整齐；黑色、激光打印
文字风格	平铺直叙、大段描述	言简意赅、分点交代
直观印象	杂乱无章、无主次之分	精美舒畅、有重有轻

将自己的简历与上述标准对照，看看你的简历是否优秀。

推荐阅读

[1] 求职类节目，如《职来职往》《你好面试官？》《令人心动的 OFFER》．

第六章

生涯管理与再评估 《《《

你需要一个职业生涯的框架，它不仅可以用来甄选工作，而且是一种让职业生涯融入更广阔的人生追求里的整体方法。在这星球上的 70 亿人中，只有一个人能够陪伴你走完整个职业生涯，那就是你自己。

——布赖恩·费瑟斯通豪（Brian Fetherstonhaugh）

本章要点

通过本章的学习，了解经济社会发展对职业的影响；理解职业生涯规划管理、调整、评价的必要性，终身学习与生涯发展的关系；形成科学管理、适时调整职业生涯规划的观念，培养成功者的心态，确立终身学习的理念，努力追求职业理想的实现；掌握管理、调整职业生涯规划的方法，践行发展措施，学会科学评价生涯发展。

开篇案例

穿越玉米地

当一群意气风发的哈佛大学毕业生正准备离开熟悉的校园走上社会时，他们在智力、学历、环境条件等方面都相差无几。在临出校门前，哈佛大学对他们进行了一次关于人生目标的调查，结果显示：27%的人没有目标，60%的人目标模糊，10%的人有清晰但比较短期的目标，3%的人有清晰而长远的目标。等到 25 年以后，学校再次对这群学生进行跟踪调查，发现：那 3%的人经过 25 年朝着一个方向不懈努力，几乎都成为社会各界的成功人士，其中不乏行业领袖、社会精英；10%的人不断实现短期目标，都成为各领域的专业人士，是社会的中上层；60%的人过着安稳的生活与工作，但没有特别的成绩；剩下 27%的人由于没有生活目标，过得很不如意，且常常抱怨他人和社会。最终也只有那 3%的人实现了真正的成功，穿越人生的玉米地，一方面是因为他们有目标，所以穿越得更快，另一方面收获到最多的"玉米"。

通过哈佛大学这个实验我们可以了解到，每一个人如果想要真正成功穿越人生的玉米地，获得人生的成功，一方面需要我们有明确的人生目标，因为目标给我们指引了前进的方向和动力，这样我们才不会在中途迷路；另一方面需要我们有持之以恒的态度和坚定的信念走下去，否则就有可能在半路放弃，迷失自我。除了人生是这样，再细说到我们日常的工作亦是如此。对于我们日常的工作，首先也需要我们制定明确的工作目标，一旦有了明确的工作目标，那我们也就有了努力的方向。目标制定出来不是为了高高挂起，供人们观赏用的。为了实现工作目标，我们需要制订详细的、可行的工作计划，并且把每一项工作计划都落到实处，实实在在地去执行、去完成。目标制定出来只有去实现、去完成，或者让自己在实现目标的过程中得到成长、增长经验才有意义。在执行计划的过程中，对于行动的关键点和每一个阶段的结果也需要我们进行相关的检查，并及时把有偏差、执行不到位的地方一一进行纠正，再朝着最终的目标执行下去。

❓ 问题导入

职业生涯目标是一成不变的吗？职业生涯规划的最终目标是实现个人发展，提升个人价值，但我们所处的外部环境和我们自身情况是在不断变化的。所以除了制定个人职业生涯目标，按照计划实现目标，还需要根据内外部实际情况，定期对职业生涯进行评估，并适情调整。

第一节　职业生涯管理的意义

人生存在的意义往往需要通过某种目标的实现来彰显，那职业生涯规划要实现的具体目标有哪些？这些目标是如何反过来印证了自我存在的人生意义呢？

在前工业化时代，西方国家的社会生产更多的是以小生产作坊的形式存在的，由父传子、师带徒的方式传承手艺，其生产过程相对比较简单化，行业和职业的种类也相对比较少，不存在职业选择的问题。而发展到近现代大工业化时代，新兴产业的种类随着机械化大生产和科技发展的日新月异逐渐增多，与这些产业相配套的各种职业岗位也呈现出复杂化和细分化的趋势。发展到现今，西方各发达国家已进入后工业化时代，由传统的机器大生产逐渐向现代服务业转型，催生了数量庞大的专业性和知识密集型的工作岗位。目前美国职业分类字典(The Dictionary of Occupational Titles)已列有三万多种职业。

当今信息如此繁杂，有如此众多的职业数目及复杂的工作岗位，年轻人光靠自己的经验和阅历，是很难了解各种职业的具体内容及其分类的。而面对这些复杂的职场信息，父母、亲友或者师长们也很难具备这方面的专业知识，来协助子女选择适当的职业。现实中，很容易产生盲目选择的情况，以至于造成了后期职业发展呈现被动的局面。

马克思曾经说过"人的本质是劳动"，意思是说人生除了基本的生存需要，比如吃喝睡、安全保障，最重要的是劳动(工作)、家庭生活、社会交往、个人生活的需要。在这些人际社会的互动中，工作其实已经占了最大的份额，所以职业发展的好坏直接对一个人的生活品质、个人成长、家庭和谐、恋爱交友产生重大影响。

如何对自己的职业生涯做好整体规划，是一个必须要放在人生规划的高度去考虑的问题。只有在职业上获得最大的满足和成就感，我们才可能拥有高品质的人生，这也是做好职业生涯管理的意义所在。

(一)职业生涯管理的目的

职业生涯管理要实现的具体目的有以下 3 点。

1. 发展健全的人格

维基百科中提到，人格也称个性，这个概念源于希腊语 Persona，原来主要是指演员在舞台上戴的面具，类似于中国京剧中的脸谱，后来心理学借用这个术语用来说明：在人生的大舞台上，人也会根据社会角色的不同来换面具，这些面具就是人格的外在表现。

面具后面还有一个实实在在的真我，即真实的人格，它可能和外在的面具截然不同。所以说，人格其实是我们与生俱来的一种先天的特性，一种稳定的先天气质，一种与他人做出区分的个人特征。从本质上来说，这个世界上没有完全相同的两个人，这就好比这个世界上没有完全相同的两片树叶一样。即使是孪生兄弟姐妹，看上去相貌上完全相同，其个性特点也会有很大的不同。

从职业的角度分析，人格特征往往是属于自身的一种先天的竞争潜力，在适合个性发展的某一专业技能方面与他人相比具有比较竞争优势。如果一个人在未来的职业选择中，可以自由地把这种优势体现出来，同时结合自己的兴趣爱好导向，在可以预见的将来，其成功的概率相对就比他人要大得多。而且这种成功也会来得相对比较轻松一些，在这个过程中可以充分地感受到职业发展给自己带来的个人成长喜悦。当一个人处于这种工作状态下，其自身价值得到充分的发挥，反过来更促进了人格的完善和发展。同时，在这个过程中，个人实现了人格发展与职业发展的正反馈机制，充分享受了健康和快乐的职业与人生。

2. 职业理想的自我实现

美国社会心理学家马斯洛提出著名的人类五大需求论：从最低到最高分别是生理需求、安全需求、社交需求(爱与归属的需求)、尊重需求和自我实现需求。后两种自我需求属于较高层次的内在需求，人生的意义也在于对这两种需求的实现程度有多深。尊重自我和受到他人尊重，使自己的人生理想得以实现，是古往今来所有杰出人物共同的人生奋斗目标。

伟大的德国哲学家康德曾经说过一句名言：人是目的，不是手段。意思是说人只有在寻求自身最高价值确立的过程中，才能获得充分完整的发展。如果一个人只是把自己当成了生存的手段，那是一种对自我人格的不尊重，失去了作为一个人存在的意义和价值。现实中为什么只有少部分的人可以成功？其实并不在于个人的智力差异有多大，或者诉诸一些所谓运气的成分。有国外的心理学家曾经做过调查和评估，发现除了天才和白痴，绝大部分人的智力都比较接近。

心理学家通过长期跟踪和调查发现，那些已经获得成功的人士都有较高的自我要求和人生境界，内心都具有对自我尊重和自我实现的潜在心理需求。正是这两种需求动机，不断推动着他们朝着既定的目标持续努力，从而产生了更高的职业满足感。

古希腊哲学家亚里士多德曾经说过：吃饭是为了活着，但活着并不仅仅是为了吃饭。中国也有句古话：人要有精、气、神。意思都是说人要生存并不是人生的全部，人在这个世界上要活得有精神头，有自己的人生追求，要活在希望里。从这最朴实的话语里，我们需要思考的是一些关乎人生幸福的重大问题：人到底应该为什么活？怎样活能让自己的人生更加精彩？除了满足生存的需要之外，我们还有什么更高的人生追求？

人的一生究竟要追求的是什么？本质上来说就是对人生的理想的追求过程。而职业就是我们追求理想和实现理想的平台，也只有在职业这个平台上，我们的人生价值才能得以充分的展现。

一个人有很多责任，需要对自己的家人负责，对社会大众负责，但更需要对自己的人生负责。这其实就是一种担当、一种信仰、一种信念。所以，人需要有种精神上的使命感，那样人生才不会成为无趣的吃喝拉撒的过程。有时候需要认识到"天生我材必有用"的道理，没有谁是天生多余的，关键是要把自己放在对的位置上。

人生其实是一种修行和学习的过程，只要自己存在在这个世界上一天，每个人都有责任和义务，尽一切可能去探索和发现属于自己的人生使命，去充分地体验人生的甜酸苦辣，去发现自己作为一个存在者之所以存在的意义和价值。当一个人开始尝试这种探索，可以说这个人已经在精神上觉醒，离成功也已越来越近。

3. 潜能开发

心理学里有一个著名的"冰山理论"，提到在海上有一座巨大的冰山，冰山最高处露出海平面的只有很少的一部分，而山体的大部分隐藏在海平面以下。隐藏在海平面以下的部分被比作人的"潜意识"，也可以说是人的"心理潜能"，属于个性特质、自我的价值观和信念的范畴，这部分的能力是隐藏在内心的深处，不太容易觉知和感受到的部分。从心理学角度来讲，潜能是人的一种潜在的、还未被有效发挥出来的能力。

有的心理学家通过实验证明，人在现实中所展现出来的能力只占 5%，仍有 95% 的能力还处于待开发的状态中。如果对这部分巨大的能力进行有效开发的话，每个人都可以做到连自己都无法想象的成就。当然，这只是一个假设。现实中很多人都会理性地去看待这个问题，都会用现实的尺度去权衡个人付出与收益之间的关系。每个人都有各自的局限性，但是人类历史的进步和发展是一种不断和自身局限性做斗争，不断去突破自身局限性的过程。

其实，人生的意义和社会发展一样，是一个不断挑战和创新地认识自我的过程，一个持续去探索和建构自我与整个社会及世界合理关系的过程。如何让自我跟随着社会和世界同步发展，取决于个人如何去充分挖掘自身潜力，不断接受新的挑战，让自己去从事更有意义的事业的过程。

人类社会是沿着创新—整合—超越—传承的历程发展的，这样的过程是循环往复、永无止境的。同样地，人也是通过这样的一个过程，通过一个不断认识自我的过程，对自身的能力和潜力提出更高的要求，不断为自己设定更高的人生追求目标。

（二）职业生涯管理的意义

如果以上职业生涯管理目标可以达成，在某种意义上，职业与人生是一个和谐发展的历程，工作将不再是一个人的生存手段，而是一个人的事业机会，一个愿意为之付出毕生努力的终生职业。

从更高的意义上来说，职业才能成为个人实现自己人生目标的有效手段，我们将成为自己所选择的职业的主人。

所以生涯管理具有以下三大意义。

1. 增强个人实力

一份行之有效的职业生涯管理规划将会做到以下几点。

(1)引导你正确地认识自身的个性特质、现有与潜在的资源优势，帮助你重新对自己的价值进行定位并使其持续增值；

(2)引导你对自己的综合优势与劣势进行对比分析；

(3)使你树立明确的职业发展目标与职业理想；

(4) 引导你评估个人目标与现实之间的差距;

(5) 引导你前瞻与实际相结合的职业定位,搜索或发现新的或有潜力的职业机会;

(6) 使你学会如何运用可行的方法,采取可行的步骤与措施,不断增强你的职业竞争力,实现自己的职业目标与理想。

2. 增强发展的目的性与计划性

职业生涯发展要有计划、有目的,不可盲目地"撞大运"。很多时候我们的职业生涯受挫,就是由于职业生涯规划没有做好。好的规划是成功的开始,古语讲,"凡事预则立,不预则废"就是这个道理。职业发展有目的性和计划性,努力后才更容易成功!

3. 提升应对竞争的能力

当今社会处在变革的时代,到处充满着激烈的竞争。物竞天择,适者生存。职业活动的竞争非常突出,尤其是我国加入 WTO 后。要想在这场激烈的竞争中脱颖而出并保持立于不败之地,必须对自己的职业生涯做好规划。这样才能做到心中有数,不打无准备的仗。

然而,不少应届大学毕业生不是首先坐下来做好自己的职业生涯规划,而是拿着简历与求职书到处乱跑,总想着撞到好运气找到好工作。结果是反而浪费了大量的时间、精力与资金,到头来却感叹招聘单位有眼无珠,不能"慧眼识英雄",叹息自己英雄无用武之地。这部分大学毕业生并没有充分认识到职业生涯规划的意义与重要性,认为找到理想的工作只需要满足学识、业绩、耐心、关系、口才等方面的条件,认为职业生涯规划纯属纸上谈兵,简直是耽误时间。这其实是一种错误的理念,实际上磨刀不误砍柴工,先做好职业生涯规划,有了清晰的认识与明确的目标之后再把求职活动付诸实践,这样的效果要好得多,也更经济、更科学。

从人力资源的角度出发,用人单位非常看重新员工的职业生涯规划是否清晰、明确,是否与公司的发展目标一致。只有少数求职者会在简历中写出自己的未来发展规划。这些规划,让人觉得求职者的求职意向是经过深思熟虑的,即使其生涯规划中只有五年甚至更短的时间为本企业工作,用人单位也乐意聘请这种目标明确、规划透明的人。

北京宝洁技术有限公司高级人力资源经理透露,该公司在中国每年招聘应届毕业生 100名左右,凡是职业生涯规划得早的人,现在大多数都已成为总监、副总监或高级经理。

因此,生涯管理应该尽早开始培养、引导和训练,以便为学生未来的职业发展打下坚实的基础。

职业生涯管理的最终目的,绝不仅仅是帮助个人按照自己的资历条件找到一份工作,达到和实现个人目标,更重要的是帮助个人真正了解自己,为自己定下事业大计,筹划未来,进一步详尽估量主观、客观条件和内外环境优势和限制,在"衡外情、量己力"的情形下,设计出符合自己特点的合理而又可行的职业生涯发展方向。

职业生涯管理的最终意义在于完成自我实现、自我超越,同时,增进家庭幸福,促进人才资源合理配置,促进社会和谐与进步。

当今社会处于激烈变化的过程中,随着客观和主观因素的变化,职业生涯规划也要随之根据各种变化来进行调整。所以,行之有效的生涯设计还要通过职场反馈信息,调整修正生涯目标,反省策略方案的可行度、契合度和成功概率,使之适应职场现状的要求,并作为下一轮生涯设计的参考依据。

跳槽，To be or not to be？

跳槽，是职业生涯发展中最大的诱惑，也是最大的陷阱。跳槽或者不跳槽，其实最终反映的是我们对于自己整个职业生涯的大规划。每到跳槽季，相信有不少人都蠢蠢欲动，是继续留守岗位，还是跳槽去从事其他更适合的工作呢？详见教材配套微课视频6-1《跳槽，To be or not to be》，欢迎同学们扫码观看。

第二节　职业生涯的阶段管理

【案例导入】

大学毕业后，小Z做过很多工作，在国有企业、外资企业、民营企业都工作过一段时间，涉及广告、IT、餐饮、物流等很多行业，既做过人事管理，又做过产品销售，还做过各种广告策划。在做人事管理的时候，小Z觉得人际关系太复杂，无法平衡上下级之间的关系，不到一年便放弃人力资源管理的职位，随后转而做销售。工作一段时间后，他感觉自己并不喜欢和各类客户联络、拉关系，也无法圆满地处理和解决客户针对一些产品提出的意见和问题，而后改行做餐饮。在经营过程中，由于市场定位不准确，生意萧条，最后他只能停止营业。

在经历挫折和失败后，他很疑惑："为什么别人都能成功而我却不能成功？"

一位哲人如此表达他的看法：生命从自己的哭声中开始，又在别人的泪水中结束。人生是一个由起点到终点的短暂而漫长的过程。

从个人角度而言，职业生涯发展阶段可分为职业生涯早期阶段、职业生涯中期阶段和职业生涯后期阶段等不同时期和阶段。由于在不同的时期，个人生命特征和职业生涯特征的不同，其所面临的职业生涯发展问题与任务也各不相同，因此，不同阶段的职业生涯管理也存在着明显的差异。根据个人职业生涯的不同阶段开展职业生涯管理具有重要的意义和作用。

一、职业生涯早期阶段的管理

（一）职业生涯早期阶段的含义

所谓职业生涯早期阶段是指个人经过学校系统的教育、培训之后，步入社会、融入工作单位的过程。这一阶段一般指19～30岁。这是一个人从学校步入社会、由学生转为员工、由未成年人到成年人等一系列角色转变的过程，是个人在角色转变过程中与工作单位互相了解、接纳、协调融合的过程。在这一阶段，个人和工作单位共同面临着重要的职业生涯管理任务。

职业生涯早期阶段可以分为职业探索和职业发展两个阶段。个人离开学校步入社会，对职业的相关知识并不是十分了解，对职业规则、流程的想法和看法也较为青涩。个人也需要通过自身的努力逐步适应、融入工作单位，胜任岗位，实现团队合作，最终学会如何在组织系统中工作。

(二)职业生涯早期阶段的特征

在职业生涯早期阶段,个人对职业探索和职业发展之间的关系并没有明确的界定,其初涉职业之时所需的知识技能仅仅来源于学校所学,而工作单位所需要的知识更多的还需要在社会实践中逐步积累。相对来讲,处于职业探索阶段的新人,只有在职业定位明确以后,才会进入职业发展阶段。这两个阶段针对不同人群所占的比重也不完全相同。

在此阶段,个人的职业特征主要表现在如下几个方面。

第一,进取心强,具有乐观、积极、竞争的心态。进取心是一种内在的推动力量,它可以促使个人不断进步,以开拓自身的发展空间,但是由于年龄、阅历等各方面的因素,会出现浮躁、冲动,过于武断地评判自己,不能给自己的实际水平进行精准定位的现象。同时,由于争强好胜,也容易与同事产生不和谐,影响与同事之间良好人际关系的建立。此外,由于初涉职场,在各种因素的干扰下会对自身的最初职业选择产生动摇或怀疑。

第二,具有远大的职业理想和职业抱负。精力旺盛,充满朝气,因家庭负担较轻而洒脱是年轻人特有的气质。在刚刚步入职场之际,大部分人会有满腔的工作热忱、宏伟的职业蓝图和强烈的成功欲望,这种内在的动力成为工作发展的驱动力。随着工作经验的积累、工作能力的提高、人际交往范围的扩大、工作业务的拓展,他们可能一步步地走向成功。

第三,组建家庭,承担家庭责任,调适家庭与事业之间的关系。随着工作的稳定,个人开始考虑成家或者生子,这或多或少会对工作造成影响,如何将家庭与事业调适至最佳的状态成为需要注意的问题。同时,家庭责任使得个人以自我为中心的意识让位于家庭观念,家庭责任感随之增强。

(三)职业生涯早期阶段的主要问题

在职业生涯早期,个人面临的主要问题是步入职场,如何迅速适应工作环境,尽快实现个人与用人单位在工作等诸多方面的融合。处于此阶段的个人对单位尚不十分了解,与上司、同事之间尚不熟悉,处于相互适应期,由于未能明晰彼此的需要和适应组织的特点,可能会引起某些矛盾和问题。问题主要有以下几点。

1. 面临现实冲击

现实冲击是指个人对其工作期望与工作实际之间的差异所引起的心理冲击。现实冲击通常发生于个人开始职业生涯的最初时期,这一时期新员工拥有较高的工作期望,但所面临的可能是与工作期望相悖的现实。

2. 遭遇职业挫折

职业挫折,即个人从事职业活动和个人职业生涯发展方面的需求不能得到满足,行动受到阻碍,目标未能达到时的失落性状态。产生职业挫折的原因包括以下几种:个人专业与职业不匹配;才能得不到发挥;人际关系不佳;工作非人性化(如工作过于单调);职业的社会评价不高等。这些都可能造成人工作不顺利和工作成果得不到认可,进而使人产生职业挫折感。

3. 不易得到信任和重用

个人刚刚进入单位,对单位的同事和环境都不了解,单位对其也缺乏全面的了解,因此,个人往往很难立即取信于直接上司。在这种情况下,上司会认为只有等到新员工真正了解公司运作的实际情况后，才可安排其承担重要的工作。因此最初交给新员工的工作往往过于简单或者是很乏味。这会压抑新员工的工作积极性和才能的发挥，并将直接影响其未来的职业生涯发展。

4. 受到单位成员的排斥

由于年龄的差距，代沟在新老员工之间是不可避免的，组织中的老员工常常会对新员工持有某种偏见和成见，认为新员工幼稚单纯、好高骛远、经验不足、自恃清高等。这种偏见也许有其合理的、符合事实的一面，但同时又具有很大的片面性。正是由于这种偏见，使得上司或许多老员工不能善待新员工。另外，新员工进入单位时，会引起其上司和老员工的某种不快。他们觉得新员工是个威胁，因为新员工常常比他们受过更好的教育，能够获得较高的起薪，所以，他们不知不觉地总想表明新员工没有什么了不起，于是便压给他们一些十分艰难的任务，以证明新员工并不称职。

5. 忽视小节引发不满

很多单位在要求新员工具备专业技能的同时，非常看重新员工的综合素质。有将近四成的单位对所聘用的新员工在细节上的表现不大满意，尤其认为新员工为人处世等方面的问题较多。比如，有不少新员工诚信意识薄弱，动辄"跳槽"，也有不少新员工不能很好地与用人单位的老员工沟通，在工作中不主动配合，甚至产生矛盾。虽然都是小事，却因此在个人综合素质上打了折扣。老员工对新员工最不满意的三个问题是：煲电话粥、做事不主动和不注意检点个人言行。有很多新员工每天对着电脑，做的却都是自己的私事。这些批评其实针对的都是小事，但这些小事会影响同事们对新员工的好感，甚至影响彼此在工作中的配合。

（四）职业生涯早期阶段的管理措施

1. 明确职业生涯的目标

职业生涯目标的确立是职业生涯良好发展的重要基础。在职业生涯早期阶段，职场新人面临纷繁复杂的工作任务，如果没有比较专一的目标，很容易迷失自己的方向，容易在无聊的事情上耗费自己的时间和精力。随着社会经济和科技的发展不断加快，个人应根据自身条件和企业的要求，从职业发展的持续性、灵活性等方面着手进行规划，把总的职业目标逐步分解为若干个不同时期的分目标，并根据外部环境和自身能力的变化及时进行调整，让制定的职业生涯目标更具有现实性和可行性。选定职业发展的目标后，个人就应该努力朝着目标迈进，积极调整自己的状态以保证目标的实现。

2. 尽快完成职业角色转换，加强职业心理调适

职业适应性是通过职业实践活动来验证和发展的。每个人从事职业活动，总是处于一定的物质环境和心理环境中。个人的态度会受到诸多主客观因素的影响，如个人对工作的兴趣、价值观、组织福利状况、家庭成员的工作状况等。职业生涯早期阶段是我们认识和适应社会的阶段。大学生告别校园，走上工作岗位，面临陌生的工作条件和生活环境、专业知识的实践操作、复杂的人际关系，谁能尽快实现角色转换，谁就能较快地适应社会，并掌握职业生涯早期阶段的主动权。提高工作的职业适应性就是要尽快习惯、调适、认可各种因素，使职业工作的性质、类型和工作条件，与个人的需要、组织目标最大限度地耦合，保证自身在职

业工作中获得最大的满足感。

职业适应不良是个人无法很好地适应职业环境,不能用适当的措施和方法解决在职业适应过程中遇到的障碍,从而陷入迷茫、焦虑等不良情绪时的状态。其实在职业生涯早期阶段遇到许多心理冲突、困惑,产生一些不良情绪也是正常的。要学会调节自己的心态,使自己能从容、冷静地面对职业发展这一重大人生课题,并做出正确、理智的选择。可以从以下几个方面做起,加强职业心理调适。

(1)加强自我认知。

自我认知包含两方面的含义:一是全面认识自己的特点和长处,二是正确认识自我与社会、个人与集体的关系。"金无足赤,人无完人",我们既要认识自己的外在形象,又要认识自己的内在素质,欣赏自己的优点,改变或接纳自己的缺点。同时,也要用发展的眼光看待自己,每个人都是在不断发展变化的。对自我的充分认知有助于我们做出最适合自己的职业选择,也能尽可能缩短职业的适应时间。

(2)保持良好的心态。

遇到挫折时,要用冷静和坦然的态度待之,客观地分析自己失败的原因,进行正确的归因,不要一味地将失败的原因归咎于自己。

化被动为主动,勇于解决问题。可以先自主思考一下:"能不能优化一下工作方法?目前的工作是我能力范围以内的吗?可能的解决方案有哪些?"这样的思考过程,可以让人从负面情绪的困境中跳出来,去面对更本质的问题,将注意力放在问题的解决上。

此外,还需要学会积极地进行自我调节,将内心消极情绪转化为发奋图强、力争上进的积极情绪。可以尝试用宣泄法、心理咨询法、自我暗示法、情景转换法等调节和控制自己的负面情绪。

3. 提高职业技能水平,培养自我胜任力

具备可雇佣的能力、胜任本职工作是个人在职业生涯早期阶段提高职业适应性的关键,也是个人开发职业锚的重要保障。基础知识的掌握、基本技能的开发、知识结构的更新、职业素养的培养都是个人需要不断摸索和积累的内容。在尽可能短的时间内锻炼出适合岗位需求和组织特征的思维方式与判断能力,是职场新人在工作初期不能忽视的基本内容。

4. 加强与同事、领导的沟通

在新的职场环境中建立良好的人际关系是非常重要的。与同事建立积极的合作关系,相互支持和理解,将提升工作团队的凝聚力和工作效率。此外,与领导保持良好的沟通,积极展现自己的进展和成果,获得更多的反馈和指导,对个人早期的职业发展也将带来积极的影响。有效的职场沟通是营造良好的人际关系的必杀技。

在与领导、同事沟通之前,要明确沟通目的,把自己的诉求尽可能地讲具体、讲清楚,明确表达希望通过沟通达到什么结果,如传达重要信息、征求反馈、解决问题、提供更新或推动决策等。

在与领导、同事沟通时,要学会换位思考,学会倾听。卡耐基说过:"一双灵巧的耳朵胜过十张能说会道的嘴巴。"学会倾听是最有效的沟通方式,是一个人基本素养的体现,同时在倾听的过程中,要积极给出反馈,表明你在认真听对方说话。换位思考在职场人际沟通中也是非常重要的,因为不了解对方的立场、感受及想法,我们无法正确地思考与回应。在交往的过程中，适当地运用换位思考，了解沟通对象的潜在动机与决策要素，可以使沟通更顺畅，更容易达到沟通的目的。

此外，在沟通时还要重视沟通态度和沟通氛围，尤其是在跨部门、跨组织进行沟通时。尽可能避免在沟通过程中产生抵触情绪或负面情绪，要营造良好的沟通氛围。

二、职业生涯中期阶段的管理

个人的职业生涯在经过职业生涯早期阶段，完成了员工与工作单位相互融合的过程后，随之步入职业生涯中期阶段。职业生涯中期阶段是人生最漫长、最重要的时期。职业生涯中期的开始有两种表现形态：一是获得晋升，得到更高一层的管理或技术职位；二是薪资福利增加，在选定的职业岗位上成为稳定的贡献者。在职业生涯中期，实现人生价值最佳的途径就是更好地工作。

(一)职业生涯中期阶段的含义

职业生涯中期阶段是指 31～50 岁这一阶段。这是一个时间跨度较长、富于变化，既可能获得职业生涯成功(甚至达到顶峰)，又有可能出现职业生涯危机的一个职业生涯阶段。可以说，职业生涯中期阶段是一个人在事业发展道路上最为重要的阶段。在这一阶段，个人已经选定今后的职业发展方向和职业发展目标，并朝着这一方向和目标持之以恒地努力工作，以保持在其所在领域中的稳固地位。由于这一阶段是职业发展变化最大的一个阶段，同时与早期职业生涯发展阶段紧密衔接，因此如果职业生涯早期阶段的发展并非一帆风顺，出现职业探索期过长、职业转换过于频繁等情况，可能在 40 岁左右仍然没有真正找到自己终生努力的职业方向与目标，那么其职业生涯中期阶段的进入时间就会推迟；如果发展基本顺利，可能在 31～50 岁，甚至提前进入职业生涯中期阶段。总之，职业生涯中期阶段受每个人内在和外在因素的影响，并非整齐划一地来临。由于这一时期个人的生命周期和心理素质都会发生明显的变化，因此，呈现出明显的阶段性特征。

(二)职业生涯中期阶段的特征

1. 个人总体生命空间特征

(1)职业生涯中期阶段处于三个生命周期的完全重叠时期。

人的生命周期贯穿人的一生，家庭生命周期则从 28 岁左右开始贯穿人的后半生。职业生涯周期从 20 岁左右开始至 60 岁抑或更晚时间结束，如果职业生涯中期阶段定在 31～50 岁，那么三者重叠的时间长达 20 年。在职业生涯的其他阶段，三者重叠的时间则相对较短。

(2)职业生涯中期阶段的个人生命周期运行任务繁重。

这一时期，个人不仅需要面对工作，还需要承担维系婚姻、赡养父母、教育子女等一系列家庭责任。因此个人需要更加客观地认识自我、审视工作、确立目标方向、寻找事业与家庭之间的平衡点。

(3)职业生涯中期阶段的个人职业生涯运行和发展任务加重。

在这一阶段，个人的职业能力趋于成熟，价值观、世界观基本成形，生活阅历、人际交往经验丰富，工作风格相对稳定。此时，个人希望确立或保持其在专业领域的领先地位，以自己的知识、经验、技能来获取更多的回报，然而由于可能面临职业生涯中期危机，职业发展任务相较于职业生涯前期更加繁重。

(4)家庭生命周期在这一阶段发生显著变化，并产生相应的问题和任务。

在此阶段，大部分人已经成立家庭，由单身变为有配偶和子女，且子女逐渐长大成人，父母日渐衰老，家庭关系日益复杂，任务逐步加重。个人既要承担家庭责任，又要协调好与配偶、父母、子女之间的关系，抚育子女成长及做好子女成家立业的准备，同时承担起赡养父母的义务与责任。

个人的三个生命周期之间存在着相互影响和作用的关系，它们之间既有相互促进、相互推动的积极作用，也有相互制约、相互冲突的消极作用。随着职业生涯的发展与推进，三个生命周期之间的影响也逐步加大。职业生涯中期一般是一个人在事业上逐步走向顶峰的阶段，也是家庭关系最为复杂的一个阶段，因此常常出现三个生命周期之间的矛盾与冲突。如何实现家庭与事业之间的和谐发展，成为个人在职业生涯中期尤其需要注意的问题。厚此薄彼、分配不均，不仅会影响个人生命周期的健康运行，同时也会影响和制约家庭生命周期与职业生涯周期的持续稳定运行。

2. 个人职业与社会心理特征

由于职业生涯中期跨度时间长，要历经青年和中年两个年龄段，故心理特质有所不同。进入职业生涯中期的初始阶段，从年龄段上讲，个体处于中青年时期，其突出的心理特质是：具有积极向上、努力进取的心态，具有干出一番事业的抱负和心理准备。他们希望能够学以致用，在和谐的工作环境中创造业绩，实现自我价值，提升应对挑战的工作能力，扩展职业提升空间，同时开始调适家庭关系，承担家庭责任。此时，无论是个人、家庭，还是工作环境均出现了变化，主要表现在以下几个方面。

第一，人到中年，职业工作环境和家庭环境逐渐变化，开始出现个人理想预期与实际成就不一致的现状。此时子女对其职业认同与否在客观上会影响个人对最初做出的职业选择是否正确的判断。而子女与个人在价值观认识方面的代沟进一步影响和加深了自身对职业生涯发展的怀疑和焦虑。这些情感上的变化在某种程度上会给中年人的职业生涯发展带来一定影响，一部分人依然全神贯注于自我事务和自我发展，另一部分人会依据自我价值观对自身进行重新评估，他们在重新评估中确立出新的成功标准和奋斗目标。如果个人的认同要求和需要从未得到满足，他们会毅然去寻找新的职业或某种业余爱好。

第二，当个体步入中年以后，子女成人、父母年迈，家庭结构发生变化。子女长大成人，个体抚养照顾子女的任务逐步减少，同时教育费用负担的停止使得家庭负担大幅度减轻，日常的饮食、娱乐、休闲等活动也随之改变。此时，个体还需要注意处理与配偶、父母之间的关系。随着父母年龄不断增大，赡养老人的义务和责任也逐步加重，如何更好地让双方父母安享晚年成为个体与配偶需要共同解决的问题。如果这个问题不能得到很好处理，很大程度上会影响家庭成员间的关系。

第三，在职业生涯早期阶段，人们往往未意识到时间有限，而步入中年后，开始逐渐体会到生命有限。人们在反思过去的同时，思考曾经制定的职业生涯规划完成了多少，是否还有时间可以做未尽之业。当意识到个人的学习能力逐步下降，已经没有足够的精力和机会去完成预想之事的时候，个人会出现焦虑、抑郁的心态，产生心理负担。

此时，因难以做出职业选择而产生焦虑的心理一般有两种情况，一种是正在走向成功的人，如正在向企业组织的某高层位置攀升的人，或者其专业技术已经达到一定水平，欲达到更高的层次，由于金字塔式职位结构的存在，越向上职位越少、竞争压力越大而产生焦虑心理；另一种是平日工作稳定，因某种情况突然想调换职位的人，由于年龄上的劣势，使得调换岗位出现困难而产生烦恼和焦虑心理。

3. 个人能力和职业生涯特征

职业生涯中期是一个持续时间较长的发展阶段，在这一阶段，大多数个体的事业呈现由低到高向上发展的趋势，并逐步走向事业顶峰。尽管每个人的事业和能力发展的具体情况不同，但是存在某些共同特征，如人生观、世界观、价值观基本定型，生活阅历、人际交往经验丰富，个人职业能力逐步成熟、稳步提升，形成相对稳定的工作作风，职业技术娴熟，职业工作经验丰富，成为所在工作岗位的业务骨干，已经具备创造一番业绩的潜在实力等。此阶段正是个人工作卓有成效、不断创造业绩的时期，也是个人施展抱负、创造辉煌的黄金时期。

职业生涯中期是个体职业生涯规划的重要阶段，处于这一阶段的员工既有可能取得辉煌的成就，也有可能陷入职业生涯中期危机。要避免中期危机的出现、开创事业高峰，需要强化个人在该阶段职业管理的任务。

（三）职业生涯中期阶段的主要问题

职业生涯中期阶段对职业生涯早期和后期起到了承上启下的关键作用。由于个人三个生命周期的相互影响，个人素质和周边环境出现较大变化，导致个人职业问题出现，即所谓的"职业生涯中期危机"。其主要表现为：员工刚刚步入职场时，工作热情高涨，业绩显著，从而晋升到某一层次的职位，但职业发展到一定时期就停滞不前了，个人无法继续升迁，此时个人的这种职业生涯发展的停滞状态即为职业生涯中期危机。此时，由于个人对自身职业的未来发展失去方向，在工作中表现冷漠，工作满意度低，工作效率不高。这种消极的工作态度还会渐渐蔓延到个人的其他方面，最终使个人的职业生涯受到极大的影响。这一阶段的主要问题如下。

1. 职业现实与预期理想产生冲突

职业生涯中期危机的影响是多层次、多维度的，对员工个人来说，它会影响个人的工作、生活、心理等各个方面。由于处于危机状态，员工个人失去职业发展方向，看不到未来职业发展的希望，感到迷茫，在工作中表现为工作冷漠、没有激情、消极怠工。曾经有一位企业的高层主管说："我不得不离开我曾经奋斗过的企业，因为我现在总是感觉自己不受重视，得不到应有的提拔，对自己以后的职业发展心里没底。"这位高级主管所面临的问题正是职业生涯中期危机所表现出来的长时间在原有工作位置上徘徊，使人处于消极怠工、不思进取的停滞状态。为了寻求个人的发展、改变状态，一些人通过改变工作环境（如跳槽）等方式走出职业发展的危机阶段。

在职业生涯中期，特别是人到中年以后，每个人都不可避免地出现各种各样的矛盾和心理变化，不少人还面临工作不顺心，没有成就感，现实与理想相矛盾的困境，主要表现为以下几点。

其一，由于工作不再富有挑战性，个人也就不能感到兴奋，而且感到落入企业或职业陷阱。此时，个人往往产生失望、苦闷的情绪，感到心灰意冷，丧失信心和工作热情。

其二,对工作平淡应付,没有生机与活力,消沉抑郁,在心理上感到无奈,决定平平庸庸地结束自己的职业生涯。

其三,在条件允许的情况下,会考虑转换职业,进行"战略"转移,重新预估,重新设计自己的职业与生活,根据内在与外在因素的约束,重新设计职业方向或改变自己的发展计划。

中年期可能成为个人发展的高成长阶段,由原来重视事业和工作,转向重视家庭与个人发展,包括个人业余爱好、兴趣、社会关系等方面。

【课堂案例】

李森今年 30 岁,在一家公关公司供职。他大学毕业后已经更换了 8 份工作。他这样评价自己:"我原来的看法是,不要急于给自己的人生定向,应该多尝试一下。这几年,我一直在试图寻找一份使自己满意的工作。我先是在银行上班,后来又干过房地产、保险、体育器材销售等工作,最近又进了一家小型的公关公司。频繁的跳槽虽然让我积累了一些在不同行业工作的经验,但我也失去了很多资源和晋升的机会。我觉得自己长期以来一直不能安心地干一份工作,要么容易厌倦,要么容易放弃。刚进入公关公司的时候,还能好好做,可是后来却没有兴趣和热情了。有一次老朋友聚会,看见一些朋友已经小有成就,想想自己,又是惭愧又是不服气。真不知道是运气不好,还是自己存在问题。"

2. 职业生涯发展受组织层次的制约

工作单位的岗位设置多为传统的金字塔式的结构形式,其典型特征是管理幅度小、管理层次多。从需求量的角度来看,随着层次的逐步升高,所需要的人员也逐步减少。在职位升迁方面,越往高层次发展,竞争越发激烈,晋升机会越少。大部分员工长时间地停留在中下层次,因而对工作的发展前景感到迷茫。

3. 工作与家庭冲突

职业生涯中期是家庭、工作生命周期相互作用最强烈的时间段。处于职业生涯中期的人,大多有家庭、老人和孩子需要照顾,照顾老人、教育孩子会占据一大部分的时间和精力,而此时个人正处于事业的上升期,特别需要具有积极的工作状态。工作与家庭的冲突有三种基本形式,即时间性冲突、紧张性冲突和行为性冲突。

时间性冲突是指由于时间投入到了一个角色中而使满足另一角色提出的要求变得困难。每一个角色都会占据一部分时间,在时间有限的情况下,必然导致时间上的冲突。例如,一个员工的家人计划周末去郊游,而单位安排他在这个时间与外商谈判。紧张性冲突是指由一个角色产生的紧张使满足另一角色提出的要求变得困难。例如,一位员工应付繁重的工作,这时家庭中又产生了严重矛盾,就会使他筋疲力尽,感受到紧张性冲突。行为性冲突是指一个角色中要求的行为使满足另一角色提出的要求变得困难,一个角色中的行为模式可能与另一个角色中的行为期望不相容。例如,通常认为男性管理者在工作中应该情绪稳定,有自信心、判断力、独立性、攻击性和逻辑性;但与此同时,家庭成员可能希望他是温和、体贴、情绪化的。假如个人不能调适自己的行为,使之符合不同角色的期望,就可能体会到角色之间的行为性冲突。

4. 精神压力过大与健康状况不佳

职业生涯中期阶段，往往是个人在各个方面发展的一个相对顶点，通常人们可以暂时舒缓一下紧张的工作生活节奏，恢复自己的身体健康。然而，由于受内外因素的影响，经过了多年辛勤工作的中年人，仍然不能放松，还要百尺竿头更进一步，特别是要应对年轻人的挑战，以巩固自己多年辛勤劳动换来的地位。这些人在追求事业成就、社会地位的同时，往往忽视了必要的身体锻炼、户外活动和心理保障，结果身心都受到了伤害。

事实上，中年人的身体健康处于下降时期，但相对于探索阶段的员工来说，中年人在工作上已经较为熟练，因此许多的重要工作都落在他们身上，造成其工作负担相对比较重。而且，这一时期员工的子女在中小学阶段，升学压力比较大，为了孩子的未来，也需要投入一定的时间和精力。此外，处于职业生涯中期阶段的员工，一般还有年迈的父母需要照顾和赡养。

可见，中年是人生最劳累的阶段，事业发展、子女教育、父母赡养都需要精力，而就在这一阶段，个人生理素质却开始下降，如果不能妥善地处理这些事务，往往容易出现身体疾病。尽管身体健康状况不能直接决定职业生涯发展的道路，但健康却是职业生涯发展的坚强后盾。没有健康的体魄，再辉煌的事业前程也会像沙滩上的建筑，随时有坍塌的危险。

(四)职业生涯中期阶段的管理措施

处于职业生涯中期阶段的个体，其所在工作单位为其提供了良好的外部环境，个体应更加注重内在专业素质和能力的提升。具体而言，可通过如下方式来稳固和扩展自身的综合实力。

(1)进一步掌握职业技能和专业前沿信息，不断进行学习和深造。

个体只有不断提高自身的专业知识、技能与技巧，才能适应社会的快速发展，在今后获得更多的发展机会。

(2)确立明确的工作目标。

在职业生涯中期阶段，个人应该有针对性地为自身的发展制定发展规划，并在工作中努力进取，使自己真正成为工作单位的重要一员，在职业发展中积极争取主动权。

(3)进一步实现文化理念的融合。

在职业生涯中期阶段很容易出现职场疲惫的现象，而一个企业内在和外在的文化则会增强员工与企业之间的凝聚力，会使员工及时调整好心态，对工作更加有激情和活力。

(4)选择富有挑战性的工作。

很多人在工作中追求自我价值的实现，期望得到组织和社会的认可。因此，个体要选择能够激发自己兴趣的工作，并把在工作中出现的困难变为前进的动力。当发现目前状况已经不再适合自身的发展，或对现在的职业感到没有希望的情况下，个体可以重新选择更有前途和更感兴趣的工作。

三、职业生涯后期阶段的管理

(一)职业生涯后期阶段的含义

职业生涯后期通常指 51～70 岁。此时，大多数人在事业上已经到达顶峰，体能、学习能力均开始下降，个人对工作的参与度也逐渐减少，对职业发展的需求降低，开始考虑退休问题,并有意识地进行角色转换,从职业生涯中期的中心、主导角色向职业生涯后期的辅助、指导、咨询角色转变。

【课堂案例】

法国警官多梅尔为了追捕一名强奸杀害女童埃梅的逃犯,查阅了十几米高的文件、档案,足迹遍布四大洲,打了足有 30 万个电话,行程达 80 万公里,他的心思都放在了追捕这个逃犯上。经过 52 年漫长的追捕,终于将罪犯捉拿归案。此时他已是 72 岁高龄。他兴奋地说:"小埃梅终于可以暝目了,我也应该退休了。"有记者问他这一辈子过得是否值得,他说:"一个人这一辈子干好一件事,这辈子就没白过。"

(二)职业生涯后期阶段的特征

在职业生涯后期,特别是个人在经历了职业生涯中期阶段的辉煌以后,可能会心存疑惑:"接下来的岁月,我应该做些什么?"这一阶段的个人在身心及职业方面呈现出如下特征。

1. 生理及心理特征

职业生涯发展后期阶段,由于职业性质及个体特征的不同,个体的工作、生活和心理状态都发生了变化,并呈现出某些明显的负面反应,主要表现如下。

(1)产生经济危机感。

由于退休等因素导致收入骤减,在社会保障体系不够健全完善的情况下,退休以后的生活来源成为个人心中的隐患。

(2)心理孤独感增强。

在职业生涯后期,子女日渐成人,因为发展事业而离开父母的怀抱独立在外生活;也有一些子女觉得老年人思想僵化,与他们在思维和观念上有代沟,而不愿意和老人在一起生活。于是个体家庭出现空巢老人,使其在晚年有孤寂感,而老年人自身害怕被社会、家庭冷落歧视,在内心深处产生不安全感。与此同时,随着周边亲人好友的陆续去世,个体逐渐感到恐惧和孤独。

(3)不适应退休生活。

员工是一个组织生存和发展的重要力量。一些员工专注于本职工作,牺牲家庭和个人的休闲时间,业余爱好没有得到很好的培养。当他们从工作岗位上退下来,可能一时无法适应,不知道下一步该做什么,产生空虚和失落感,甚至导致身体健康状况的恶化。

2. 职业特征

处于职业生涯后期的员工,由于其身体条件与职业能力的变化,其职业也呈现出完全不同于职业生涯早期、中期阶段的特征。

(1)进取心、竞争力和职业能力开始明显下降。

在知识经济时代,科学技术发展迅猛,知识更新、技术升级速度快。处于职业生涯后期阶段的员工,由于体能和精力的下降,学习能力和整体职业能力也逐步减退,其知识、技能明显过时和退化,而且无法及时更新和恢复,职业工作能力和竞争力逐渐减弱以至丧失。

(2)权力、责任和中心地位下降,角色发生明显变化。

在职业生涯的早期和中期阶段,员工个人精力充沛、饱含激情,凭借自身的努力到达事业的高峰。有的员工攀升到中高层领导岗位，拥有相当大的权力，担负着重要责任；即便是一般员工也多为工作中的骨干分子，丰富的工作经验及过硬的专业技能使他们处于岗位的核心位置。但是，到了职业生涯后期，随着新人才的不断涌现，他们的高层领导核心骨干地位逐步丧失。

（3）优势尚存，仍可发挥余热、尽职贡献。

在职业生涯后期阶段，尽管员工在体能、智能等方面已经发生明显的下降，在职场中的地位也不断降低，但是长期的职业生涯所练就的娴熟的专业技能，丰富的生产、业务实践知识，使他们在企业中仍占据一定位置；多年来的工作经历也使年老的员工熟知企业发展历程及企业文化理念；同时，丰富的人生阅历、较强的处理工作中各种复杂人际关系的能力和经验，使得他们完全有条件凭借自身优势扮演好良师益友的角色，继续在组织中发挥自己独有的作用。

（三）职业生涯后期阶段的主要问题

在职业生涯发展后期阶段，个体与组织之间有关系型心理契约。尽管双方的关系维系时间已经很久，个体也形成了高度的组织成员身份感，但是由于各种因素的作用，工作性质与工作责任开始转换，同时由于竞争力和进取心的下降，员工开始准备调整其工作活动和非工作活动的时间比例，考虑与退休有关的问题。在此阶段，个体存在着这样一些问题。

1. 职业生涯高原状态给个体造成了一定的负面影响

职业生涯高原状态是指在职业生涯的某个时期，个人已经取得了一定成就，但继续往上晋升的空间或被委以重任的机会很小，因此产生了力不从心的压力感。职业生涯高原状态的存在给处于职业生涯后期阶段的员工的工作绩效带来负面影响。一部分员工在进入职业生涯高原状态之后如不能及时调整，在职业生涯后期阶段可能会变得暮气沉沉。还有一部分员工即便走出职业生涯高原状态，但是此时已经步入老龄，因传统观念等各方面因素，往往不能再达到职业生涯中期的巅峰状态。

2. 社会变迁日益加快导致个体出现落伍的现象

社会变化日新月异，技术水平快速提升，组织也在发展壮大，此时对于组织中的老年员工而言，其教育和个人技能逐渐开始落伍，特别是在组织发展任务、技术力量发生变化，导致削减工作岗位，甚至取消组织的整体功能时，情况变得更加严重。

3. 组织管理的思维定式和"传统观念"在一定程度上阻碍个体发挥余热

传统观念中，老年员工被错误地认为是企业的"鸡肋"。组织认为老年员工在生产力、工作效率、压力下的工作能力、对于新观念的接受和适应能力及学习新技能的能力等方面都已经和中青年员工产生了很大的差距。这种以否定的态度来看待老年员工的思维定式和传统观念，对老年员工的职业发展产生了很大的负面影响，主要表现为：如果认为老年员工不能积极主动地与时俱进，那么组织也不愿意花费时间和资金来对他们进行专业技能培训；如果认为老年员工缺少创造性和创新性，那么组织也不愿意把他们调到需要这些素质的岗位上去；如果认为老年员工不能积极地配合组织的变革，组织也不愿意帮助他们提高工作绩效。这种不正确的管理方式使得老年员工得不到发展和调动机会，影响了老年员工在工作岗位上发挥才能，同时也进一步加深了组织对老年员工的偏见。

(四)职业生涯后期阶段的管理措施

在职业生涯晚期阶段以积极健康向上的态度进行职业生涯的自我管理,其重要性不亚于职业生涯早、中期阶段的管理。此时,个体要积极应对年龄、传统的思维定式等各方面的挑战,协调好个人与用人单位之间的关系,明确个人在此阶段的职业发展需求,制定适合自身的职业生涯晚期阶段的策略。具体做法可以从以下两方面着手。

(1)充分做好角色转换和职位更替的心理准备。

处于职业生涯晚期阶段的个体,更需要客观看待由于生理机能减退所带来的竞争力减弱等客观事实。此时,个体不应该消极低迷,而应该积极寻求适合自身发展的道路,发挥该阶段的专长和优势。在现实工作中,在职业生涯晚期阶段,个体对组织所发挥的作用依然很大,如培养新员工,为新员工提供专业技能培训,提供咨询或从事力所能及的事务性工作等。

(2)回顾自己的职业生涯,为后人提供经验教训。

在职业生涯结束之际,个体应该留出充裕的时间来回忆自己所走过的漫长的职业生涯道路,总结和评价自己的职业使命,为自己的职业人生画上圆满的句号。同时,总结职业生涯道路上的成功经验和失败教训,为后人提供参考和借鉴。

【案例分析】

当年中央电视台《正大综艺》的女主持人、那个叫杨澜的小姑娘是从千名候选人中脱颖而出的。如今经常身着套装、淡定微笑的杨澜,已经成了中国职业女性的典范、家喻户晓的电视节目主持人、女性富豪和青年女性的偶像。

杨澜大学毕业进入中央电视台主持《正大综艺》节目,后赴美留学,获得哥伦比亚大学国际传媒专业硕士学位,回国后,加入凤凰卫视做名人访谈节目《杨澜工作室》。2000年3月,她成立香港上市公司阳光文化网络电视有限公司并出任主席。同年10月,阳光卫视入选《福布斯》全球300个最佳小型企业之一,她个人也跃居《福布斯》2001年度中国富豪榜第56位。

从著名节目主持人到制片人,从传媒界到商界,她一次次成功地实现了人生的转型。杨澜是幸运的,但这种幸运并非人人都有,也不是人人都能驾驭的。它需要睿智的眼光、独到的操控能力,是职业经历累积到一定程度厚积薄发而来的。就像杨澜自己说的那样:"一次幸运并不可能带给一个人一辈子好运,人生还需要自己来规划。"

问题:阅读上面文章,谈谈你对职业人生的体会。

【拓展学习】

模型延伸:生涯三阶段

在这个创业潮退去、互联网降温、处处传递着"寒气"的时代里,如何跨越周期、更长远地规划职业生涯?你还在迷茫吗?职业生涯的三大阶段,你要了解一下。详见教材配套微课视频6-2《模型延伸:生涯三阶段》,欢迎同学们扫码观看。

第三节 面对人生的机遇和挑战

一、职业生涯规划的评估

职业生涯规划的评估是指在实现职业目标的过程中有意识地收集相关信息和评价，不断地总结经验和教训，自觉地修正对自我的认知。评估调整就是在实施职业生涯规划的过程中自觉地总结经验和教训，评估职业生涯规划。个人可以修正对自我的认知，通过反馈与修正，及时纠正阶段目标实现过程中出现的偏差，重新确立最终职业目标与分阶段职业目标的标准，保证职业生涯规划能够行之有效，这样才能顺利完成大学学业，全面提高自身的综合素质，才能在激烈的择业竞争中成功。从这个意义上讲，职业生涯规划的评估主要是对各阶段的预定目标和实际结果之间的差距进行分析，找出差距产生的原因。

(一)导致职业生涯目标和结果出现偏差的原因

大学生的职业生涯规划是为前瞻性地解决职业发展困惑这一基本问题而诞生和发展的，它是建立在大学生对自己独特性的全面认识和职业社会环境评估基础上的。由于很多大学生的职业生涯规划价值取向不明确、不清晰，已成为职业生涯发展的障碍之一。导致职业生涯目标和结果出现偏差的原因主要有以下 4 个方面。

1. 自我认识不全面

马克思曾说过："一切真理的精华是人们最终认识自己。"自我认识不仅是职业生涯规划最起始的环节，也是一项艰巨繁复的工程，其结果对初步确立职业发展方向具有重要作用。大学生准确客观地了解自身兴趣、能力、性格，能使其知道内心的职业选择，清楚自己的实力；能够帮助其准确把握职业方向，进行科学的职业生涯规划，进而根据自身条件和实际情况做出选择，明确职业生涯价值取向。但是，在职业生涯规划的实践中，多数学生自我分析太少，自我认识过于简单，不能全面深入、客观、准确地评价自我，容易导致盲目自信或者信心不足，影响其独立人格的形成和职业目标的设定，造成其职业生涯目标设定出现偏差。

2. 自我定位不明确

大学生无法准确标定自己的位置已然成为其明确职业生涯价值取向的障碍。大学生职业生涯的自我定位，有助于其明确自己在职业人群中的位置，定位过低会导致其在职业生涯中无法实现自我价值的最大化，过高则容易因连遭挫折而对职业生涯丧失信心。部分大学生由于自我定位不明确、职业生涯目标模糊不清等原因，在择业时没有依据自身的真实水平，对岗位、薪资等进行全面的分析和判断，造成职业目标选取普遍偏大的问题突出，在自我期盼和实现职业理想与目标的过程中陷入两难的困境，最终使职业目标与结果出现偏差。

3. 缺少经常而有效的评估

经常而有效的评估是大学生职业生涯目标实现的一项至关重要的贯彻行为。目前，很多高校的大学生职业生涯规划目标管理既没有标准结构，也没有管理纪律，更没有系统的后续工作，导致大学生职业生涯目标界定不清楚，极少评估，也得不到校领导和教师的重视。缺少经常而有效的评估会导致大学生的很多计划都无法完成，且早期的失败不太容易察觉，从而造成计划偏差得不到纠正。因此，在大学生职业生涯规划目标管理过程中，一定要执行经常而有效的评估。

4. 执行力不够

执行力指的是贯彻战略意图、完成预定目标的操作能力。执行力包含完成任务的意愿、完成任务的能力、完成任务的程度。执行力不够是导致职业生涯目标与结果出现偏差的重要原因。伟大事业的成功源自每一个完美的细节，同样，任何一次重大灾难也源于在一些不起眼的小事上的失误。因此，从个人角度来讲，执行力就是行动力，就是大学生要在目标完成的每个阶段都做到一丝不苟，不折不扣地完成任务。但是，很多大学生在完成目标的过程中，或者懒惰心理作祟，或者缺乏持之以恒的毅力，或者方法不正确，而这些都会导致目标难以完成。

【案例阅读】

阿诺德和布鲁诺的差距

阿诺德和布鲁诺同时受雇于一家店铺，拿着同样的薪水。可是一段时间以后，阿诺德青云直上，而布鲁诺却仍在原地踏步。布鲁诺到老板那儿发牢骚。老板一边耐心地听着他的抱怨，一边在心里盘算着怎样向他解释清楚他和阿诺德之间的差别。"布鲁诺，"老板说话了，"你去集市一趟，看看今天早上卖的都是什么东西。"布鲁诺从集市上回来向老板汇报说："今早集市上只有一个农民拉了一车土豆在卖。""有多少？"老板问。布鲁诺赶快又跑到集市上，然后回来告诉老板说，一共有40袋土豆。"价格是多少？"布鲁诺第三次跑到集市上问来了价格。"好吧，"老板对他说，"现在请你坐在椅子上别说话，看看阿诺德怎么说。"

阿诺德很快就从集市上回来了，向老板汇报说，到现在为止，只有一个农民在卖土豆，一共40袋，价格是每袋7.5美元；土豆质量很不错，他带回来一个让老板看看；这个农民一个小时以后还会运来几箱西红柿，据他看价格非常公道；昨天他们铺子的西红柿卖得很快，库存已经不多了，他想这么便宜的西红柿老板肯定会要进一些的，所以他不仅带回了一个西红柿做样品，而且把那个农民也带来了，那个农民现在正在外面等回话呢。

此时，老板转向布鲁诺说："现在你知道为什么阿诺德的薪水比你高了吗？"

(二)评估对大学生职业生涯规划的作用

对大学生职业生涯规划进行评估的作用包括以下四个方面。

1. 修订和调整职业发展的目标

评估是职业生涯规划的基础，也是获得准确职业目标的前提。只有深刻认识和了解自我，才能对未来的职业生涯做出准确的把握和合理的规划。评估的过程是对自己的兴趣、个性、能力、特长、身体状况、学识水平、思维方式、价值观、情商、潜能和社会资源的综合性的认识，是每个人决定选择何种职业、在什么地方工作、在什么性质的单位工作和职业目标确定的基础。也就是说，大学生要在评估过程中弄清楚自己是谁、想要什么、能做什么和解决这些能否得到自己想要得到的东西等问题，从而明确职业发展目标。通过不断地自我评估认知、完善自我，并修正和调整职业生涯规划，大学生的潜能得到了充分开发，为其职业发展的成功奠定了基础。

【拓展阅读】

选择空间大了，大学生该怎么找工作

随着新职业的出现和就业环境的变化，大学生的就业选择更加多元化。当下的大学生找工作最看重什么？

中国青年报社社会调查中心联合问卷网对 2 000 名受访者进行的一项调查显示，薪酬福利、所在城市和工作内容是大学生找工作时最看重的三个因素。64.2%的受访者认为大学生不应盲目跟风，要寻找适合自己的职业；60.0%的受访者认为要提前了解新兴职业；72.8%的受访者感觉大学生找工作依然看重薪酬福利。

张芸(化名)是华北电力大学应届毕业生，已被北京的一家运动品牌零售外企录用。她表示自己择业时最看重企业文化，"对于职场人来说，待的时间最长的地方，除了家，就是工作单位了。单位人文环境的好坏关系到员工每天的心情，甚至是对企业的忠诚度"。张芸表示，薪资福利、职位发展、城市房价和饮食习惯也是她寻找职业发展城市时考虑较多的因素，"能适应当地饮食习惯，也能提升幸福感"。

北京师范大学英语专业应届毕业生潘媛(化名)，目前在一家小公司见习，对于企业规模她并不在意。"我曾经参加过翻译、文案、教育和商务等多类公司的面试，对比之后感到当下这家公司的工作环境、薪资待遇都很符合自己的诉求。"潘媛认为，大企业的机会肯定更多，但从工作内容和模式上考虑，在小企业也能学到很多东西，自己的努力也更容易得到肯定。

应届毕业生在择业时主要看重哪些方面？72.8%的受访者主要看重的是薪酬福利，59.8%的受访者主要看重的是所在城市，57.5%的受访者主要看重的是工作内容。

温州医科大学应届毕业生荣姜昊(化名)已经被温州的一家公立医院录取，他对于单位规模、工作环境和个人发展空间更为看重。"另外，我也很看重薪资，现在年轻人的生活压力确实比较大，我有同学就从事着高薪但他不喜欢的工作。"

64.2%的受访者认为毕业生不应盲目跟风，要寻找适合的职业。

张芸认为，虽然社会上不乏在创业中迅速获得成功的年轻人，但是想创业的毕业生还是应该稳扎稳打，争取先进入喜欢的行业里有代表性的单位，学习和积累经验，逐渐完善创业的想法，等时机成熟再创业。她认为，毕业生找工作时应该勤快一些，多跑跑宣讲会，多投简历、多面试。"尤其是那些不清楚什么工作适合自己的人，可以结合专业多去参加一些面试。"

潘媛认为，毕业生最晚要在毕业前一年，就对自己的未来发展进行规划。"大学里的学习是一方面，与社会接轨同样重要，要花时间去了解想去的企业或行业，找工作不能盲目跟风。"

荣姜昊认为，毕业生首先要摆正心态、面对现实，进行客观的自我评价，既要看到自己的优势，也要意识到不足，在求职过程中充分发挥个人强项和长处。其次，要从自身的情况出发，眼光放长远一些，从最拿手的事情做起。

如今的就业环境比起以往发生了很大变化，60%的受访者认为要提前了解新兴职业；59.6%的受访者认为应提升职业技能，注重实践；54.5%的受访者认为应尽早进行职业生涯规划。

中国政法大学人力资源开发与管理研究中心主任、中国政法大学商学院教授王霆认为，面对互联网大潮，以及整个就业群体在就业观上发生的全新变化，大学生择业时关键是要找准自己的定位，在上学期间就要更多地通过实习去了解社会，甚至从用人单位、企业的角度，把握它们对于大学生就业能力的需求，从而去提升综合素质，包括团队协作能力、学习能力等。

（资料来源：《中国青年报》，2019 年 6 月 13 日。）

2. 促进大学生抓住重点努力工作

评估不仅是对自身的剖析，也是对工作性质、工作内容和工作环境进行分析的一个过程。它能够帮助大学生更加清晰地认识各种环境对职业生涯发展的影响，能够客观地帮助大学生分析工作特点、工作发展变化情况、自己与工作的关系、自己在工作中的位置、工作对自己提出的要求及工作对自己有利和不利的条件。这样才能做到在复杂多变的工作中趋利避害，找寻工作中的重点，找到适合自己职业生涯发展的机会，从而激发大学生努力工作的动力，帮助他们实现职业目标与自己的潜能及主客观条件的最佳匹配。基于明确的工作重点努力工作，大学生便可以在自己才能最佳、性格最优、兴趣最大、工作状态最有利的前提下进行良好的职业定位，谋求职业生涯规划的成功发展。这些规划内容逐步实现后，大学生再根据外界环境的变化进行评估，调整自己对工作重点的认识，明确今后一段时期的职业目标，向更高一层的目标前进。

3. 充分自我认知，不断激发职业潜能

评估是一个自我认知的过程。它能够帮助大学生随着年龄增长和阅历丰富，以及性格、兴趣和爱好的变化而全面认知自己，有利于大学生对职业发展的进一步认识。同时，人的潜能需要外界不断刺激和自身充分地挖掘。评估也是发现自身优势与劣势的一个过程。在认知的不断刺激下，自身的潜能才能不断地被激发。

因此，大学生要开展不同阶段的职业生涯规划的评估，明确不同时期的不同发展目标和方向，知道自身需要进一步完善的知识、专业技能和能力，再经过不断努力，激发内在的潜能，进而促进个人职业能力的提升，提高大学生个人职业生涯规划成功的概率。

4. 加速预定结果的实现

不完整或不充分的大学生职业生涯规划，没有坚持规划，没有采取合理的纠正措施，没有在方向上达成一致，都会影响大学生职业生涯规划目标的顺利实现。经常性的评估可以消除这些不必要的错误和延误，加速预定结果的实现。

（三）大学生职业生涯规划评估的内容

1. 是否需要重新选择职业

假如一直无法找到所希望的学习机会和工作，那么可以根据现实情况重新选择职业生涯目标；如果一直无法适应或胜任最初设计的职业生涯目标，在学习和工作中得不到应有的发展，导致长期压抑、不愉快，就可以考虑修正和调整职业生涯规划；如果职业给家庭造成极大的不便，或者家人反对目前你从事的职业，可以考虑修正和调整职业生涯规划。

2. 是否需要调整发展方向

在进行评估的时候，可以自问"按照这个目标进行下去，我会得到……""如果调整发展方向，我会……"等问题，通过这些问题去了解自己所选择的发展方向是否有前景。当出现更适合自身发展和职业生涯发展的机会或选择，而原定发展方向缺少发展前景的时候，就可以尝试调整发展方向。

3. 是否需要改变行动策略

如果在其他地方可以找到一份"我"和家人都十分满意的工作，就前往该地；如果家人无法在"我"工作的地方定居、工作，在征询父母意见后，可以考虑改变已定计划，前往其他地区；如果在已定区域和职业选择上实在得不到发展，可以考虑改变行动策略。

4. 身体、家庭、经济状况及机遇、意外情况的及时评估

如果家庭需要更多的照顾，"我"将把更多的精力放在家庭，甚至暂时放下工作。如果身体条件不允许，"我"将放低对自己的职业要求。如果还有其他意外的产生，"我"将调整职业生涯规划。

(四)大学生职业生涯规划评估的方法

1. 反馈法

许多高校建立了严格的学生活动情况登记制度，班级团支部定期填写活动记录本，团小组活动登记有团小组活动手册，个人参与活动登记有大学生素质拓展卡。如果没有活动登记制度，大学生本人可以建立自己的活动档案。活动记录要从思想道德素质、智育素质、体育素质、文化素质和心理素质等方面来记录，形成一个综合素质评价值，并定期检查督促，及时反馈，这样可以使大学生知道自己哪些能力需要发展提高，从而改进其学习、工作表现和行为。

2. 分析、调查、总结法

每个月或每个学期结束后，要认真总结一下自己这段时间的收获有哪些，这些收获对达到最高目标有无帮助。有的大学生把学习基础知识和技能当作自己近期最主要的目标；有的大学生想节省时间，学习一门特长成为他们最好的选择；有的大学生准备毕业后踏入社会，为了给自己积累资本，获取各种职业证书就成了他们要攻克的难关；有的大学生选择加入学生会，并把学生会锻炼当作大学阶段不可少的一门实践课。在大学生生涯规划的每一个近期目标实现后，要及时对下一步的环境、条件做调查、分析，然后根据变化的情况，恰如其分地修改下一步的计划。

3. 多借鉴

他人的经验可以成为自己的借鉴，生命有涯而知识无涯，我们不可能在有限的生命中体验所有事物。经验是宝贵的，也是有限的。人之所以伟大，就是在于能借助思维，从间接的经验中获得智慧。以别人成功的经验和失败的教训作为借鉴，这是自己获得智慧的途径之一。每个人选择的职业评估方法不同，所以在进行职业生涯评估时可以多方借鉴。通过多比、多思、多学，取长补短、去粗取精，不断优化自己的职业生涯规划。对别人职业生涯规划的分析，往往有助于自己对职业生涯规划进行修改。

4. 交流法

这种方式非常简单，就是大学生在日常学习、工作交流中互相提供反馈信息。大学生首先要把自己的职业生涯规划、追求告诉知己学友，让他们关注自己，由老师或同学(朋友)对

自己的缺点或错误提出意见。其次要虚心，主动、积极、经常地征求别人对自己计划的看法及修改意见。例如，学习上相互帮助，上课前、寝室卧床后的交流，在实训课结束后马上进行总结等。通过日常交流和非正式反馈，学生可建立起重要的人际交流渠道，为职业生涯规划进行正式反馈铺平道路。

5. 反思法

自我反思其实是一种自我学习能力。自我反思是自我认识错误、自我改正错误的前提，自我反思的过程就是自我学习的过程。有没有自我反思的能力、具不具备自我反思的精神，决定了一个人能不能认识并改正自己所犯的错误。自我了解，就是自我学习、自我分析、自我锻炼的一个过程，发现自己、明白自己是最重要的。反思问题，包括职业生涯规划中计划的学习时间是否达到，学习效率如何，学习有什么收获，还有哪些问题，方法上有何体会等。

6. 评价法

全方位反馈，也称为 360 度反馈，最早由被誉为"美国力量象征"的典范企业英特尔提出并加以实施。在 360 度评价法中，评价者不仅是被评价者的上级主管，还包括其他与之密切接触的人员(如同事、下属、客户等)，同时也包括评价者自己。可以说，这是一种基于上级、同事、下级和客户等收集信息、评价绩效并提供反馈的方法。大学生职业生涯规划全方位反馈评价应包含学校领导、教师、学生和被评价者自身等主体。同学间提供评价意见可以借助同学们的智慧与经验，让被评价的学生更清醒地认识到自身的优势和不足，明确努力的方向。自我评价便于大学生进行自我反思，由被动接受评价转变为主动反省和总结学习工作的得失。通过选择合适的时间、地点和反馈途径，把综合各方面的评估信息经过实际分析反馈给自己，并帮助自己评价和调整职业生涯规划的发展和行动计划，从而增强反馈的效能。

(五)评估注意的问题

评估可以参照各类短期、中期预定目标和实际结果比照而行。一般来说，任何形式的评估都可以归结为自我素质和行为对现实环境的适应性判断，分析自己的价值，特别是针对变化的环境，找出偏差所在，并做出修正。

1. 抓住最重要的内容

在职业生涯的某一阶段总有一个最重要的目标，其他目标都指向这个核心。我们可以通过优先排序，重点评估那些可能达到这个核心目标的主要策略执行的效果。

2. 分离出最新的需求

针对变化的内外环境，要善于发掘最新的趋势和影响。对于新的变化和需求，发掘怎样的策略才是最有效、最有新意的。

3. 找到突破方向

有时候，在某一点上取得突破性的进展将使整个局面发生意想不到的改变。想一想先前职业生涯规划中的策略方案，哪一条对于目标的达成应该有突破性的影响？目标达到了吗？为什么没达到？如何寻求新的突破？

4. 关注弱点

管理学中有个著名的木桶理论，即一只沿口不齐的木桶，其容量的大小，不取决于最长的那块木板，而取决于最短的那块木板。在反馈评估过程中，当然要肯定自己取得的成绩与长处，但更重要的是切合变化的环境，发现自己的素质与策略的"短木板"，然后想办法修正，或者把这块"短木板"换掉，或者将其加长。唯有如此，你的这只木桶才能有更大的容量。一般来说，你的"短木板"可能存在于下列方面：观念差距、知识差距、能力差距、心理素质差距。

【拓展阅读】

木桶定律及其应用

一只木桶能盛多少水，并不取决于最长的那块木板，而是取决于最短的那块木板，此即短板效应。

一个企业要成为一只结实耐用的木桶，首先要想方设法提高所有木板的长度。只有让所有的木板都维持足够高度，才能体现团队精神，发挥团队作用。在这个充满竞争的年代，越来越多的管理者意识到，只要有一个"短板"员工，就足以影响整个组织预期目标的实现。要提高每一个员工的竞争力，将大家的力量有效地凝聚起来，最好的办法就是对员工进行教育和培训。企业培训是一项有意义而又实实在在的工作，许多著名企业都非常重视对员工的培训。

IDC 公司预计，在美国，2005 年企业花在职工培训方面的费用总额达到 114 亿美元。而被誉为美国"最佳管理者"的 GE 公司总裁麦克尼尔宣称，GE 每年的员工培训费用达 5 亿美元，并且将成倍增长。惠普公司内部有一个有关管理规范的教育项目，仅仅这一个培训项目，研究经费每年就高达数百万美元。该公司不仅研究教育内容，还研究哪一种教育方式更易于被人们接受。

员工培训实质上是通过培训来增加一只只"木桶"的容量，增强企业的总体实力。要提升企业的整体绩效，除了对所有员工进行培训，更要注重对"短木板"——非明星员工的开发。

在实际工作中，管理者往往注重对"明星员工"的培养，而忽视对一般员工的激励和开发。如果企业将过多的精力放在"明星员工"身上，忽略占多数的一般员工，会打击团队气势，从而使"明星员工"的才能与团队合作两者间失去平衡。实践证明，超级明星很难服从团队的决定。明星之所以是明星，是因为他们觉得自己和其他人的起点不同，他们需要的是不断提高标准，挑战自己。虽然"明星员工"的光芒很容易看见，但占绝大多数的非明星员工更需要鼓励。对非明星员工激励的效果可能大大胜过对"明星员工"的激励。

二、职业生涯规划的反馈修正

根据评估的结果进行目标和策略方案的修正。所谓修正，是改正、修改使其正确的意思。职业生涯规划修正的内容包括职业的重新选择、职业生涯路线的选择、阶段目标的修正、实施措施与行动计划的变更等。

(一)反馈修正的定义

在职业生涯规划过程中，最后一个步骤是信息的反馈修正。所谓反馈修正，就是沟通双方期望得到一种信息的回流。由于现实社会中不确定因素的存在，会使大学生原来制定的职业生涯目标不再适合，这就要求大学生不断地反省，并对规划的目标和行动方案作出修正或调整，从而实现人生理想。从这个意义上说，反馈修正就是一个再认识、再发现的过程。这就要求我们时时注意内外环境的变化，不断地审视自我，不断地调整自我，不断地修正策略和目标，这个过程就是反馈评估。它可以确保个人职业生涯规划的有效性。

(二)反馈的途径

1. 正式反馈

正式反馈通过程序化过程组织进行。大学的正式反馈通常使用大学生的综合素质反馈登记表来进行。从教育学的角度来界定，综合素质可划分为思想道德素质、智育素质、体育素质、文化素质和心理素质等五个部分。一般认为不同大学、不同专业对学生素质结构的要求不同，但在进行必要的单位换算和加权处理后，这五部分的分值可形成一个综合素质评价值。该方法分为自评、互评、班级评价及综合评价等四个评价阶段，满足了大学对学生综合素质评价科学性的要求，可以使大学生知道自己的哪些能力需要发展提高，从而改进其学习、工作表现和行为。

2. 非正式反馈

非正式反馈即由大学生在日常学习工作交流中互相提供反馈信息。这种方式可以非常简单，由老师或同学(朋友)对我们所存在的缺点或错误提出意见，还可以通过写感谢信、当众表扬或当面赞许等方式来传递正面的反馈信息。通过日常交流和非正式反馈，学生可建立起重要的人际交流渠道，为职业生涯规划进行正式反馈铺平道路。

3. 绩效考评

绩效考评可采用多种形式。对于希望在学业上继续深造的大学生来说，学业成绩、奖学金评选结果、学科竞赛就是有效的绩效考评形式。为了积攒职业能力，大学生在校期间所获得的英语四级和六级证书、国家计算机二级证书等就是其职业能力的绩效考评体现；参与学生会等学生组织的大学生，每年都将面临学生干部考评、组织换届选举等，考查其综合能力。大学生可以根据自己的不同职业生涯目标，提供正确的信息反馈，并通过不同形式的绩效考评，提高自身素质。

(三)反馈修正的意义

通过反馈修正，大学生能够明确地知道自己的强项是什么，对自己的发展机会有一个清楚的了解；通过反馈修正，大学生能清楚地知道自己有什么缺点，什么地方还需要改进。首先，找出关键的有待改进之处，为这些有待改进之处制订详细的行动改变计划。其次，以合适的方式答复那些给予反馈的人，并表示感谢。最后，实施自己的行动计划，确保自己能够在未来的职业生涯中取得显著的进步和成就。总之，职业生涯规划完成并实施后，我们必须对阶段性的结果进行评估，根据评估的结果找出规划与结果之间的差距，分析产生差距的原因，并有针对性地对计划进行调整。

【拓展阅读】

赠与今年的大学毕业生(二)

胡适

两年前的六月底,我在《独立评论》(第七号)上发表了一篇《赠与今年的大学毕业生》,在那篇文章里我曾说,我要根据我个人的经验,赠与三个防身的药方给那些大学毕业生。

第一个方子是:"总得时时寻一两个值得研究的问题。"第二个方子是:"总得多发展一点业余兴趣。"第三个方子是:"总得有一点信心。"

但是,我记得两年前,我发表了那篇文章之后,就有一个大学毕业生写信来说:"胡先生,你错了。我们毕业之后,就失业了!吃饭的问题不能解决,哪能谈到研究问题?职业找不到,哪能谈到业余兴趣?求了十几年的学,到头来不能糊自己一张嘴,如何能有信心?所以你的三个药方都没有用处!"

对于这样失望的毕业生,我要贡献第四个方子:"你得先自己反省,不可责备别人,更不必责备社会。你应该想想,为什么同样一张文凭,别人拿了有效,你拿了就无效呢?是因为别人有门路而你没有呢?还是因为别人学到了本事而你没学到呢?为什么同叫作"大学",他校的文凭有价值,而你母校的文凭不值钱呢?还是仅仅因为社会只问虚名而不问实际呢?还是因为你的学校本来不够格呢?还是因为你的母校的名誉被你和你的同学毁坏了,所以社会厌恶、轻视你的学校呢?

这些事都应该使我们明白,今日的中国社会已不是一张大学文凭就有饭吃了。拿了文凭找不着工作的人们,应该要自己反省:社会需要的是人才,是本事、是学问,而我自己究竟是不是人才,有没有本领?"毕了业就失业"的人们怎样才可以救援自己呢?没有别的法子,只有格外努力,自己多学一点可靠的本事。二十多岁的青年,若能自己努力,没有不能长进的。这个社会是最缺乏人才的。一点点的努力往往就有十倍百倍的奖励,一分的成绩往往可以得到十分百分的鼓励,社会上的奖励远超过我们所应得的,没有努力后仍不能得到社会承认的。没有工作机会的人,只有格外努力提高自己,才可能找着工作;有工作机会但嫌待遇太少、地位太低的人,也只有格外努力工作,才能靠成绩来提高社会地位。只有责己才能生存、发展,因为只有自己的努力最靠得住。

(四)反馈修正的内容

为了对职业生涯规划做出有效的修正与评估,我们通常要更深入地回答下述问题。

第一,这个工作将给我提供一个测试自我的机会吗?我真的能干这项工作吗?我能顶住有关的真实情况所造成的压力吗?我将如何应对这个工作给自己带来的焦虑和紧张?我擅长这项工作吗?我喜欢它吗?

第二,人们认为我值得这么干吗?我有机会显示自己的长处吗?我能做出一定的贡献吗?我的才能会受到赏识吗?

第三,我能平衡生活和工作吗?我有时间满足家庭和个人的乐趣吗?职业会向我提出力不从心的要求吗?

第四,我在组织中的成员资格符合自己的理想、强化个人的自我意向吗?我会为自己与这种职业或组织结构融为一体感到骄傲吗?

当然，职业生涯规划一旦制定，就不要轻易改变。在遇到一些不确定因素的影响时，我们一般只对短期规划和中期规划做一些调整，人生规划与长期规划的调整一定要慎重。

(五)修正时要考虑的因素

1. 环境因素

环境对人具有潜移默化的影响。社会作为一个大环境，通过政治、经济、文化等各方面影响着大学生的思想观念和行为方式，因此，在进行规划修正时要充分考虑环境因素。环境因素包括社会环境、政治环境、经济环境、科技环境、自然环境、法律环境等。要从宏观层面认识到职业生涯发展的局限和可能，个人只能适应而不可改变。

2. 组织因素

组织是在一定的环境中，为实现某种共同的目标，按照一定的结构形式、活动规律结合起来的，具有特定功能的开放系统。简单来说，组织是两个以上的人、目标和特定的人际关系构成的群体。在修正职业规划时要充分考虑组织因素，包括组织规模、组织结构、组织文化、组织发展状况、人力资源规划、人力资源管理系统类型、晋升政策、人际关系等一切与职业生涯发展有关的组织。要改变组织因素非常困难，但个人可以选择到最适合自己发展的组织中工作。

3. 个人因素

作为职业生涯规划的主体，大学生在修正职业生涯规划时，要充分考虑个人方面的因素，包括年龄、性别、学历、工作经历、家庭背景、人格等。大学生只有正确认识自己的就业优势、劣势、家庭情况，才能对职业生涯规划进行合理的修正。除了正确认识自己，还要不断完善自己。

组织和个人只能适应环境因素，正确认识和分析组织和个人因素，才能寻求个人发展和组织发展的最佳匹配。

【案例阅读】

88.1%的青年坦言与父母就业观不合

随着社会经济的发展和新兴职业的出现，年轻人的就业观正在发生变化。有些人在找工作时更追求挑战性，不喜欢稳定与传统的职业，与父母一辈就业观的差异也越来越大。

2018年，中国青年报社社会调查中心联合问卷网对2 003名18～35岁青年进行的一项调查显示，88.1%的受访青年坦言自己的就业观念与父母存在差异，42.0%的受访青年因此不愿与父母过多地交流工作情况。在找工作问题上和父母出现分歧时，59.5%的受访青年认为两代人应多沟通，了解彼此的看法，57.9%的受访青年建议年轻人多做职业生涯规划，明确自己的职业发展道路。

来自福建漳州的杨铭(化名)毕业时想在北京工作，但父母更想让她在离家近的一些城市工作。"原本我对自己的职业生涯规划就不是很清晰，父母一干预，我就更迷茫了。"杨铭说。

"我找工作那段时间，每次通电话，父母就会问我有没有报考银行、公务员等，我很不愿意跟他们说自己的求职进展。"王芳说。后来为了让父母安心，她在等互联网公司工作转正时，报考了一家银行。

（六）修正计划

实施生涯规划时，必须为日后可能的计划修改预留余地。修正的依据是每次评估后反馈回来的信息。至于计划修正的时机，必须考虑下列四点。

第一，以周、月或学期为单位，定期检查预定目标的达成进度及取得的效果。

第二，每一阶段目标达成时，要依据实际效果，修订实现未来阶段目标可采用的策略。

第三，主观因素、客观环境改变影响计划的执行。

第四，有效的生涯设计还要不断地反省修正，反省策略方案是否恰当，能否适应环境的改变。

（七）修正对策

1. 树立成功意识

成功，需要我们制定一个目标，为了实现这个目标，我们要坚持不懈、绝不放弃、不断努力。无论我们想做什么事情，我们的意识总是在最前面，先有意识才会激发行动的动力。我们想追求成功，首先要在心中产生关于成功的思想意识。在职业生涯规划中，大学生成功的愿望非常重要，只有愿意成长、希望成才、渴望成功的人才有可能自觉地规划自己的人生，并走向成功。

2. 积极参加探索、实践、实习

自我探索、自我规划、自我成长、自我完善的理念至关重要，在这种理念指引下，大学生能够积极、主动地投入到各种成长活动中，能够更加清楚社会职业分类及职位变化，清楚不同职位对自己的意义所在，并根据实际情况有计划地塑造自己，避免学习的盲目性。

3. 做好长期规划并积极参加训练

大学生在大学阶段的成长是顺利就业、成功创业的基础。合理地规划自己的大学生活，制订切实可行的大学期间成长计划对每一位大学生而言都非常必要。有计划地成长会加快大学生在校期间的成长速度，有利于其职业竞争力的快速提升。大学生要尽可能多地参加各种层次的成才、成长培训和训练，从而不断地提高自己多方面的能力。

4. 寻求有效的支持和帮助

在必要时寻求有效的支持和帮助。这些支持和帮助可以来自亲朋好友，也可以来自老师、学校，还可以来自一些专业机构的专门人员。

大学生职业生涯规划的前提是要充分认识自己、解剖自己，对自我进行一个客观的评估。自我评估包括对自己的性格、兴趣、特长、学识、技能、思维、道德水准及社会中的自我等进行客观的评价，要求自我认识和他人评价相结合。大学生要清醒地意识到自己在这个环境中的位置、环境对个体提出的要求及环境中的有利条件和不利因素等。只有把自身因素和社会需要做到最大限度的契合，才能趋利避害，使职业生涯规划更具现实可行性。

另外，大学生还应充分认识到自己的不足对求职的影响。在职业生涯规划中，寻找差距非常重要。要分析目前的状况与实现目标所需要的知识、能力、观念、心理等方面的差距，制订合理的方案，扬长避短，不断评估和修正职业生涯规划，逐渐接近理想的目标。

5. 运用科学的方法进行职业生涯规划修正

(1)SWOT 分析法。

SWOT 分析法最早是由哈佛商学院的安德鲁斯教授于 1971 年在其《公司战略概念》一书中提出的。利用 SWOT 分析法,个体能够准确进行自我评估,更清晰地认识自己的生涯机会,从而能就社会就业市场的状况和个人的情况做出最佳的决策。

优势分析。在自己的职业生涯设计中,如果能根据自身长处选择职业并"顺势而为"地将自己的优势发挥得淋漓尽致,就会事半功倍、如鱼得水。SWOT 分析法就是要让人知道自身的优势是什么,并将自己的生活、工作和事业发展都建立在这个优势之上。

劣势分析。要指出自身的劣势和自己最不擅长做的事情。看到自己的短处,如性格的弱点、经验或经历中所欠缺的方面等。可以努力去改正自己常犯的错误,提高自己的技能,放弃那些对不擅长的技能要求很高的职业。

机会分析。环境为每个人提供了活动的空间、发展的条件和成功的机遇。个人如果能很好地利用外部环境,如对社会大环境的认识与分析,就更易成功。

威胁分析,在这个社会中,我们会面对各种各样的挑战和威胁。这是我们无法控制的外部因素,但是我们却可以弱化它的影响。这些因素包括:就业还处于买方市场形势,所学专业过时或不符合社会的需要,来自同学的竞争,面对有优秀技能和更丰富的知识及更多实践经验的竞争者,公司不雇用这个专业的人等。

(2)平衡单法。

职业生涯规划决策平衡单,是指在职业生涯倾向性定位后,使用表单用以协助咨询者有系统地分析每一个可能的选项,判断执行各选项的利弊得失,然后依据其在利弊得失上的加权计分排列出各个选项的优先顺序,以执行最优先或最偏好的选项。平衡单法是一种卓有成效的职业生涯决策方法。在进行职业生涯规划的修正过程中,也可以用平衡单法进行修正。

【拓展阅读】

职业生涯评估方案

1. 分析基准

(1)我的人生价值是什么?

(2)环境是否有利于我的成长?

(3)成长最大的障碍在哪里?

(4)我现有的技能与条件有哪些?

2. 目标与标准

(1)我处于职业生涯哪一个阶段?这个阶段有什么特点?

(2)可行的生涯方向是什么?为什么这个方向对我而言是最有可能的?

(3)如何判断自己的成功?

3. 生涯策略

(1)职业生涯内部路线与外部路线是什么?

(2)如何进行相应的职业转换?

(3)如何进行相应的能力转换?

(4)对我而言还有什么不能解决的问题?

4．生涯行动计划

(1)执行计划是否做了长期计划—年度计划—月计划—周计划—日计划的分解?

(2)我将分别在何时进行上述每一项行动计划?

(3)有哪些人将会或者应当加入此项行动计划?

5．生涯考核

(1)我什么做得好，什么做得不好?

(2)我还需要什么，是需要学习、需要扩大权力，还是需要增加经验?

(3)怎样运用我的培训成果?需要用什么资源?

(4)我现在应该停止做什么?开始干什么?培训和准备的时间如何安排?

6．生涯修正

(1)职业的重新选择。

(2)职业生涯路线的重新选择。

(3)人生目标的修正。

(4)实施措施与计划的变更等。

课后学习

技能训练

技能训练一：小魏制订的评估修正方案可行吗?

小魏为自己的职业生涯规划制订了以下评估修正方案。

风险1：现阶段找不到公关方向的实习机会。

应对方案：沉着冷静，争取与公关相邻行业的实习机会，例如互联网新媒体，门槛相对低，且与公关业务有交叉，可以培养相应能力。

风险2：考研失败。

应对方案：先就业积累实战经验，再深造学习未尝不是个好选择。

风险3：经常处于高压之下，生活空间被挤压。

应对方案：寻找恰当的情绪发泄方法，冷静思考，做出合理规划，按计划进行。工作虽很重要，但要平衡好事业和生活两者的关系，做真正的人生赢家。

风险4：年龄渐长。

应对方案：公关行业并非吃青春饭的行当。资历越深，人脉才能越广。要调整心态，只有不断学习，勇于接受新鲜事物，保持好奇心，才能不被时代抛弃。

思考：以上是小魏对职业生涯目标的风险评估及修正方案。你觉得小魏的自我评估及修正方案合理吗?有何补充?

推荐阅读

[1]　布赖恩·费瑟斯通豪. 远见：如何规划职业生涯 3 大阶段[M]. 苏健，译. 北京：北京联合出版公司，2018.

[2]　戴维·范鲁伊. 生涯线[M]. 粟志敏，译. 杭州：浙江人民出版社，2018.

[3]　斯科特·普劳斯. 决策与判断[M]. 施俊琦，王星，译. 北京：人民邮电出版社，2004.

职业生涯与发展规划表 ‹‹‹

以时间(阶段)为纲、内容为目的制定的职业生涯与发展规划表如表 A-1 所示。

表 A-1　以时间(阶段)为纲、内容为目的制定的职业生涯与发展规划表

规划时段		规划内容	具体目标
大一	上学期	学业规划	
		成长规划	
		实践规划	
	下学期	学业规划	
		成长规划	
		实践规划	
大二	上学期	学业规划	
		成长规划	
		实践规划	
	下学期	学业规划	
		成长规划	
		实践规划	
大三	上学期	学业规划	
		成长规划	
		实践规划	
	下学期	学业规划	
		成长规划	
		实践规划	
大四	上学期	学业规划	
		成长规划	
		实践规划	
	下学期	学业规划	
		成长规划	
		实践规划	

以内容为纲、时间为目的制定的职业生涯与发展规划表如表 A-2 所示。

表 A-2 以内容为纲、时间为目的制定的职业生涯与发展规划表

规划主题	规划时段		具体目标
学业规划	大一	上学期	
		下学期	
	大二	上学期	
		下学期	
	大三	上学期	
		下学期	
	大四	上学期	
		下学期	
成长规划	大一	上学期	
		下学期	
	大二	上学期	
		下学期	
	大三	上学期	
		下学期	
	大四	上学期	
		下学期	
实践规划	大一	上学期	
		下学期	
	大二	上学期	
		下学期	
	大三	上学期	
		下学期	
	大四	上学期	
		下学期	

兴趣探索七问 ❮❮❮

1. 请列举出三种你现在或曾经非常感兴趣的职业（摒除所有现实的考虑）。这些职业的哪些特征吸引着你？

_____

_____

_____

2. 请回忆三四件令你感兴趣的事情。请详细地描述这些事情的具体画面，是什么令你感到如此快乐？

_____

_____

_____

3. 你喜欢谈论什么话题？你喜欢阅读什么类型的杂志？读哪方面的杂志，你能真正感兴趣？如果你正在书店里浏览，你倾向于停留在书店的哪类书架前？真正令你着迷的是哪方面的书籍？

_____

_____

_____

4. 你喜欢浏览什么网站或网站的哪个板块？这些网站实际上属于哪个专业？哪些网站真正令你着迷？如果你正看电视，你会选择哪类节目？节目中是什么吸引着你？

_____

_____

_____

5. 你真正感兴趣的是哪个科目？为什么喜欢它（们）？

_____

_____

_____

6．我们生活中都有过因为专注于工作，可能忘记了休息时间的时候。如果这种事情发生在你身上，会是什么工作让你如此全神贯注、废寝忘食？

_____

_____

_____

7．以上问题让你从中看到了哪些共同点？如何给这些共同点生命？如何滋养它（们）？

_____

_____

_____

霍兰德职业兴趣倾向自测 ‹‹‹

霍兰德职业兴趣倾向自测——职业类型测试题

第一部分 你心目中的理想职业（专业）

对于未来的职业（或升学进修的专业），你得早有考虑，它可能很抽象、很朦胧，也可能很具体、很清晰。不论是哪种情况，现在都请你把自己最想从事的 3 种工作或最想进修的 3 个专业，按顺序写下来。

最想从事的工作：_____。

最想进修的专业：_____。

第二部分 你所感兴趣的活动

下面列举了若干种活动，请就这些活动判断你的好恶。喜欢的，请在"是"栏里打√；不喜欢的，请在"否"栏里打×。每题回答"是"加 1 分。请按顺序回答全部问题。

R：实用型活动　　　　　　　　是　　　　　　　　　　　　　　　否
1. 装配、修理电器或玩具　　（　　）　2. 修理自行车　　　　　　　　（　　）
3. 用木头做东西　　　　　　（　　）　4. 驾驶汽车或摩托车　　　　　（　　）
5. 用机器做东西　　　　　　（　　）　6. 参加木工技术学习班　　　　（　　）
7. 参加制图描图学习班　　　（　　）　8. 驾驶卡车或拖拉机　　　　　（　　）
9. 参加机械和电气学习班　　（　　）　10. 装配、修理机器　　　　　　（　　）

统计"是"一栏得分 _____

I：研究型活动　　　　　　　　是　　　　　　　　　　　　　　　否
1. 读科技图书和杂志　　　　（　　）　2. 在实验室工作　　　　　　　（　　）
3. 改良水果品种，培育新的水果（　　）　4. 调查了解土和金属等物质的成分（　　）
5. 研究自己选择的特殊问题　（　　）　6. 解算术或玩数字游戏　　　　（　　）
7. 上物理课　　　　　　　　（　　）　8. 上化学课　　　　　　　　　（　　）
9. 上几何课　　　　　　　　（　　）　10. 上生物课　　　　　　　　　（　　）

统计"是"一栏得分 _____

A：艺术型活动　　　　　　　　是　　　　　　　　　　　　　　　否
1. 素描、制图或绘画　　　　（　　）　2. 参加话剧、戏剧表演　　　　（　　）
3. 设计家具、布置室内　　　（　　）　4. 练习乐器、加入乐队　　　　（　　）
5. 欣赏音乐或戏剧　　　　　（　　）　6. 看小说、读剧本　　　　　　（　　）
7. 从事摄影创作　　　　　　（　　）　8. 写诗或吟诗　　　　　　　　（　　）

9. 进行艺术(美术、音乐)培训 （ ） 10. 练习书法 （ ）

统计"是"一栏得分 _____

S：社会型活动	是		否
1. 学校或单位组织的正式活动	（ ）	2. 参加某个社会团体或俱乐部的活动	（ ）
3. 帮助别人解决困难	（ ）	4. 照顾儿童	（ ）
5. 出席晚会、联欢会、茶话会	（ ）	6. 和大家一起出去郊游	（ ）
7. 想获得关于心理方面的知识	（ ）	8. 参加讲座或辩论会	（ ）
9. 观看或参加体育比赛和运动会	（ ）	10. 结交新朋友	（ ）

统计"是"一栏得分 _____

E：企业型(进取型)活动	是		否
1. 说服、鼓动他人	（ ）	2. 卖东西	（ ）
3. 谈论政治	（ ）	4. 制订计划、参加会议	（ ）
5. 以自己的意志影响别人的行为	（ ）	6. 在社会团体中担任职务	（ ）
7. 检查与评价别人的工作	（ ）	8. 结交名流	（ ）
9. 指导有某种目标的团体	（ ）	10. 参与政治活动	（ ）

统计"是"一栏得分 _____

C：事务型(传统型)活动	是		否
1. 整理好桌面和房间	（ ）	2. 抄写文件和信件	（ ）
3. 为领导写报告或公务信函	（ ）	4. 检查个人收支情况	（ ）
5. 参加打字培训班	（ ）	6. 参加珠算、文秘等实务培训	（ ）
7. 参加商业会计培训班	（ ）	8. 参加情报处理培训班	（ ）
9. 整理信件、报告、记录等	（ ）	10. 写商业贸易信	（ ）

统计"是"一栏得分 _____

第三部分 你所擅长的活动

下面列举了若干种活动，其中若有你能做或大概能做的事，请在"是"栏里打√；反之，在"否"栏里打×。每题回答"是"加1分。请按顺序回答全部问题。

R：实用型活动	是		否
1. 能使用电锯、电钻和锉刀等木工工具	（ ）	2. 知道万用表的使用方法	（ ）
3. 能够修理自行车或其他机械	（ ）	4. 能够使用电钻床、磨床或缝纫机	（ ）
5. 能给家具和木制品刷漆	（ ）	6. 能看建筑设计图	（ ）
7. 能够修理简单的电器用品	（ ）	8. 能修理家具	（ ）
9. 能修理收录机	（ ）	10. 能简单地修理水管	（ ）

统计"是"一栏得分 _____

I：研究型活动	是		否
1. 懂得真空管或晶体管的作用	（ ）	2. 能够列举三种蛋白质丰富的食品	（ ）
3. 理解铀的裂变	（ ）	4. 能用计算尺、计算器、对数表	（ ）
5. 会使用显微镜	（ ）	6. 能找到三个星座	（ ）
7. 能独立进行调查研究	（ ）	8. 能解释简单的化学理论	（ ）

9. 理解人造卫星为什么不落地 （　　） 10. 经常参加学术会议 （　　）

统计"是"一栏得分 ＿＿＿＿＿

A：艺术型活动	是		否
1. 能演奏乐器	（　　）	2. 能参加二部或四部合唱	（　　）
3. 独唱或独奏	（　　）	4. 能扮演剧中角色	（　　）
5. 能创作简单的乐曲	（　　）	6. 会跳舞	（　　）
7. 能绘画、素描或书法	（　　）	8. 能雕刻、剪纸或泥塑	（　　）
9. 能设计板报、服装或家具	（　　）	10. 能写一手好文章	（　　）

统计"是"一栏得分 ＿＿＿＿＿

S：社会型活动	是		否
1. 有向各种人说明解释的能力	（　　）	2. 常参加社会福利活动	（　　）
3. 能和大家一起友好地工作	（　　）	4. 善于与年长者相处	（　　）
5. 会邀请人、招待人	（　　）	6. 能简单易懂地教育儿童	（　　）
7. 能安排会议等活动的顺序	（　　）	8. 善于体察人心和帮助他人	（　　）
9. 帮助护理病人和伤员	（　　）	10. 安排社团组织的各种事务	（　　）

统计"是"一栏得分 ＿＿＿＿＿

E：企业型活动	是		否
1. 担任过学生干部并且干得不错	（　　）	2. 工作上能指导和监督他人	（　　）
3. 做事充满活力和热情	（　　）	4. 有效利用自身的做法调动他人	（　　）
5. 销售能力强	（　　）	6. 曾担任俱乐部或社团的负责人	（　　）
7. 向领导提出建议或反映意见	（　　）	8. 有开创事业的能力	（　　）
9. 知道怎样做能成为一个优秀的领导者	（　　）	10. 健谈善辩	（　　）

统计"是"一栏得分 ＿＿＿＿＿

C：事务型活动	是		否
1. 会熟练地打印中文	（　　）	2. 会用外文打字机或复印机	（　　）
3. 能快速记笔记和抄写文章	（　　）	4. 善于整理保管文件和资料	（　　）
5. 善于从事事务性的工作	（　　）	6. 会用算盘	（　　）
7. 能在短时间内分类和处理大量文件	（　　）	8. 能使用计算机	（　　）
9. 能搜集数据	（　　）	10. 善于为自己或集体做财务预算表	（　　）

统计"是"一栏得分 ＿＿＿＿＿

第四部分　你所喜欢的职业

下面列举了多种职业，请逐一认真地看，如果是你有兴趣的工作，请在"是"栏里打√；如果是你不太喜欢、不关心的工作，请在"否"栏里打×。每题回答"是"加 1 分。请按顺序回答全部问题。

R：实用型职业	是		否
1. 飞机机械师	（　　）	2. 野生动物专家	（　　）
3. 汽车维修工	（　　）	4. 木匠	（　　）
5. 测量工程师	（　　）	6. 无线电报务员	（　　）

| 7. 园艺师 | （　　） | 8. 长途公共汽车司机 | （　　） |
| 9. 建筑工人 | （　　） | 10. 电工 | （　　） |

统计"是"一栏得分 _____

I：研究型职业	是		否
1. 气象学或天文学者	（　　）	2. 生物学者	（　　）
3. 医学实验室的技术人员	（　　）	4. 人类学者	（　　）
5. 动物学者	（　　）	6. 化学学者	（　　）
7. 数学学者	（　　）	8. 科学杂志的编辑或作家	（　　）
9. 地质学者	（　　）	10. 物理学者	（　　）

统计"是"一栏得分 _____

A：艺术型职业	是		否
1. 乐队指挥	（　　）	2. 演奏家	（　　）
3. 作家	（　　）	4. 摄影家	（　　）
5. 记者	（　　）	6. 画家、书法家	（　　）
7. 歌唱家	（　　）	8. 作曲家	（　　）
9. 电影电视演员	（　　）	10. 作词家	（　　）

统计"是"一栏得分 _____

S：社会型职业	是		否
1. 街道、工会或妇联干部	（　　）	2. 小学、中学教师	（　　）
3. 精神病医生	（　　）	4. 婚姻介绍所工作人员	（　　）
5. 体育教练	（　　）	6. 福利机构负责人	（　　）
7. 心理咨询员	（　　）	8. 共青团干部	（　　）
9. 导游	（　　）	10. 国家机关工作人员	（　　）

统计"是"一栏得分 _____

E：企业型职业	是		否
1. 厂长	（　　）	2. 电视剧制片人	（　　）
3. 公司经理	（　　）	4. 销售员	（　　）
5. 不动产推销员	（　　）	6. 广告部长	（　　）
7. 体育活动主办者	（　　）	8. 销售部长	（　　）
9. 个体工商业者	（　　）	10. 企业管理咨询人员	（　　）

统计"是"一栏得分 _____

C：事务型职业	是		否
1. 会计师	（　　）	2. 银行出纳员	（　　）
3. 税收管理员	（　　）	4. 计算机操作员	（　　）
5. 簿记人员	（　　）	6. 成本核算员	（　　）
7. 文书档案管理员	（　　）	8. 打字员	（　　）
9. 法庭书记员	（　　）	10. 人口普查登记员	（　　）

统计"是"一栏得分 _____

第五部分 你的能力类型简评

下面是你在 6 个职业能力方面的自我评定表(见表 C-1、表 C-2)。你可以先与同龄者比较得出自己在每一方面的能力,然后经斟酌后对自己的能力做出评估。请在表中适当的数字上画圈。数字越大,表示你的能力越强。注意,请勿全部画同样的数字,因为人的每项能力不可能完全一样。

表 C-1 职业能力自我评定表 1

R 型	I 型	A 型	S 型	E 型	C 型
机械操作能力	科学研究能力	艺术创作能力	解释表达能力	商业洽谈能力	事务执行能力
7	7	7	7	7	7
6	6	6	6	6	6
5	5	5	5	5	5
4	4	4	4	4	4
3	3	3	3	3	3
2	2	2	2	2	2
1	1	1	1	1	1

表 C-2 职业能力自我评定表 2

R 型	I 型	A 型	S 型	E 型	C 型
体育技能	数学技能	音乐技能	交际技能	领导技能	办公技能
7	7	7	7	7	7
6	6	6	6	6	6
5	5	5	5	5	5
4	4	4	4	4	4
3	3	3	3	3	3
2	2	2	2	2	2
1	1	1	1	1	1

说明:

这个部分的主要目的是看你的哪个能力比其他能力突出,所以你可以把六个能力按不同的数值进行排序。比如一个人觉得自己最强的是数学技能,其次是办公技能,再次觉得领导技能、交际技能差不多,又次是体育技能,最后是音乐技能。那就可以分别评分为 7、6、5、5、4、2,或者 6、5、4、4、3、1,都不会影响得到的结果。

第六部分 统计和确定你的职业倾向

请将第二部分至第五部分的全部测验分数按前面已统计好的 6 种职业倾向(R 型、I 型、A 型、S 型、E 型和 C 型)得分填入表 C-3,并作纵向累加。

表 C-3 职业倾向得分统计表

测试	R 型	I 型	A 型	S 型	E 型	C 型
第二部分						
第三部分						
第四部分						
第五部分表 A						
第五部分表 B						
总分						

请将上表中的 6 种职业倾向总分按大小顺序依次从左到右排列：

____型、____型、____型、____型、____型、____型

最高分____，你的职业倾向性得分____，最低分____。

第七部分 你所看重的东西——职业价值观

这一部分测验列出了人们在选择工作时通常会考虑的 9 种因素(见所附工作价值标准)。现在请你在其中选出最重要的两项因素，并将序号填入下边相应空格上。

最重要____；次重要____；最不重要____；次不重要____。

附：工作价值标准

1. 工资高、福利好

2. 工作环境(物质方面)舒适

3. 人际关系良好

4. 工作稳定、有保障

5. 能提供较好的受教育机会

6. 有较高的社会地位

7. 工作不太紧张，外部压力较小

8. 能充分发挥自己的能力特长

9. 社会需要与社会贡献大

现在，将你测验得分居第一位的职业类型找出来，对照表 C-4，判断一下自己适合的职业类型。

C-4 职业索引——职业兴趣代号与其相应的职业对照表

类型	职业
R(实用型)	木匠、农民、操作 X 光仪器的技师、工程师、飞机机械师、鱼类和野生动物专家、自动化技师、机械工(车工、钳工等)、电工、无线电报务员、火车司机、长途公共汽车司机、机械制图员、修理机器、电器师
I(研究型)	气象学者、生物学者、天文学家、药剂师、动物学者、化学家、科学报刊编辑、地质学者、植物学者、物理学者、数学家、实验员、科研人员、科技作者
A(艺术型)	室内装饰专家、图书管理专家、摄影师、音乐教师、作家、演员、记者、诗人、作曲家、编剧、雕刻家、漫画家
S(社会型)	社会学者、导游、福利机构工作者、咨询人员、社会工作者、社会科学教师、学校领导、精神病工作者、公共保健护士
E(企业型)	推销员、进货员、商品批发员、旅馆经理、饭店经理、广告宣传员、调度员、律师、政治家、零售商
C(事务型)	记账员、会计、银行出纳、法庭速记员、成本估算员、税务员、核算员、打字员、办公室职员、统计员、计算机操作员、秘书

下面介绍了与你的 3 个职业兴趣代号类型相一致的职业,对照的方法如下:首先根据你的职业兴趣代号,找出相应的职业,例如你的职业兴趣代号是 RIA,那么牙科技术人员、陶工等是适合你兴趣的职业。然后寻找与你职业兴趣代号相近的职业,如你的职业兴趣代号是 RIA,那么其他由这三个字母组合成的编号(如 IRA、IAR、ARI 等)所对应的职业,也比较适合你的兴趣。

RIA:牙科技术员、陶工、建筑设计员、模型工、细木工、链条制作人员。

RIS:厨师、林务员、跳水员、潜水员、染色员、电器修理工、眼镜制作工、电工、纺织机器装配工、服务员、装玻璃工人、发电厂工人、焊接工。

RIE;建筑和桥梁工程、环境工程、航空工程、公路工程、电力工程、信号工程、电话工程、一般机械工程、自动工程、矿业工程、海洋工程、交通工程技术人员,制图员、家政经济人员、计量员、农民、农场工人、农业机械操作人员、清洁工、无线电修理工、汽车修理工、手表修理工、管工、线路装配工、工具仓库管理员。

RIC:船上工作人员、接待员、杂志保管员、牙医助手、制帽工、磨坊工、石匠、机器制造工、机车(火车头)制造工、农业机器装配工、汽车装配工、缝纫机装配工、钟表装配和检验员、电动器具装配工、鞋匠、锁匠、货物检验员、电梯机修工、托儿所所长、钢琴调音员、装配工、印刷工、建筑钢铁工人、卡车司机。

RAI:手工雕刻人员、玻璃雕刻人员、制作模型人员、家具木工、皮革品制作人员、手工绣花人员、手工钩针纺织人员、排字员、印刷工人、图画雕刻人员、装订工。

RSE:消防员、交通巡警、警察、门卫、理发师、房间清洁工、屠夫、锻工、开凿工人、管道安装工、出租汽车驾驶员、货物搬运工、送报员、勘探员、娱乐场所的服务员、起卸机操作工、灭害虫者、电梯操作工、厨房助手。

RSI:纺织工、编织工、农业学校教师、某些职业课程(诸如艺术、商业、技术、工艺课程)教师、雨衣上胶工。

REC:抄水表员、保姆、实验室动物饲养员、动物管理员。

REI:轮船船长、航海领航员、大副、试管实验员。

RES:旅馆服务员、家畜饲养员、渔民、渔网修补工、水手长、收割机操作工、搬运行李工人、公园服务员、救生员、登山导游、火车工程技术员、建筑工人、铺轨工人。

RCI:测量员、勘测员、仪表操作者、农业工程技术员、化学工程技师、民用工程技师、石油工程技师、资料室管理员、探矿工、煅烧工、烧窑工、矿工、保养工、磨床工、取样工、样品检验员、纺纱工、炮手、漂洗工、电焊工、锯木工、刨床工、制帽工、手工缝纫工、油漆工、染色工、按摩工、木匠、农村建筑工人、电影放映员、勘测员助手。

RCS:公共汽车驾驶员、一等水手、游泳池服务员、裁缝、建筑工人、石匠、烟囱修建工、混凝土工、电话修理工、爆炸手、邮递员、矿工、裱糊工人、纺纱工。

RCE:打井工、吊车驾驶员、农场工人、邮件分类员、铲车司机、拖拉机司机。

IAS:普通经济学家、农场经济学家、财政经济学家、国际贸易经济学家、实验心理学家、工程心理学家、心理学家、哲学家、内科医生、数学家。

IAR:人类学家、天文学家、化学家、物理学家、医学病理人员、动物标本制作者、化石修复者、艺术品管理者。

ISE：营养学家、饮食顾问、火灾检查员、邮政服务检查员。

ISC：侦察员、电视播音室修理员、电视修理服务员、验尸室人员、编目录者、医学实验室技师、调查研究者。

ISR：水生生物学者、昆虫学者、微生物学家、配镜师、矫正视力者、细菌学家、牙科医生、骨科医生。

ISA：实验心理学家、普通心理学家、发展心理学家、教育心理学家、社会心理学家、临床心理学家、目标学家、皮肤病学家、精神病学家、妇产科医师、眼科医生、五官科医生、医学实验室技术专家、民航医务人员、护士。

IES：细菌学家、生理学家、化学专家、地质专家、地理物理学专家、纺织技术专家、医院药剂师、工业药剂师、药房营业员。

IEC：档案保管员、保险统计员。

ICR：质量检验技术员、地质学技师、工程师、法官、图书馆技术辅导员、计算机操作员、医院听诊员、家禽检查员。

IRA：地理学家、地质学家、声学物理学家、矿物学家、古生物学家、石油学家、地震学家、声学物理学家、原子和分子物理学家、电学和磁学物理学家、气象学家、设计审核员、人口统计学家、数学统计学家、外科医生、城市规划专家、气象员。

IRS：流体物理学家、物理海洋学家、等离子体物理学家、农业科学家、动物学家、食品科学家、园艺学家、植物学家、细菌学家、解剖学家、动物病理学家、作物病理学家、药物学家、生物化学家、生物物理学家、细胞生物学家、临床化学家、遗传学家、分子生物学家、质量控制工程师、地理学家、兽医、放射性治疗技师。

IRE：化验员、化学工程师、纺织工程师、食品技师、渔业技术专家、材料和测试工程师、电气工程师、土木工程师、航空工程师、行政官员、冶金专家、原子核工程师、陶瓷工程师、地质工程师、电力工程师、口腔科医生、牙科医生。

IRC：飞机领航员、飞行员、物理实验室技师、文献检查员、农业技术专家、动植物技术专家、生物技师、油管检查员、工商业规划者、矿藏安全检查员、纺织品检验员、照相机修理者、工程技术员、编程人员、工具设计者、仪器维修工。

CRI：簿记员、会计、计时员、铸造机操作工、打字员、按键操作工、复印机操作工。

CRS：仓库保管员、档案管理员、缝纫工、讲述员、收款员。

CRE：标价员、实验室工作者、广告管理员、自动打字机操作员、电动机装配工、缝纫机操作工。

CIS：记账员、顾客服务员、报刊发行员、土地测量员、保险公司职员、会计师、估价员、邮政检查员、外贸检查员。

CIE：打字员、统计员、支票记录员、订货员、校对员、办公室工作人员。

CIR：校对员、工程职员、海底电报员、检修计划员、发报员。

CSE：接待员、通信员、电话接线员、卖票员、旅馆服务员、私人职员、商学教师、旅游办事员。

CSR：货运代理商、铁路职员、交通检查员、办公室通信员、簿记员、出纳员、银行财务职员。

CSA：秘书、图书管理员、办公室办事员。

CER：邮递员、数据处理员、办公室办事员。

CEI：推销员、经济分析家。

CES：银行会计、记账员、法人秘书、速记员、法院报告人。

ECI：银行行长、审计员、信用管理员、地产管理员、商业管理员。

ECS：信用办事员、保险人员、各类进货员、海关服务经理、售货员、采购员、会计。

ERI：建筑物管理员、工业工程师、农场管理员、护士长、农业经营管理人员。

ERS：仓库管理员、房屋管理员、货栈监督管理员。

ERC：邮政局局长、渔船船长、机械操作领班、木工领班、瓦工领班、驾驶员领班。

EIR：科学、技术和有关周期出版物的管理员。

EIC：专利代理人、鉴定人、运输服务检查员、安全检查员、废品收购人员。

EIS：警官、侦察员、交通检验员、安全咨询员、合同管理者、商人。

EAS：法官、律师、公证人。

EAR：展览室管理员、舞台管理员、播音员、驯兽员。

ESC：理发师、裁判员、政府行政管理员、财政管理员、工程管理员、职业病防治人员、售货员、商业经理、办公室主任、人事负责人、调度员。

ESR：家具售货员、书店售货员、公共汽车驾驶员、日用品售货员、护士长、自然科学和工程的行政领导。

ESI：博物馆管理员、图书馆管理员、古迹管理员、饮食业经理、地区安全服务管理员、技术服务咨询者、超级市场管理员、零售商品店店员、批发商、出租汽车服务站调度。

ESA：博物馆馆长、报刊管理员、音乐器材售货员、广告商、售画营业员、导游、(轮船或班机上的)事务长、飞机上的服务员、船员、法官、律师。

ASE：戏剧导演、舞蹈教师、广告撰稿人、报刊专栏作者、记者、演员、英语翻译。

ASI：音乐教师、乐器教师、美术教师、管弦乐指挥、合唱队指挥、歌星、演奏家、哲学家、作家、广告经理、时装模特。

AER：新闻摄影师、电视摄影师、艺术指导、录音指导、丑角演员、魔术师、木偶戏演员、骑士、跳水员。

AEI：音乐指挥、舞台指导、电影导演。

AES：流行歌手、舞蹈演员、电影导演、广播节目主持人、舞蹈教师、口技表演者、喜剧演员、模特。

AIS：画家、剧作家、编辑、评论家、时装艺术大师、新闻摄影师、男演员、文学作者。

AIE：花匠、皮衣设计师、工业产品设计师、剪影艺术家、复制雕刻品大师。

AIR：建筑师、画家、摄影师、绘图员、环境美化工、雕刻家、包装设计师、陶器设计师、绣花工、漫画工。

SEC：社会活动家、退伍军人服务官员、工商会事务代表、教育咨询者、宿舍管理员、旅馆经理、饮食服务管理员。

SER：体育教练、游泳指导。

SEI：大学校长、学院院长、医院行政管理员、历史学家、家政经济学家、职业学校教师、资料员。

　　SEA：娱乐活动管理员、国外服务办事员、社会服务助理、一般咨询者、宗教教育工作者。

　　SCE：部长助理、福利机构职员、生产协调人、环境卫生管理人员、戏院经理、餐馆经理、售票员。

　　SRI：外科医师助手、医院服务员。

　　SRE：体育教师、职业病治疗者、体育教练、专业运动员、房管员、儿童家庭教师、警察、引导员、传达员、保姆。

　　SRC：护理员、护理助理、医院勤杂工、理发师、学校儿童服务人员。

　　SIA：社会学家、心理咨询者、学校心理学家、政治科学家、大学或学院的系主任、大学或学院的教育学教师、大学农业教师、大学工程和建筑课程的教师、大学法律教师，大学数学、医学、物理、社会科学和生命科学的教师，研究生助教，成人教育教师。

　　SIE：营养学家、饮食学家、海关检查员、安全检查员、税务稽查员、校长。

　　SIC：描图员、兽医助手、诊所助理、体检检查员、监督缓刑犯的工作者、娱乐指导者、咨询人员、社会科学教师。

　　SIR：理疗员、救护队工作人员、手足病医生、职业病治疗助手。

MBTI 测验题 ‹‹‹

指导语： 本问卷中的所有问题都取自人们的日常生活，你的回答只表明你通常是如何看待和处理事物的。所有问题都无所谓对错，更无好坏之分。

请仔细阅读问卷，并选出一个答案，把你选择的序号写在右边的括号里。你在答题时不必对每道题多加考虑，只要按你的感觉判断进行作答即可。每道题都要作答，尽管有些题目不适合你。同时，测验中有测谎的题目，要如实回答。

第一组问题

1. 我倾向从何处得到动力：（　　）
E. 别人的言行。
I. 自己的想法。

2. 当我参加一个社交聚会时，我更倾向于：（　　）
E. 即使夜色已深，但我一旦开始投入，也许就是最晚离开的那一个。
I. 当夜幕降临时，我就疲倦了，并且想回家。

3. 下列哪一种活动听起来比较吸引你?（　　）
E. 和朋友到有很多人且社交活动频繁的地方。
I. 在家中和朋友观赏一部有趣的电影并享用我最爱的外带食品。

4. 在约会中，我通常：（　　）
E. 整体来说很健谈。
I. 比较安静且谈话有所保留。

5. 过去，我通过以下方式结识我大部分朋友：（　　）
E. 在宴会、工作、休闲活动、会议上结识朋友。
I. 通过私人的方式，例如亲密的朋友或家人介绍。

6. 我倾向于拥有：（　　）
E. 大量的朋友。
I. 一部分亲密的朋友。

7. 我的好友常对我说这句话：（　　）
E. 你难道不可以安静一点儿?
I. 你能从自己的世界中出来一下吗?

第二组问题

8. 我倾向于通过以下方式收集资讯：（　　）

N. 我对有可能发生之事的想象。

S. 我对目前状况的实际认知。

9. 我倾向于相信:（　　）

N. 我的直觉。

S. 我的观察和现成的经验。

10. 当我置身于某一人际关系中时,我倾向于相信:（　　）

N. 这一关系永远有进步的空间。

S. 若它没有被破坏,就不去理它。

11. 当我与熟悉的人约会时,我倾向于谈论:（　　）

N. 未来的事物或生活的种种可能性。例如,我也许会谈论一个新的科学发明。

S. 实际的、具体的、关乎现在的事物。例如,我也许会谈论品酒的好方法。

12. 我是这种人:（　　）

N. 喜欢先看整个大局面。

S. 喜欢先掌握细节。

13. 我是这种人:（　　）

N. 与其活在现实中,我选择活在我的想象里。

S. 与其活在我的想象里,我选择活在现实中。

14. 在约会之前,我通常:（　　）

N. 想象一大堆关于即将来临的约会情形。

S. 很少想象约会的情形,只期待让它自然地发生。

第三组问题

15. 我倾向于如此做决定:（　　）

F. 首先依我的心意,然后依照逻辑。

T. 首先依照逻辑,然后依我的心意。

16. 我更容易察觉:（　　）

F. 当人们需要情感上的支持时。

T. 当人们言行不合逻辑时。

17. 当和某人分手时:（　　）

F. 我通常让自己的情绪深陷其中,很难抽身而出。

T. 虽然我觉得受伤了,但只要下定决心,我会直截了当地将昔日恋人的影子甩开。

18. 当与一个人交往时,我倾向于评量:（　　）

F. 情感上的相容性:表达爱意以及双方对彼此的需求是否强烈。

T. 智慧上的相容性:能否与对方客观地讨论和辩论事情。

19. 当我不同意朋友的想法时:（　　）

F. 我尽可能地避免伤害对方的感受,不说会对其造成伤害的话。

T. 我通常毫无保留地说话,并且对朋友直言直语,因为对的就是对的。

20. 认识我的人倾向于形容我:（　　）

F. 热情和敏感。

T．有逻辑和明确的目标。

21．我认为通常与他人交往是：（　　）

F．友善和重要的。

T．另有目的的。

第四组问题

22．若我有时间和金钱，我的朋友邀请我到国外度假，并且在一天前才通知，我会：（　　）

J．先检查我的时间表。

P．立即收拾行装。

23．在第一次约会中，如果对方迟到了：（　　）

J．我会很不高兴。

P．一点儿都不在乎，因为我自己也常常迟到。

24．在约会前，我偏好：（　　）

J．事先知道约会的行程：要去哪里、有谁参加、时间多久、该如何打扮。

P．让约会自然地发生，先前不做太多的计划。

25．我希望自己的生活：（　　）

J．遵循日程表。

P．自然发生、有弹性。

26．参加派对、约会时，下面哪种情况较为常见：（　　）

J．我准时出席而其他人迟到。

P．其他人都准时出席而我迟到。

27．我更喜欢这样的人：（　　）

J．能够下定决心做一件事并且成功完成。

P．做事时有多种选择方案，并且能够持续收集资讯。

28．我是这种类型的人：（　　）

J．喜欢在一段时间里专心于一件事情直到完成。

P．享受同时做好几件事情。

分析：针对以上四组问题，把你的答案加总并且统计各字母的题数，然后把每一组数量较多的字母圈出来。

第一组：**E**　　　　　；**I**

第二组：**S**　　　　　；**N**

第三组：**T**　　　　　；**F**

第四组：**J**　　　　　；**P**

每一组中数量较多的字母代表你的偏好，当它们组合起来时，将揭示你的性格类型。

MBTI 的 16 种性格类型分析 ⫷

1．ISTJ

特点概述：详尽、精确、系统、勤劳，关注细节。致力于改善组织程序与过程，无论组织处在发展过程中的顺境还是逆境，都对组织保持忠诚。

对组织的贡献

平稳地按计划完成组织任务

重视细节并慎重处理

工作环境倾向性

喜欢与现实、工作努力、关注事实和结果的人共事

能长期提供安全的环境

营造能稳步发展和按期完成任务的环境

潜在的缺点

可能忽视人际交往的细节

工作方法刻板、不灵活，对变革较少持开放态度

适合职业

审计员、后勤经理、信息总监、预算分析员、工程师、科技作者、电脑编程员、证券经纪人、地质学者、医学研究者、会计、文字处理专业人士

2．ISTP

特点概述：注重实用性，尊重事实，寻求有利方法，具有现实性，只信服被论证的结果。喜欢独立工作，依靠逻辑和足智多谋解决即时出现的组织问题。

对组织的贡献

在需要的场合，是解决麻烦问题的能手

在危机中保持镇定，发挥安抚他人情绪的作用

工作环境倾向性

重视理性分析的环境

提供合适的工作自由度的环境

培养独立性和自主性的环境

潜在的缺点

只关注对自身重要的事，对其他事漠不关心

在先前的努力获得成果前，缺少坚持性

适合职业

证券分析员、银行职员、管理顾问、电子专业人士、技术培训人员、信息服务开发人员、软件开发商、海洋生物学者、后勤与供应经理、经济学者

3. ESTP

特点概述：行为定向型，讲究实效、足智多谋、注重现实，以最有效的途径解决问题。喜欢事件即时发生，然后在复杂的情境中找到解决问题的方法。

对组织的贡献

采用协商的方式使任务顺利完成

保持组织运作的活跃状态，促使变化发生

工作环境倾向性

喜欢与活泼、结果定向型、重视直接经验的人共事

有规则，但承认差异性的环境

工作中允许有开玩笑的时间

潜在的缺点

过分集中于即时行为，从而未领会行为更广阔、深远的意义

会被工作以外的活动吸引，如体育运动和其他娱乐活动

适合职业

企业家、业务运作顾问、个人理财专家、证券经纪人、银行职员、预算分析者、技术培训人员、综合网络专业人士、旅游代理、促销商、手工艺人、新闻记者、机械工程师

4. ESTJ

特点概述：理智、善分析、果断、意志坚定，以系统化的方式组织具体事实。注意工作细节，善于将项目和人组织起来完成任务。

对组织的贡献

事先能察觉、指出、修正不足之处

以逻辑、客观的方式评论规划

工作环境倾向性

喜欢与努力工作、有坚定决心把工作做好的人共事

有团队计划的环境

提供稳定性和预测性的环境

潜在的缺点

决策太迅速，也给他人施以同样的压力

不能察觉变革的需要，因为相信一切都在正常运作

适合职业

银行中高层管理人员、项目经理、数据库经理、信息总监、后勤与供应经理、业务运作顾问、证券经纪人、电脑分析人员、保险代理、普通承包商、工厂主管

5. ISFJ

特点概述：仁慈、忠诚、体谅他人、善良，不怕麻烦帮助需要帮助的人。喜欢充当后盾，

提供支持和鼓励。

对组织的贡献

考虑组织中每个人的实际需要

采用坚持到底的工作方式实现组织的目标

工作环境倾向性

喜欢与认真、从事组织性任务的人共事

能提供安全性和预测性的工作环境

组织结构明晰的环境

潜在的缺点

过于谨慎小心，尤其是对待未来发展

向他人表明自己的观点时，显得意志不太坚定

适合职业

人事管理人员、簿记员、电脑操作员、客户服务代表、信贷顾问、零售业主、房地产代理或经纪人、艺术人员、室内装潢师、商品规划师、语言病理学者

6．ISFP

特点概述：温和、体贴、灵活，具有开放性，富有同情心，尤其对那些需要帮助的人。喜欢在合作和充满和谐气氛的环境中工作，但常常是在完成他们自己的任务的时候。

对组织的贡献

对组织中每个人的需要都做出反应

以实际行动保证他人获得福利

工作环境倾向性

喜欢与愿意合作、能安静享受工作愉悦感的人共事

允许有个人空间的工作环境

与致力于和谐相处的人共事

潜在的缺点

可能太信任他人，不愿持怀疑态度

为避免冲突而不批评他人

适合职业

客户销售代表、行政人员、商品规划师、测量师、海洋生物学者、厨师、室内景观设计师、旅游销售经理、职业病理专业人员

7．ESFP

特点概述：友好、开朗、爱开玩笑、活泼，天生喜欢与他人相处。喜欢与活泼、快节奏的人一起工作，同时也会根据判断做出不同选择。

对组织的贡献

为组织创造具有活力、热情、合作的氛围

为组织提供积极发展的规划

工作环境倾向性

喜欢与有活力、轻松愉快、关注现实的人共事

培养快节奏做事的环境

适合适应性强、喜爱自由的人的工作环境

潜在的缺点

行动前不太考虑眼前的事实

常常有始无终

适合职业

公关专业人士、劳工关系调解人、零售经理、商品规划师、团队培训人员、旅游项目经营者、表演人员、特别事件的协调人、社会工作者、旅游销售经理、融资者、保险代理人

8．ESFJ

特点概述：乐于助人、机智、富有同情心、注重秩序，把与他人和谐相处看得很重要，喜欢组织人员和制订计划完成眼前的任务。

对组织的贡献

密切关注组织中每个人的需要，并使他们满意

以及时、精确的工作方式完成任务

工作环境倾向性

喜欢与诚恳、具有合作性、乐于帮助他人的人共事

适当奖励个体工作绩效的环境

鼓励人与人友好相处的工作环境

潜在的缺点

因致力于令他人满意而忽略自己

不经常有时间客观地反思过去、展望未来

适合职业

公关客户经理、银行业务员、销售代表、人力资源顾问、零售业主、餐饮业者、房地产经纪人、营销经理、电话营销员、办公室经理、接待员、信贷顾问、簿记员、口笔译人员

9．INFJ

特点概述：相信自己的眼光，具有同情心和洞察力，温和地运用影响力。喜欢独立工作或与那些热衷于关注人们的成长与发展问题的小群体共同工作。

对组织的贡献

完善、始终如一地工作

在人与工作间建立复杂的相互作用关系

工作环境倾向性

有表现创造性和展示自我价值的环境

环境中鼓励营造和谐气氛和体谅他人

有尊重他人需要的顺畅的管理机制

潜在的缺点

不喜欢自己的远见被忽视和低估

面对批评不太坦率

适合职业

人力资源经理、事业发展顾问、营销人员、企业组织发展顾问、职位分析人员、企业培训人员、媒体特约规划师、编辑、口译人员、社会科学工作者

10. INFP

特点概述：具有开放性，是理想主义者，具有洞察力，灵活。希望自己的工作被认为是重要的。喜欢独立工作或在能发挥创造性的小团体里工作。

对组织的贡献

致力于为组织中的人们寻求匹配的岗位

为组织提供新的理念和各种发展的可能

工作环境倾向性

处在合作、轻松氛围的环境里

环境中提供灵活、有弹性的工作程序

非官僚主义的环境

潜在的缺点

因完美倾向而延误完成任务

不会调整理想以适应客观现实

适合职业

人力资源开发专业人员、社会科学工作者、团队建设顾问、编辑、艺术指导、记者、口笔译人员、娱乐业人士、建筑师、研究工作者、顾问、心理学专家

11. ENFP

特点概述：热情，富有洞察力和创新性，多才多艺，不知疲倦地寻求新的希望和前景。喜欢在团队中工作，致力于从事能给人们带来更好的改变的事情。

对组织的贡献

能察觉改革的需要并发起变革

关注前景的发展，尤其是人们的未来发展

工作环境倾向性

喜欢与想象力丰富、致力于人们未来发展的人共事

允许表现交际能力和智力才能的环境

喜欢人人参与的氛围，希望与不同的人分享不同的观点

潜在的缺点

在没完成已经提出的计划之前又转移到新的想法和计划上

忽视相关的细节和事实资料

适合职业

人力资源经理、变革管理顾问、营销经理、企业培训人员、广告客户经理、战略规

划人员、宣传人员、事业发展顾问、环保律师、研究助理、广告撰稿员、播音员、开发总裁

12．ENFJ

特点概述：关注人际关系，理解、宽容和赞赏他人，是良好沟通的促进者。喜欢与他人一起工作，致力于完成与人们的发展有关的各种任务。

对组织的贡献

喜欢领导和促进团队的建立

鼓励合作

工作环境倾向性

喜欢与那些关注变革并通过变革改变人们的人共事

鼓励支持和称赞他人的环境

富有同情精神和和睦气氛的环境

潜在的缺点

可能会理想化他人，因而遭受他人表面忠诚的蒙蔽

过度自我批评

适合职业

人力资源开发培训人员、销售经理、小企业经理、程序设计员、生态旅游业专家、广告客户经理、公关专业人士、协调人、交流总裁、作家、非营利机构总裁

13．INTJ

特点概述：独立、极具个性化，具有专一性和果断性，相信自己的眼光，漠视众人的怀疑。喜欢独自完成复杂的工作。

对组织的贡献

为组织提供理论观点和设计技术

把想法变成行动计划

工作环境倾向性

喜欢工作中果断、理智接受挑战、致力于完成远期理念的人

工作环境允许思考的独立性和个体性

强调效率的环境

潜在的缺点

可能显得强硬，他人不敢接近

长时间不告诉他人自己的想法，因为认为他人也和自己一样认同自己的想法

适合职业

管理顾问、经济学者、国际银行业务职员、金融规划师、设计工程师、运作研究分析人员、信息系统开发商、综合网络专业人员

14．INTP

特点概述：讲究合理性，喜欢理论和抽象的事物，好奇心重，更喜欢构建思想，不太关注环境和人。喜欢单独工作，强调对自己的观点和方法拥有最大的自主权。

对组织的贡献

在处理错综复杂的问题中显示出其专业性

提供理智的、分析的、批评的思维方式

工作环境倾向性

喜欢与独立的思考者、关注解决复杂问题的人共事

环境中允许个体有充足的时间和空间进行思考

能培养思维独立性和创造性的环境

潜在的缺点

过于理性化，解释问题太理论化

可能以批评式分析的方式对待人们，行动不考虑个体感受

适合职业

电脑软件设计师、系统分析人员、研究开发专业人员、战略规划师、金融规划师、信息服务开发商、变革管理顾问、企业金融律师

15．ENTP

特点概述： 富于创新，具有战略眼光，多才多艺，分析型思维，具有创业能力。喜欢与他人一起从事需要非凡智慧的创造性活动。

对组织的贡献

把限制看作挑战加以排除

提供完成任务的新方法

工作环境倾向性

喜欢与独立的、按理论模式解决复杂问题的人共事

提供灵活性和挑战性的工作环境

变革型和非官僚作风的工作环境

潜在的缺点

因竞争心过强不会赞赏他人的付出

可能抵制正规的程序和准则

适合职业

人事系统开发人员、投资经纪人、工业设计经理、后勤顾问、金融规划师、投资银行业职员、营销策划人员、广告创意指导、国际营销商

16．ENTJ

特点概述： 具有逻辑性、组织性、客观性、果断性。喜欢与他人一起工作，尤其从事管理工作和制定战略计划时。

对组织的贡献

制订经过深思熟虑的组织计划

快速管理，迅速解决需要解决的问题

工作环境倾向性

有效率的组织系统和员工

工作环境中即时奖励做出挑战努力的员工

给予果断的人奖励的环境

潜在的缺点

忽略现实的考虑和对现实局限性的认识

决策太迅速，表现得缺乏耐心、盛气凌人

适合职业

技术培训人员、(后勤、电脑信息服务和组织重建)顾问、国际销售经理、特许经营业主、程序设计员、环保工程师

内容性技能词汇清单 ‹‹‹

研磨剂	药品	美学	过敏性反应
儿童	黏合剂	非洲、非洲人	游乐园
会计	管理	农业	解剖学
声学	青春期	疾病	麻醉药
杂技	收养	飞机	动物
丙烯酸树脂	航空学	酒精中毒	古董
人类学	制陶术	工程学	地理
开胃食品	庆典	发动机	构造
仪器	椅子	娱乐	老年病学
学徒	支票簿	设备	魔力
仲裁	化学药品	道德	玻璃
建筑	教堂	欧洲、欧洲人	目标
争吵	马戏团	事件	高尔夫球
数学	城市	织物	政府
艺术、艺术史	泥土	家庭	机构
炮兵	气候	农用机械	图表
亚洲、亚洲人	衣服	时尚	谷物
天文学	学院	发酵	语法
运动	颜色	肥料	制图学
原子	喜剧	纤维光学	小组
拍卖	委员会议	纤维	成长
听众	沟通	小说	枪支
音频设备	公司	电影	头发
航空学	抱怨	金融	手工艺品
儿童养育	计算机	财务记录	和谐
细菌	混凝土	抛光剂	卫生保健
信仰	修建	火灾、消防	听力
行为	化妆品	急救	帮助

钟	女装	鱼	远足
自行车	工艺品	钓鱼	历史
生物学	犯罪	健康	爱好
小鸟	庄稼	调味	马匹
毯子	顾客	飞行	园艺
蓝图	风俗	地板	医院
船只	奶制品	插花	旅馆
簿记	数据	花	清扫房屋
书	决策	液体	房子
植物学	装饰	食物	人性
花束	错失	食品供应	打猎
刹车	过失行为	外交	水力学
砖	食物	外语	卫生
桥	残疾人	森林	思想
预算	疾病	叉车	意识形态
建筑	戏剧	水果	文盲
建筑材料	钻孔机	火炉	插图
官僚制度	干砌墙材料	室内装饰	意象
生意	染料	家具	移民
橱柜	地震	皮毛	所得税
蛋糕	经济	未来	婴儿
照相机	教育方法	游戏	传染
露营者	电	园艺设备	信息
蜡烛	电子	花园	伤害
木工	电镀物品	服装	昆虫
地毯	同情	计量表	保险
卡通	雇主	宝石	兴趣
水泥	能量	地理学	投资
灌溉	饭食	室外	印刷机
事件	机械学	大纲	机械
珠宝	医学器械	熔炉	监狱
新闻业	药物	行李	问题
正义	会议	包装	产品
狗窝	精神疾病	怀孕	节目
钥匙、锁	菜单	绘画	财产
刀子	商品	纸张	心理学
湖泊	金属	养育	心理疗法
灯	尺	公园	宣传

土地	方法	党派、社会	公众意见
风景	公制	病人	公开演说
语言	细菌	形式	出版
花边	矿物质	工资体系	木偶
洗衣房	钱	人	谜语
法律	电影	绩效	棉被
割草机	动机	期刊	收音机
草坪	摩托车	人格	铁路
领导	马达	前景	范围
学习	移动设备	说服	房地产
皮革制品	博物馆	药物	娱乐
立法	音乐	哲学	冷藏
图书馆	乐器	摄影	宗教
灯光	神话	身体残疾	宗教书籍
读写能力	名字	物理学	报告
文学	麻醉剂	图画	饭馆
平版印刷	记叙文	管道安装	恢复
礼拜仪式	国家	地方	退休
牲畜	国内事件	计划	节奏
场所	自然	植物	步枪
位置	导航	灰浆	河流
机车	人类需求	塑料	道路
逻辑学	新来者	盘子	岩石
长寿	报纸	游戏	角色
润滑油	小说	钳子	屋顶
行李	数字	管道设备	房间
木材	托儿所	诗歌	根
机器零件	营养	中药	路线
机器	障碍	政治程序	惯例
魔术	办公设备	亮光剂	橡皮
磁性	办公室工作	政治组织	铁锈
管理	油、油产品	组织	安全
地图	戏剧	政治	销售
市场、市场学	观点	民意测验	盐
婚姻	光学	污染物	卫生、卫生设备

协会成员	果园	锅	锯
按摩	管弦乐队	贫穷	量表
材料	组织	电动工具	风景
数字	人体器官	祈祷	学校
事件	船侧发动机	保存	科学
雕塑	风暴	玩具	武器
海洋	火炉	培训	天气
种子	策略	火车	纺织
化粪池	结构	交易	婚礼
服务	学生	交通	重量
莎士比亚	形式	旅行	焊接
掩蔽	制药	治疗	井
灌木	调查	树木	车轮
标记	符号	打字机	野生生物
丝绸	对称	制服	窗户
银器	桌子	室内装饰业	挡风玻璃
洗涤槽	团队	公用事业	葡萄酒
素描	牙齿	假期	木材
皮肤	电话	真空吸尘器	版画
社会	望远镜	蔬菜	羊毛
社会学	电视	退伍老兵	文字处理软件
软件	领土	盒式录像带	词汇
声音	测验	录像机	世界
词汇	纺织品	录像	崇拜
体育运动	质地	村庄	包装材料
舞台	剧院	视力	写作
污点	神学	图像	X 射线
统计学	理论	词汇	游艇
存货	疗法	声音	故事
石头	线	战争	青年团体
储藏	轮胎	洗涤	动物园
仓库	工具	浪费	故事
旅游	水		

自我管理技能词汇清单 ‹‹‹

学术性强的——勤学的，博学的

精确的——准确的，正确的

活跃的——活泼的，精力充沛的

适合的——灵活的，适应的

精通的——娴熟的，内行的，熟练的

胆大的——勇敢的，冒险的

攻击性强的——强有力的，好斗的

坚持己见的——强调的，坚持的

健壮的——强壮的，肌肉发达的

留心(细节)的——观察敏锐的

吸引人的——漂亮的，英俊的

平衡的——公平的，公正的，无私的

心胸开阔的——宽容的，开明的

有条理的——有效率的，勤勉的

平静的——沉着的，不动摇的，镇定的

正直的——直率的，坦率的，真诚的

有能力的——有竞争力的，内行的，

技艺精湛的

慷慨的——乐善好施的，仁慈的

讲道德的——体面的，有德行的，道德的

富于表现力的——生动的，有力的

公平的——无私的，无偏见的

有远见的——明智的，有预见的

流行的——时髦的，走俏的，现行的

坚定的——不动摇的，稳定的，不屈不挠的

灵活的——适应性强的，易调教的

有力的——强大的，强壮的

合礼仪的——适当的，有礼貌的，冷静的

朴素的——节俭的，节省的，节约的

大方的——慷慨的，无私的，乐善好施的

亲切的——真诚的，友好的，和蔼的

机敏的——警戒的，警惕的，警觉的

野心勃勃的——有抱负的，毅然决然的

好分析的——逻辑的，批判的

感谢的——感激的，感恩的

能说会道的——善于表达的，擅长辞令的

艺术的——美学的，优美的

随和的——放松的，随意的

有效的——多产的，有说服力的

有效率的——省力的，省时的

雄辩的——鼓舞人心的，精神饱满的

有感情的——感动的，多愁善感的

同情的——理解的，关心的

着重的——强调的，有力的，有把握的

精力充沛的——活泼的，活跃的，有生气的

进取的——冒险的，努力的

热情的——热切的，热烈的，兴奋的

仔细的——谨慎的，小心的

博学的——消息灵通的，有文化修养的

喜悦的——高兴的，快乐的，欢快的

明白的——明确的，确切的

聪明的——伶俐的，敏锐的，敏捷的

有能力的——熟练的，高效的

竞争的——好斗的，努力奋争的

有信心的——自信的，有把握的

志趣相投的——愉快的，融洽的

认真的——可靠的，负责的

考虑周到的——体贴的，亲切的

前后一致的——稳定的，有规律的，恒定不变的

常规的——传统的，认可的

合作的——同意的，一致的

有勇气的——勇敢的，无畏的，英勇的

温和的——好心的，温柔的，有同情心的

合群的——爱交际的，友好的

吃苦耐劳的——坚强的，坚忍不拔的

健康的——精力充沛的，强壮的，健壮的

有帮助的——建设性的，有用的

诚实的——真诚的，坦率的

有希望的——乐观的，鼓舞人心的

幽默的——诙谐的，滑稽的，可笑的

富有想象力的——有创造性的，有创意的

独立的——自立的，自由的

勤奋的——努力的，忙碌的

有知识的——有学者气质的，有头脑的

智慧的——聪明的，见识广的，敏锐的

有意的——有目的的，故意的

明智的——聪明的，有判断力的，冷静的

善良的——好心的，仁慈的

逻辑性强的——理智的，有条理的

忠诚的——真诚的，忠实的，坚定的

有条理的——系统的，整洁的，精确的

小心翼翼的——精确的，完美主义的

谦虚的——谦逊的，简朴的，朴素的

有益于成长的——有帮助的，支持的

观察敏锐的——专注的，留心的，警觉的

头脑开放的——接纳的，客观的

有秩序的——整洁的，训练有素的，整齐的

独创的——创造性的，罕有的

随和的——友好的，好交际的，温暖的

充满热情的——狂喜的，强烈的，热心的

成功的——有成就的，证据确凿的

同情的——仁慈的，温暖的，善良的

有策略的——考虑周详的，慎重的

顽强的——坚持的，坚定的

理论性强的——抽象的，学术的

完全的——彻底的，全部的

深思熟虑的——沉思的，慎重的

宽容的——仁慈的，宽大的

坚强的——不动摇的，坚定的

值得信赖的——可靠的，可信赖的

周到的——有礼貌的，彬彬有礼的，尊敬的

有创造性的——新颖的，有创意的

好奇的——好问的，爱探究的

果断的——坚决的，坚定的，明确的

慎重的——小心的，审慎的

微妙的——机智的，敏感的

民主的——平等的，公平的，平衡的

感情外露的——富于表情的，易动感情的

可靠的——令人信任的，可信赖的

坚决的——坚定的，果敢的

灵巧的——灵活的，敏捷的，机敏的

婉转得体的——机智的，文雅的，精明的

谨慎的——小心的，精明的

独特的——唯一的，个性化的

占统治地位的——发号施令的，权威的

有文化的——博学的，诗意的，好学的

拘谨的——矜持的，客气的

负责的——充分考虑的，成熟的，可靠的

反应灵敏的——活泼的，能接纳的

自发的——首创的，足智多谋的

敏感的——易受影响的，敏锐的

严肃的——冷静的，认真的，坚决的

精明的——机敏的，爱算计的，机警的

真诚的——诚恳的，可信的，诚挚的

好交际的——随和的，亲切的

自发的——冲动的，本能的

稳定的——坚固的，稳固的，可靠的

高大结实的——强有力的，强健的，肌肉发达的

耐心的——坚定不移的，毫无怨言的

平和的——宁静的，平静的，安静的

敏锐的——有洞察力的，有辨识力的

坚持的——持久的，持续的

有说服力的——令人信服的，有影响力的

爱玩耍的——有趣的，快乐的

泰然自若的——自制的，镇静的

礼貌的——尊敬的，文明的，恰当的

积极的——有远见的，坚定的

实用的——有用的，实际的

真诚的——诚实的，实际的，精确的

善解人意的——了解的，理解的

保护的——警戒的，防御的

智慧的——明智的，仔细的，聪明的

准时的——守时的，稳定的，及时的

多才多艺的——多技能的，手巧的

安静的——无声的，沉默的，宁静的

有德行的——好的，道德的，模范的

活泼的——活跃的，快活的

志愿的——自由的，非强迫的

温暖的——充满爱意的，慈爱的，友善的

迷人的——有魅力的，令人愉快的

热心的——热情的，热切的，热烈的

精确的——详细的，明确的，准确的

多产的——硕果累累的，丰富的

文雅的——文明的，有修养的

爱说话的——爱发表意见的，善于表达的

有目的的——下定决心的，有意的

快速的——敏捷的，迅速的，灵活的，轻快的

精力旺盛的——生机盎然的，充满活力的

容光焕发的——明亮的，热情洋溢的，光彩夺目的

理性的——健全的，合理的，符合逻辑的

现实的——自然的，真实的

合理的——合逻辑的，有根据的

沉思的——爱思考的，深思熟虑的

可靠的——可信赖的，值得信赖的

可迁移技能词汇清单 ‹‹‹

达到	照顾	巩固	指导
执行	运送	建设	洞悉
适应	制图	联系	发现
管理	选择	控制	拆除
做广告	分类	烹调	展示
劝告	打扫	协调	证明
开玩笑	攀登	复制	草拟
分析	训练	纠正	绘制
预测	收集	符合	训练
申请	上色	咨询	驾驶
评价	交流	计数	编辑
安排	比较	创造	授予
装配	比赛	培养	鼓励
声称	编辑	决定	忍耐
评估	完成	定义	加强
协助	构成	代表	提高
参加	领会	运送	娱乐
审核	计算	证明	建立
权衡	集中	设计	估计
议价	概念化	详述	评估
美化	调和	探测	膨胀
预算	面对	发展	解释
购买	联结	发明	探索
计算	保存	诊断	表达

工作相关能力问卷 ‹‹‹

步骤 1 评估

根据经验，对于问卷(表 I-1)列出的每项技能选择 5、4、3、2、1 中的一个数字来表示个人所估计的自己在同龄人中的位置，并对自己的评估进行检查。

表 I-1 工作能力问卷

能力分类栏	工作分类栏						
	圈出你的评估	R	I	A	S	E	C
阅读——阅读并理解事实材料(如教科书)。思考你完成阅读任务的能力(速度和理解力)；阅读说明书或者保修书(如工具、设备、电视等)的能力。在这里记录其他证据：	5 4 3 2 1		○		○		
数字——能精确做算术和数学，应用算术(例如，运用数学公式解决实际问题)。思考一下你的数学作业；你用计算器的能力、记录支出的能力、能做出"最佳购买决策"的能力、计算利率的能力等。在这里记录其他证据：	5 4 3 2 1		○			○	○
运用语言——能识别母语正确的和错误的用法(语法、标点等)。思考你的精确书写和表达的能力、找出正确词语的能力及你在演讲中的表现，等等。在这里记录其他证据：	5 4 3 2 1			○	○	○	○
帮助他人——关心并教导他人，帮助他人解决问题或做出决定。思考你解释怎样做事情的能力、理解他人观点和感情的能力、帮助他人令其感觉状态变好的能力，是否机智和耐心。在这里记录其他证据：	5 4 3 2 1				○		
会见他人(社交的)——和他人交谈，和他人相处，给他人留下好印象。思考你帮助他人令其感觉自在的能力，是否谦虚、令人愉快，提供信息的能力，记得他人名字和面孔的能力。在这里记录其他的证据：	5 4 3 2 1				○		
销售——影响他人购买一种产品、一种服务或者接受建议的行动。思考你改变其他人看法的能力、讨价还价的能力、促成一笔生意的能力、说服一个团体的能力及你在演讲、辩论、分配训练中的表现，等等。在这里记录其他证据：	5 4 3 2 1						○
领导能力、管理——领导、管理人们为共同目标而工作。思考你向一个团体表达观点的能力、激励他人并指引方向的能力、策划大事件的能力、坚持预算的能力。在这里记录其他证据：	5 4 3 2 1					○	
组织——明了任务和各项细节，用系统的方式做事。思考你按照进度表工作的能力、明确哪项任务需要先做的能力、保存各种东西(图片、剪辑、工具等)以便查找的能力。在这里记录其他证据：	5 4 3 2 1	○					○
文书——能快速并准确地做出诸如从分类或者表格里找出信息，对事情进行分类，记录地址、开支等任务。思考你处理文书工作的能力、准确快速完成表格(例如申请书)的能力、找出错误的能力。在这里记录其他证据：	5 4 3 2 1						○
双手灵巧性——能用自己的双手轻易并迅速地制作或者修理东西。思考你使用工具、器械和小物体的能力，装配物体(玩具、家具等)的能力，做工艺品的能力，以及你在工艺劳作课、家政学、工艺学方面的表现，等等。在这里记录其他证据：	5 4 3 2 1	○					

续表

能力分类栏	工作分类栏						
	圈出你的评估	R	I	A	S	E	C
机械的——理解日常器械原理(例如,暖空气上升)以及简单的器械是怎样工作的(例如,杠杆、滑轮)。思考你操作工具、玩具、器械等的难易度,你修理它们的能力,以及你在一般科学、工艺劳作课、家政学、工艺学方面的表现,等等。在这里记录其他证据:	5 4 3 2 1	○					
空间的——注视一个物体的画面(例如,一所房子、一件外套、一个工具)并想象从不同的角度看会是什么样的。思考你"阅读"和解释蓝图、衣服样式等的能力,思考事物怎样符合可提供的空间(一个盒子、一间房子、一个壁橱等)的能力。在这里记录其他证据:	5 4 3 2 1	○	○	○			
科学的——理解科学法则,做科学课程的作业。思考你理解有关科学、健康或技术的文章或者电视节目的能力,理解科学公式的能力,以及你在通识科学、化学、生物上的表现等。在这里记录其他证据:	5 4 3 2 1		○				
艺术的——绘图、画画、弹奏乐器、表演、跳舞等。思考你是否能较好地通过一种或多种艺术表演来表达想法、情感或者心情,以及你在诸如美术、音乐、舞蹈等课堂上的表现。在这里记录其他证据:	5 4 3 2 1				○		
文学的——能用文字表达思想或者感情。思考你给家人或者朋友写有意思的信件的能力,写报告、解释事件、观点等的能力,以及你在语文课及其他课堂上对主题理解的表现。在这里记录其他证据:	5 4 3 2 1				○		
备注:你的位置:5=高的(前10%),4=平均水平以上,3=平均水平(中间50%),2=平均水平以下,1=低的(后10%)	总评估	R	I	A	S	E	C

下一步:审视你的评估,看它们是否从高到低展示了你的能力水平。认真地擦去你想要改变的评估,在圆圈里填上修改后的评估。

步骤2 计算

对于每项能力,复制所圈的数字到工作分类栏中的同一行的每个圆圈中。接着,把你的能力评估(数字)加到 R 一栏中,并把总数写在表 I-1 最后的"总评估"栏里。其他栏也是这样。最后,把问卷表中六项总的评估复制到表 I-2 中的"你的能力评估"栏。

检查你的六项能力自评分数,在表 I-2 中写上 R、I、A、S、E、C 三个得分最高的字母。你的得分等级(从最高到最低)能让你用 3 个最高分数来确定你的 R、I、A、S、E、C 编码。

I-2 工作能力自我评估表

工作分类群	你的能力评估
技术的——修理设备(电视、器械、汽车等)、烹调/烘烤、农艺、印花等	R=
科学的——物理科学、社会科学、工程学、医药技术等	I=
艺术的——表演、视觉以及沟通艺术,例如,扮演、摄影、新闻、公共关系	A=
社会服务——健康护理、教学、顾客服务、社会工作等	S=
商业联系——销售、市场、管理等	E=
商业操作——办公监督和记录、秘书工作、会计、脑操作等	C=
在右侧写下你的能力自评的三字母编码	→

步骤3 参考

参考"工作组群和工作系列表"(见表 I-3),确定与你的工作有关的具体职位,并检查与你的职位愿望是否一致。检查你得出的 R、I、A、S、E、C 编码与你的工作经历、学业经历是否一致。

表 I-3 工作组群和工作系列表（ACT 制作）

商务往来工作组群	科学工作组群
A. 市场与销售工作系列 商店中的售货员；派送（牛奶等）司机；采购员；旅行代理人、探访顾客的销售员（房地产和保险机构代理人；股票经纪人；农产品、办公用品和医疗设备销售员）	**M. 工程和其他应用技术工作系列** 各领域中的工程师和工程技术人员；生物和化学实验室技术人员；电脑程序员；电脑服务技术人员；绘图员；调查员；技术说明者；食品技术专家
B. 管理与规划工作系列 商店、汽车旅馆、饭店和农业综合企业经理；办公室监督员；购买代理人；大公司经理；娱乐公司、公园经理；病例档案管理者；城市规划者	**N. 医学专家和技术工作系列** 口腔卫生专家；EEG 和 EKG 技师；眼镜制造者；修复专家；X 射线技术专家；医学技术专家；牙科医生；验光配镜师；药剂师；兽医
商务操作工作组群 **C. 记录和沟通工作系列** 办公室、图书馆、饭店及邮局的职员；接待员；电子图书管理员，办公室、医学和法律秘书；法院书记官；病例记录技术员	**O. 自然科学和数学工作系列** 农学家；生物学家；化学家；生态学家；地理学家；地质学家；园艺家；数学家；物理学家
D. 财务工作系列 簿记员；会计；杂货店结账员；银行出纳员；售票代理人；保险商；金融分析员	**P. 社会科学工作系列** 市场研究分析人员；人类学家；经济学家；政治学家；心理学家；社会学家
E. 储存与派送工作系列 运送和接收职员；邮递员；卡车、出租车和飞机调度员；货运代理人；空中交通管制员	**艺术工作组群** **Q. 实用艺术（视觉的）工作系列** 花卉设计者；商品展示员；商业艺术家；时尚设计师；摄影师；室内设计师；建筑师；环境美化设计师
F. 商业机械、电脑操作工作系列 计算机控制台、打印机等的操作员；办公室设备操作员；打字员；文字加工设备操作员；统计人员	**R. 创造性/表演艺术工作系列** 演艺人员（喜剧演员等）；男女演员；舞蹈家；音乐家；歌唱家；作家；艺术、音乐教师
技术工作组群 **G. 交通工具操作与维修工作系列** 公共汽车、卡车和出租车司机；汽车、公共汽车和飞机机械师；叉式升降机操作员；海运官员；飞机驾驶员	**S. 实用艺术（书面的与口头的）工作系列** 广告撰稿员；唱片骑师；法律助手；广告文案管理员；译员；记者；公共关系工作者；律师；图书管理员；科技作家
H. 建造与维护工作系列 木匠；电工；油漆匠；保管员（看门人）；瓦匠；钣金工；推土机和起重机操作员；建筑监理员	**社会服务工作组群** **T. 一般卫生保健工作系列** 护工；牙医助理；有执照的开业护士；理疗助手；注册护士；营养学家；职业治疗师；内科医生；言语病理学家
I. 农业与自然资源工作系列 农民；林务员；农场工作者；园丁；树木整形专家；苗圃工；宠物商店服务员	**U. 教育和相关服务工作系列** 教师助手；幼儿园教师；运动教练；大学教师；指导生涯等的咨询员；小学和中学教师；特殊教育教师
J. 手工艺与相关服务工作系列 厨师；屠夫；面包师；修鞋匠；钢琴调音师；裁缝；珠宝商	**V. 社会和政府服务工作系列** 警卫；娱乐领导者；警官；健康、安全/食物等的监督员；儿童福利工作者；家政学家；康复咨询员；社会工作者
K. 家庭/商业设备维修工作系列 电视机、家用电器、打字机、电话、供暖系统、影印机等的修理工	**W. 个人、消费者服务工作系列** 杂货装袋员；旅馆侍者；飞机服务员（男女乘务员）；男女侍者；美容师；理发师；男管家和女仆
L. 工业设备操作和维修工作系列 机械师；印刷工；缝纫机器操作员；焊接工；工业机械维修员；产品油漆匠；工厂工人和机器操作员、矿工等；消防员	

步骤4 设想

你的工作相关技能和能力可以在学习、训练和经验积累的过程中不断提高。

在 15 项工作相关能力中，选择 5 项对你来说是重要的并且想在未来的几个月或者几年内发展的能力，并在表 I-4 的"提高你的设想能力"栏中，写下在这 5 项领域中你能做的可以提高你的技能和能力的具体事件的设想。

可以和你的小组领导、顾问或者其他可信任的人讨论这些设想。

表 I-4 提高你的工作相关能力的设想

工作相关能力	提高你的设想能力
阅读——阅读理解事实材料(例如，教科书中的或者手册中的材料)	
数字——能精确做算术和数学；能应用算术(例如，运用数学公式解决实际问题)	
运用语言——能识别正确的和不正确的用法(语法、标点等)	
帮助他人——关心或者教导他人；帮助他人解决问题或者做出决定	
会见他人(社交的)——和他人交谈的能力；和他人相处的能力；给别人留下好的印象	
销售——影响他人，令其买一种产品、一种服务或者接受一个建议的课程的能力	
领导能力、管理——领导、管理人们为共同的目标而工作	
组织——明了任务和各项细节；用系统的方式做事情	
公文——能快速并准确地做诸如从分类或者表格里找出信息，对事情进行分类，记录地址、开支等任务	
双手灵巧性——能用自己的双手轻易并迅速地制作或者修理东西	
机械的——理解日常器械法则(例如，暖空气上升)以及简单的器械是怎样工作的(例如，杠杆、滑轮)	
空间的——注视一个物体的画面(例如，一所房子、一件外套、一件工具)并且想象从不同的侧面看会是什么样的	
科学的——理解科学法则；做科学课程的作业	
艺术的——画画、绘图、弹奏乐器、表演、跳舞等	
文学的——能用文字表达思想或者感情	

职业锚测试 <<<

职业锚测试问卷如表 J-1 所示。

表 J-1 职业锚测试问卷

序号	问题描述	选项					
		1	2	3	4	5	6
1	我希望能做我擅长的工作，这样我的合理建议可以不断被采纳						
2	在工作中，当我整合并管理其他人的努力时，我非常有成就感						
3	我希望我的工作能按照我的方式和计划去开展						
4	对我而言，安全与稳定比自由和自主更加重要						
5	我一直在寻找可以让我创立自己事业(公司)的创意(点子)						
6	我认为只有对社会做出真正贡献的职业才是成功的职业						
7	在工作中，我希望去解决那些有挑战性的问题，并且胜出						
8	我宁愿离开公司，也不愿从事需要个人和家庭做出一定牺牲的工作						
9	将我的技术和专业水平发展到一个更具有竞争力的层次是成功的必要条件						
10	我希望能够管理一个大的公司(组织)，我的决策将会影响许多人						
11	如果职业允许自由地决定自己的工作内容、计划、过程，我会非常满意						
12	对我而言，创办自己的公司比在其他公司中争取一个高管位置更重要						
13	如果工作的结果使我丧失了在组织中的安全感和稳定性，我宁愿离开这个工作岗位						
14	我的职业满足来自我可以用自己的才能去为他人提供服务						
15	我认为职业的成就感来自克服自己面临的、非常有挑战性的困难						
16	我希望我的职业能够兼顾个人、家庭和工作需要						
17	对我而言，做一个专业领域的部门经理比做总经理更具有吸引力						
18	只有在我成为总经理后，我才认为我的职业人生是成功的						
19	成功的职业允许我有完全的自主与自由						
20	我愿意在能给我安全感和稳定感的公司中工作						
21	当通过自己的努力或想法完成工作时，我的工作成就感最强						
22	对我而言，利用自己的才能使这个世界变得更适合生活或居住，比争取一个高的管理职位更重要						
23	当我解决了看上去不可能解决的问题，或者在必输无疑的竞赛中胜出时，我会非常有成就感						
24	我认为只有很好地平衡个人、家庭、职业三者关系的生活才是成功的						
25	我宁愿离开公司，也不愿意频繁接受那些不属于我专业领域的工作						
26	对我而言，我用自己的方式不受约束地完成工作，比安全、稳定更加重要						
27	只有当我的收入和工作有保障时，我才会对工作感到满意						
28	对我而言，做一个全面管理者比在我喜欢的专业领域内做资深专家更有吸引力						

序号	问题描述	选项					
		1	2	3	4	5	6
29	如果我能成功地实现完全属于自己的产品(点子),我会感到非常成功						
30	我希望从事对人类和社会真正有贡献的工作						
31	我希望工作中有很多的机会,可以不断提升我解决问题的能力或竞争力						
32	能够很好地平衡个人的生活与工作,比得到一个高的管理职位更重要						
33	如果工作中能经常用到我特别的技巧和才能,我会感到特别满意						
34	我宁愿离开公司,也不愿意接受让我离开全面管理的工作						
35	我宁愿离开公司,也不愿意接受约束我自由和自主控制权的工作						
36	我希望有一份让我有安全感和稳定感的工作						
37	我梦想着创建自己的事业						
38	如果工作限制了我为他人提供服务或帮助,我宁愿离开公司						
39	去解决那些几乎无法解决的难题比获得一个高的管理职位更重要						
40	我一直在寻找一份能最小化与个人和家庭之间冲突的工作机会						

测试计分说明

现在重新看一下你给分较高的描述,从中挑选出与你日常想法最为吻合的 3 个,在原来评分的基础上,将这 3 个题目的得分再各加上 4 分(例如:若原来得分为 5,则调整后的得分为 9),然后就可以开始评分了(见表 J-2)。

表 J-2　测试计分结果

类型	TF 技术/职能型	GM 管理型	AU 自主/独立型	SE 安全/稳定型	EC 创造/创业型	SV 服务/奉献型	CH 挑战型	LS 生活型
结果	1( )	2( )	3( )	4( )	5( )	6( )	7( )	8( )
	9( )	10( )	11( )	12( )	13( )	14( )	15( )	16( )
	17( )	18( )	19( )	20( )	21( )	22( )	23( )	24( )
	25( )	26( )	27( )	28( )	29( )	30( )	31( )	32( )
	33( )	34( )	35( )	36( )	37( )	38( )	39( )	40( )
总分								
平均分								

最终的平均分就是你的自我评价的结果(见表 J-3),最高分所在列代表最符合你"真实自我"的职业锚。

表 J-3　得分结果说明

职业锚	总分	平均分	说明
TF			**技术/职能型职业锚** 这种定位的人会发现自己对某一项特定工作很擅长并且很热衷。真正让他们感到自豪的是他们所具备的专业才能。他们倾向于一种"专家式"的生活,一般不喜欢成为全面的管理人员,因为这将意味着他们放弃在技术/职能领域的成就。但他们愿意成为一名职能经理,因为职能经理可以更好地帮助他们在专业领域发展

职业锚	总分	平均分	说明
GM			**管理型职业锚** 这种定位的人对管理本身具有很大的兴趣,具有成为管理人员的强烈愿望,并将此看成职业进步的标准。他们具备提升到全面管理职位上所需要的相关能力,并希望自己的职位不断得到提升,这样他们可以承担更大的责任,并能够做出影响成功或失败的决策
AU			**自主/独立型职业锚** 这种定位的人追求自主和独立,不愿意接受别人的约束,也不愿意受程序、工作时间、着装方式及任何在组织中不可避免的标准规范的制约。无论什么样的工作,他们希望能用自己的方式、工作习惯、时间进度和自己的标准来完成
SE			**安全/稳定型职业锚** 安全与稳定是这种类型的人选择职业最基本、最重要的需求。他们需要"把握自己的发展",只有在职业的发展可以预测、可以达到或实现的时候,他们才会真正感觉放松
EC			**创造/创业型职业锚** 这种定位的人,最重要的是建立或设计某种完全属于自己的东西;建立或投资新的公司;收购其他的公司,并按照自己的意愿进行改造。创造并不仅仅是发明家或者艺术家所做的事,创业者也需要创造的激情和动力。他们有强烈的冲动向人证明:通过自己的努力能够创建新的企业、产品或服务,并使之发展下去。当在经济上获得成功后,赚钱便成为他们衡量成功的标准
SV			**服务/奉献型职业锚** 这种定位的人希望职业能够体现个人价值观,他们关注工作带来的价值,而不在意能否发挥自己的才能或能力。他们的职业决策通常基于能否让世界变得更好
CH			**挑战型职业锚** 这种定位的人认为他们可以征服任何事情或任何人,并将成功定义为"克服不可能逾越的障碍,解决不可能解决的问题,或战胜非常强硬的对手"。随着自己的进步,他们喜欢寻找越来越强硬的"挑战",希望在工作中面临越来越艰巨的任务
LS			**生活型职业锚** 这种定位的人喜欢允许他们平衡并结合个人需要、家庭需要和职业需要的工作环境。他们希望将生活的各个主要方面整合为一个整体。正因为如此,他们需要一个能够提供足够的弹性让他们实现这一目标的职业环境。甚至可以牺牲他们职业的一些方面,例如,晋升带来的职业转换,他们将成功定义得比职业成功更广泛。他们认为自己如何生活、在哪里居住、如何处理家庭琐事及在组织中的发展道路是与众不同的

职业生涯规划手册：
开启规划之门 ‹‹‹

学生职业生涯规划档案

学　　　院：_____

专业班级：_____

姓　　　名：_____

学　　　号：_____

性　　　别：_____

电子邮箱：_____

填表时间：___年___月

一、你如何描述自己？

1. 你的霍兰德职业类型：_____

请根据霍兰德职业类型和职业兴趣测试报告中对六种类型的描述，在下面列出最能描述你自己的语句。

霍兰德职业类型中符合你自身情况的描述：

_____

_____

_____

2. 你的 MBTI 偏好类型：

请根据 MBTI 维度解释和 MBTI 的 16 种性格类型分析中对 MBTI 类型的描述，写下最能描述你自己的语句。

_____

_____

_____

二、职业清单

1. 你的霍兰德职业类型建议你考虑的职业

根据你的兴趣探索结果，列出至少 10 种与你霍兰德职业类型相对应(或近似)的职业，并标出每种职业的霍兰德代码。

职业　霍兰德代码(3 个字母)　　　　　职业　霍兰德代码(3 个字母)

(1)　　　　　　　　　　　　　　　(7)

(2)　　　　　　　　　　　　　　　(8)

(3)　　　　　　　　　　　　　　　(9)

(4)　　　　　　　　　　　　　　　(10)

(5)　　　　　　　　　　　　　　　(11)

(6)　　　　　　　　　　　　　　　(12)

注意：同时请参考你所做的其他兴趣练习。请思考：什么样的职业令你感兴趣？你所选择的职业至少要有一个方面符合自己的兴趣和个性。

2. 你的 MBTI 类型所建议的职业

根据你的 MBTI 类型偏好，从相关测评或资料所列举的职业中挑出你感兴趣的职业，至少要有 10 种。

(1)　　　　　　　　　　　　　　　(7)

(2)　　　　　　　　　　　　　　　(8)

(3)　　　　　　　　　　　　　　　(9)

(4)　　　　　　　　　　　　　　　(10)

(5)　　　　　　　　　　　　　　　(11)

(6)　　　　　　　　　　　　　　　(12)

注意：这些工作有什么共通之处吗？请根据自己的 MBTI 类型思考，什么样的职业能使你感到满意。

三、将你的清单上的职业进行分类和进一步探索

对于你在前两项上所列出的职业进行分类，并把它们填在相应的横线上。比如，若"医生"这个职业在你的兴趣列表和 MBTI 列表中都有出现，就将它列在第一类中。在第四类中，列出那些你特别感兴趣但在前面未曾出现过的职业。

第一类：很有可能——在兴趣和个性探索中都曾出现过的职业

_____

_____

注意：这些职业都值得你去深入地探索。你的职业探索最好首先集中在这些职业上。了解这些职业的要求和工作环境等细节。根据目前你对自己的兴趣和个性的了解，考虑一下你

将会如何从事这份工作。

第二类：比较有可能——在兴趣或个性探索中曾出现过一次的职业

_____

注意：这些职业也有比较大的可能，供你进行下一步的探索。

第三类：有些可能——根据你的兴趣和个性探索，符合你一方面的情况却与另一方面的情况有冲突的职业

_____

注意：考虑一下，如果你从事这些职业，会出现什么情况？是否会有矛盾冲突？如何解决？

第四类：其他职业

在兴趣和个性探索中都未曾出现且与之没有共同点的，但你感兴趣的职业

_____

注意：这些职业的可能性通常不是很大。问问自己：你为什么会对它感兴趣？是出于什么样的动机？想想你的目标和信念是否与这些工作匹配。

四、你的技能

请用 STAR 法撰写一个你的成就故事。

_____

_____

_____

_____

_____

_____

请通过成就故事及你的生活经验找出你最擅长并愿意在未来职业中运用的技能。

1. 你最重要的五项自我管理技能(形容词)

(1)　　　　　(2)　　　　　(3)　　　　　(4)　　　　　(5)

2. 你最重要的五项可迁移技能(动词)

(1)　　　　　(2)　　　　　(3)　　　　　(4)　　　　　(5)

3. 你最重要的五项专业技能(名词)

(1)　　　　　(2)　　　　　(3)　　　　　(4)　　　　　(5)

五、你的价值观

请列出你认为最重要的五项价值观，并具体说明它们的含义。

1.

2.

3.

4.

5.

六、继续探索的职业清单

重新阅览你在前面所列出的所有职业，根据你对自我的了解，结合你的技能和价值观，在下面空白处列出那些你想继续探索的职业(可以是上面曾出现过的,也可以是未曾出现但符合上面共同特点的职业)。

_____

_____

注意:在选择你想继续探索的职业时,请不要在未对它有任何了解前就轻易地将它排除。在这张清单上,你需要有足够的职业供自己探索,但也要有一定的目标。也就是说,最好不少于 5 个,不多于 10 个。将你的精力集中在上面这些职业上。

作为职业探索的一部分,下一步我打算:

□ 收集、研究与特定领域的职业有关的书面信息

□ 采访有关人士，对我感兴趣的职业领域有进一步的了解

□ 从职业咨询老师或其他老师那里寻求更多的个人帮助

□ 通过选修课来检测自己对某一相关职业领域的兴趣

□ 通过参加社团活动来检测自己对某一相关职业领域的兴趣

□ 通过业余兼职、实习或做志愿者等方式来检测自己对某一相关职业领域的兴趣

七、目标设立与行动计划

1. 我的长期目标(请设定一个年限，比如五年)

_____

_____

2. 为了做到这一点，我需要的信息和帮助

_____

_____

3. 为了实现这一目标，在一个月内我应该做的事

_____

_____